Sin defensa

Sin defensa

Scottie Pippen
con Michael Arkush

Traducción de
Genís Monrabà Bueno

Título original en inglés: *Unguarded*

© 2021, Scottie Pippen

Todos los derechos en todo el mundo están reservados por el propietario.

Primera edición: junio de 2022

© de esta traducción: 2022, Genís Monrabà Bueno
© de esta edición: 2022, Roca Editorial de Libros, S. L.
Av. Marquès de l'Argentera 17, pral.
08003 Barcelona
actualidad@rocaeditorial.com
www.rocalibros.com

Impreso por LIBERDÚPLEX, S. L. U.
Printed in Spain – Impreso en España

ISBN: 978-84-124179-2-0
Depósito legal: B. 8858-2022

RC17920

A mis hijos, cuya inspiración me permite dar lo mejor de mí y vivir una vida plena: Antron, Taylor, Sierra, Scotty Jr., Preston, Justin y Sophia

Índice

Prólogo

19 de mayo de 2020, 6.31 de la tarde.

El mensaje era de Michael. No me hablaba muy a menudo.

«¿Qué pasa, tío? Me han dicho que estás enfadado conmigo. Me encantaría hablar de eso si tienes tiempo.»

Esa tarde tenía la agenda ocupada y sabía que la conversación tomaría su tiempo.

Contesté el mensaje una hora y media más tarde.

«Hablemos mañana.»

Michael tenía razón. Estaba enfadado con él. Era por culpa de *El último baile*, el documental de diez episodios de la ESPN sobre la histórica temporada (1997-98) de los Chicago Bulls que habían visto millones de personas durante las primeras semanas de la pandemia.

Sin deportes en directo por la televisión, *El último baile*, durante cinco noches de domingo seguidas desde principios de abril, ofreció ese entretenimiento tan necesario para distraerse de la nueva normalidad en la que nos encontrábamos. Nadie podía asimilar la ingente cantidad de noticias sobre los focos de contagio, las hospitalizaciones y las muertes.

Los dos últimos episodios se estrenaron el 17 de mayo. Igual que los ocho anteriores, ensalzaban a Michael Jordan y se olvidaban del resto del equipo, yo incluido. Michael tenía gran parte de la culpa. Los productores le habían garantizado el control de la edición del producto final. De lo contrario, el documental nunca habría visto la luz. Él era el líder del proyecto y el director.

Esperaba mucho más. Cuando me hablaron del proyecto aproximadamente un año antes, no podía esperar a verlo porque sabía que aparecerían imágenes inéditas.

Mis años en Chicago, desde mi temporada de *rookie* a finales de 1987, fueron los más exitosos de mi carrera: doce hombres unidos como si se tratara de uno solo, alcanzando los sueños que teníamos de pequeños en los parques infantiles de todo el país cuando todo lo que necesitábamos era una pelota, una canasta y nuestra imaginación. Ser un miembro de los Chicago Bulls durante la década de los noventa significaba formar parte de algo mágico en ese momento, pero también para siempre.

Sin embargo, Michael estaba dispuesto a demostrar a la generación actual que era el más grande de siempre, incluso mejor que LeBron James, el jugador que muchos consideran que es igual o incluso mejor que él. Así que Michael contó su relato. Un relato que no era el mismo *El último baile* que nuestro entrenador, Phil Jackson, presentó la temporada 1997-98 una vez que se enteró de que los dos Jerrys (el propietario Jerry Reinsdorf y el director general Jerry Krause) estaban decididos a romper el grupo pasara lo que pasara.

Como le dijo Krause a Phil a finales de 1997: aunque logres un 82-0 no cambiará nada. Esta será tu última temporada como entrenador de los Chicago Bulls.

La ESPN me mandó los enlaces de los primeros ocho episodios unas semanas antes de estrenar el documental. Y mientras lo miraba en mi casa con mis tres hijos adolescentes, no podía creer lo que veían mis ojos.

Algunas de las escenas del primer episodio:

- Michael, estudiante de primer año de la Universidad de Carolina del Norte, lanzando el tiro ganador del partido contra los Hoyas de Georgetown en el partido por el título de la NCAA de 1982.
- Michael, elegido por los Chicago Bulls en la tercera posición del *draft* de 1984 por detrás de Hakeem Olajuwon

(Houston) y Sam Bowie (Portland), hablando sobre sus esperanzas de enderezar a la franquicia.

- Michael liderando una remontada frente a los Milwaukee Bucks en su tercer partido.

Y así sucesivamente, siempre con el foco de atención en el número 23.

Incluso en el segundo episodio, que se centraba momentáneamente en mi difícil formación y mi insólito camino hacia la NBA, la narrativa regresó a M.J. y su determinación para ganar. Yo no era más que un accesorio. Su «mejor compañero de equipo», me llamaba. No podría haber sido más condescendiente si se lo hubiese propuesto.

No obstante, cuando lo pensé mejor, me pareció lógico. Pasé mucho tiempo a su lado. Sabía qué lo impulsaba. Entendí lo ingenuo que era esperar cualquier otra cosa.

Cada episodio era lo mismo: Michael en un pedestal y sus compañeros de equipo en un segundo plano, más pequeños. El mensaje no era diferente de cuando en ese entonces se refirió a nosotros como su «elenco de apoyo». Temporada tras temporada, recibimos muy poco o ningún crédito cuando ganábamos, pero la mayor parte de las críticas cuando perdíamos. Michael podía hacer seis de veinticuatro en tiros de campo y perder cinco balones, y, para la prensa y el público que lo adoraban, seguía siendo el «intachable Jordan».

Y ahí estaba yo, a mis cincuenta, diecisiete años después de mi último partido, viendo como nos denigraban una vez más. Vivirlo la primera vez ya fue lo bastante insultante.

Durante las semanas que siguieron, hablé con algunos de mis antiguos compañeros de equipo, que, como yo, también creían que se les había faltado al respeto. ¿Cómo se atrevía Jordan a tratarnos de ese modo después de todo lo que hicimos por él y su preciada marca? Michael Jordan nunca hubiera sido Michael Jordan sin mí, Horace Grant, Toni Kukoc, John Paxson, Steve Kerr, Dennis Rodman, Bill Cartwright, Ron Harper,

B. J. Armstrong, Luc Longley, Will Perdue y Bill Wennington. Pido disculpas a todos los que no he mencionado.

No estoy diciendo que Michael Jordan no hubiera sido una superestrella sin importar dónde hubiera acabado (era algo espectacular), sino que se apoyó en el éxito que logramos como equipo (seis títulos en ocho años) para alcanzar un nivel de fama mundial que ningún otro atleta, a excepción de Muhammad Ali, ha alcanzado en los tiempos modernos.

Y, para colmo, Michael recibió diez millones de dólares por su papel en el documental mientras que mis compañeros de equipo y yo no recibimos ni un centavo, otro recordatorio del orden jerárquico de los viejos tiempos. Durante una temporada entera, permitimos que las cámaras entraran en la intimidad sagrada de nuestro vestuario, de nuestros entrenamientos, de nuestros hoteles, de nuestras reuniones…, de nuestra vida.

Michael no fue el único compañero de equipo que se puso en contacto conmigo esa semana. Dos días más tarde, recibí un mensaje de John Paxson, el base titular de nuestros dos primeros títulos, que luego se convirtió en el director general de los Bulls, y más tarde en el vicepresidente de operaciones de baloncesto. Hablaba con Paxson con menos frecuencia que con Michael:

«Oye, Pip… Soy Pax. Michael Reinsdorf [el hijo de Jerry, que dirige la franquicia] me ha dado tu número. Solo quiero que sepas que respeto todo lo que hiciste como compañero de equipo. El puto relato se puede cambiar, pero yo me baso en mis experiencias. Te he visto crecer, desde que eras un *rookie*… hasta un profesional. No dejes que los demás, incluidos los medios, te definan. Eres una persona exitosa y muy apreciada, y siempre me he sentido afortunado de ser tu compañero de equipo».

¿Recibir mensajes de Michael y Paxson con apenas dos días de diferencia era una coincidencia? No lo creo.

Ambos eran conscientes de lo molesto que estaba con el documental. Solo querían asegurarse de que no causaría ningún problema: a los Bulls, que habían contratado a Paxson como asesor, o al legado de Michael, que siempre era un asunto mucho más importante.

Hacía mucho tiempo que Paxson y yo no estábamos en contacto. En el verano de 2003, rechacé una oferta de los Memphis Grizzlies para firmar un contrato de dos años con los Bulls, donde haría de mentor para los jugadores jóvenes como Eddy Curry, Tyson Chandler, Jamal Crawford y Kirk Hinrich, a la vez que trabajaría codo con codo con el entrenador, Bill Cartwright. Jugué con Bill desde 1988 hasta 1994. Lo llamábamos Profe. No hablaba mucho, pero cuando decía algo, te hacía pensar.

—Pip, quiero que ayudes a Bill —dijo Paxson—. Quiero que seas una especie de entrenador desde dentro.

¿Por qué no? Un nuevo desafío era exactamente lo que necesitaba. A los treinta y ocho, mi carrera estaba llegando a su fin. Pero todavía tenía mucho que ofrecer, dentro y fuera de la cancha. Además, estaba convencido de que esa experiencia me allanaría el camino para algún día ser entrenador, tal vez de los Bulls.

Pero no salió como esperábamos. A Bill lo despidieron después de catorce partidos; lo reemplazó Scott Skiles.

Solo disputé veintitrés partidos antes de retirarme en octubre de 2004. Mi cuerpo dijo basta después de diecisiete años en la NBA, más bien diecinueve años y medio, si contamos los doscientos ocho partidos de *playoff*. Paxson consideró que lo había defraudado, a él y a la franquicia. Lo que quizás explica que, después de retirarme, nunca buscara mi consejo sobre ningún asunto, aunque supiera lo mucho que quería opinar acerca del futuro del equipo.

En 2010, cuando finalmente me incluyeron en la nómina de los Bulls, no era más que una mascota: me paseaban un par de veces al año para hacer «apariciones». Firmaba autógrafos y me reunía con los abonados. Me pagaban para un único propósito: servir de enlace con los días de gloria.

Finalmente, a principios de 2014, todo parecía indicar que desempeñaría un papel más importante. Los Bulls me enviaron a una docena de partidos universitarios para analizar algunos jugadores. Uno de los viajes fue al Cameron Indoor Stadium en Durham, Carolina del Norte, para ver al número cinco de Duke jugar contra el número uno de Syracuse. Había visto muchos partidos de Duke en la televisión. Eran un auténtico espectáculo: los estudiantes, con las caras pintadas de azul, de pie todo el partido para animar a sus queridos Blue Devils y poner en apuros a sus pobres rivales.

Duke, de la mano del alero de primer año Jabari Parker, derrotó a Syracuse por 66-60.

No podía creer lo ruidoso que era ese pabellón. Más ruidoso incluso que el de Chicago, donde jugamos durante tantos años. Estaba emocionado porque volvía a estar involucrado con el baloncesto. Los Bulls podían beneficiarse de mi experiencia en lugar de explotar mi nombre.

Después de hacer los informes, me quedé a la espera de la respuesta de Paxson y los otros miembros de la franquicia. ¿Qué querían que hiciera después?

Nadie me dijo nada.

Los Bulls tampoco me invitaron a ninguna reunión o entrenamiento con los aspirantes durante las semanas previas al *draft* de la NBA de 2014. Entonces me di cuenta de que solo me habían estado siguiendo la corriente desde el principio.

El 22 de mayo de 2020, el día antes de que Paxson me mandara ese mensaje, los dos hablamos unos minutos por teléfono. Él fue directo al grano:

—Pip, lamento cómo fueron las cosas cuando volviste a Chicago. Esta franquicia siempre te ha tratado mal, y quiero que sepas que creo que no ha sido correcto.

Me alegró escuchar a Paxson admitir un error que conocía desde siempre. Eso no quería decir que estuviera dispuesto a perdonarlo, en el caso de que eso fuera lo que pretendía. Era demasiado tarde.

—John —le dije—, todo esto suena muy bien, pero has trabajado en la oficina principal de los Bulls durante casi veinte años. Tuviste la oportunidad de cambiarlo y no lo hiciste.

Entonces empezó a llorar. No sabía qué hacer... y esperé a que terminara. ¿Por qué estaba llorando? No podía saberlo y, sinceramente, me importaba bien poco.

Afortunadamente, nuestra charla no se prolongó mucho más.

Hay muchas cosas en el documental de la ESPN que no pintan nada ahí. Y muchas otras que deberían estar ahí, pero se han dejado fuera.

En resumen: el documental no ofrece el trato que se merece mi carrera hasta el Salón de la Fama.

Y viniendo de alguien que fue mi compañero de equipo y, supuestamente, mi amigo, no tiene justificación alguna. Era casi como si Michael sintiera la necesidad de menospreciarme para encumbrarse a él mismo. Teniendo en cuenta todo lo que ha logrado, dentro y fuera del baloncesto, uno podría pensar que debería estar más seguro de sí mismo.

Aparentemente, no es así.

Por ejemplo, empecemos con lo que ocurrió en el sexto partido de las Finales de la NBA de 1992 contra Clyde Drexler y los Portland Trail Blazers. Con una ventaja de tres partidos a dos, queríamos rematar las Finales para conseguir nuestro segundo título consecutivo, y el primero ante nuestros queridos aficionados. Habían esperado décadas para este momento.

Pero no salió como lo habíamos planeado.

Antes de llegar al último cuarto, los Blazers iban por delante por quince puntos. Jerome Kersey, su pequeño alero, y Terry Porter, su base, estaban jugando realmente bien.

Michael, mientras tanto, intentaba ser el protagonista, pero le estaba saliendo el tiro por la culata.

«Tienes que sacarlo de la pista —le pidió Tex Winter, uno de nuestros entrenadores asistentes, a Phil—. Retiene el balón demasiado tiempo e interrumpe el juego.»

Nadie leía los partidos mejor que Tex. No se mordía la lengua y criticaba a cualquier jugador, incluso a Michael, cada vez que rompía el triángulo ofensivo que popularizó en Kansas State en la década de los sesenta. El triángulo ofensivo, que se basaba en el movimiento constante del balón y de los jugadores, lo era todo para Tex, y resultaba fundamental para nuestro éxito.

El séptimo partido parecía inevitable. Y en un encuentro así puede ocurrir cualquier cosa. Una lesión. Un mal arbitraje. Un tiro milagroso. Cualquier cosa.

Al empezar el último cuarto, con la segunda unidad conmigo en la pista —y Michael en el banquillo— dimos la vuelta al marcador. Bobby Hansen, un base que llegó de los Sacramento Kings a principios de temporada, anotó un espectacular triple que abrió el camino para culminar un parcial de 14-2. Otros reservas, como Stacey King y Scott Williams, realizaron varias jugadas clave en ambos lados de la pista. Los aficionados enloquecieron.

El marcador iba 81-78 a favor de los Blazers cuando Michael regresó a la pista a falta de ocho minutos y medio para el final. Phil lo había mantenido en el banquillo algunos minutos más que de costumbre.

Los Blazers estaban sentenciados. Ganamos 97-93.

No puedo imaginar un mejor ejemplo de lo que significa el baloncesto: un equipo, no un solo individuo. Sin embargo, en el documental no hubo ni una sola mención a la remontada, era como si nunca hubiera ocurrido. Las únicas imágenes del sexto partido mostraban los segundos del marcador llegando a su fin.

¿Por qué? La respuesta es obvia.

Mostrar que «los actores de reparto» habían marcado la diferencia en un partido de tal magnitud no habría realzado el legado de Michael. Probablemente, los Bulls habrían perdido ese partido si Phil hubiera sacado a la pista a Michael antes en aquel último cuarto. Tex estaba en lo cierto. Michael no estaba moviendo el balón.

En cambio, las imágenes de las Finales de 1992 se centraron en el primer partido y la fijación que tenía Michael en demostrar que Clyde, que acabó segundo en la carrera del MVP de la temporada, era inferior a él. Era un tema recurrente del documental: Michael enfrentándose a un villano, real o imaginario, para encontrar una motivación. No obstante, siempre me he preguntado: ¿ganar la NBA no era una motivación suficiente?

Otra flagrante omisión tiene que ver con lo que ocurrió el domingo 1 de junio de 1997, en el primer partido de las Finales frente a Utah Jazz. Cuando faltaban nueve segundos para el final, el marcador estaba empatado a ochenta y dos y el poderoso pívot y estrella de los Utah Karl Malone, el Cartero, disponía de dos tiros libres.

Mientras Karl estaba en la línea de tiros libres, le dije: «Los carteros no entregan nada los domingos».

Karl, con un porcentaje de tiros libres del setenta y seis por ciento, erró ambos lanzamientos.

En la siguiente posesión, Michael anotó un salto en suspensión para ganar el partido. Acabamos ganando a los Jazz en seis partidos para lograr nuestro quinto título.

Lo que le dije a Karl debería haber aparecido en el documental. Estoy seguro de que el momento habría recibido el tratamiento adecuado si M. J. hubiera pronunciado esas palabras. Pero el documental tenía un propósito: Michael Jordan no era solo un gran jugador de baloncesto, sino el maestro de este deporte.

En el sexto partido de esta misma serie, desvié un pase a canasta en los últimos segundos de partido, cuando los Jazz tenían la oportunidad de empatar el partido o ponerse por delante.

Ese robo aparecía en el documental..., pero nadie prestó atención al jugador que lo logró. El foco estaba en la generosidad que demostró Michael al pasarle el balón a Steve Kerr, que anotó el tiro ganador, del mismo modo que lo había hecho en la recta final del quinto partido de las Finales de 1991 contra los Lakers, cuando le pasó la bola a Paxson y ganamos nuestro primer título.

Lo que hizo Michael no tenía nada de heroico. Encontrar al hombre libre era lo que Phil y Tex nos inculcaron desde el primer día.

Mientras tanto, las pocas ocasiones en las que no jugué especialmente bien se examinaron con más detalle que los veintiséis segundos de metraje del asesinato de JFK.

Prueba número uno: los últimos 1,8 segundos del partido de *playoff* entre los Bulls y los Knicks en mayo de 1994, cuando me borré de la alineación después de que Phil pidiera a Toni Kukoc que realizara el último tiro y yo le pasara el balón desde la banda. He jugado 1386 partidos, entre la temporada regular y los *playoffs*..., pero esos 1,8 segundos son, con diferencia, el tema sobre el que más me preguntan: «¿Por qué no saliste a la cancha? ¿Te arrepientes de algo? ¿Te comportarías de forma diferente si te dieran una segunda oportunidad?».

En realidad, esas preguntas son legítimas (y las responderé más adelante). Sin embargo, el incidente no tenía nada que ver con *El último baile* y, por lo tanto, no debía aparecer en el documental. Entonces, ¿por qué Michael tuvo la necesidad de sacarlo a colación? ¿Acaso no se preguntó cómo podría afectarme a mí y a mi legado? Además, en 1994, él no estaba en el equipo. Michael estaba jugando al béisbol.

Por otro lado, entiendo perfectamente por qué apareció en el documental mi decisión de posponer mi cirugía del pie hasta octubre de 1997. Así como mi petición para salir traspasado. Ambas cosas ocurrieron durante *El último baile*.

Aún así, ¿cómo se atreve Michael a llamarme «egoísta»?

¿Queréis saber lo que significa ser egoísta? Ser egoísta es

retirarse justo antes de la pretemporada, cuando ya es demasiado tarde para que una franquicia firme agentes libres. Cuando Michael actuó de ese modo en 1993, Jerry Krause se vio obligado a traer a un jugador, Pete Myers, que había jugado recientemente en un equipo de Italia.

Este no es el único ejemplo de la hipocresía de Michael. Él mismo dijo que Horace Grant, supuestamente, había sido la fuente para el superventas de Sam Smith, *Las reglas de Jordan*, que reveló lo que ocurría dentro del vestuario cuando nos dirigíamos hacia la consecución de nuestro primer título. Y a pesar de eso, en el documental, Michael menciona que, cuando era *rookie*, presenció como sus compañeros de equipo consumían cocaína y fumaban hierba un día en el hotel.

Horace lo dijo claramente en una entrevista por la radio el año pasado: «Si quieres llamar soplón a alguien, tienes a un maldito soplón ahí mismo».

Michael puede ser extraordinariamente insensible.

En un episodio, se acuerda de lo molesto que estaba con Dennis Rodman porque lo expulsaron de un partido durante la temporada 97-98. Yo todavía me estaba recuperando de la cirugía, y Michael echó en cara a Dennis que «me hubiera dejado solo en la pista».

¿Solo en la pista? Eso no dice mucho de los otros profesionales que estaban en la cancha, ¿verdad?

Podría seguir así eternamente, enumerando las sutiles y no tan sutiles faltas de respeto hacia mí y mis compañeros. Pero ¿con qué propósito? Los índices de audiencia confirman que Estados Unidos está más ensimismado con Michael Jordan ahora de lo que lo estuvo en los ochenta o los noventa. Eso no va a cambiar y puedo vivir con ello.

Todo lo que podía controlar era cómo respondería al documental: con mi silencio.

Eso significaba no aparecer en *The Jump*, el programa de baloncesto diario en la ESPN que presentaba mi amiga Rachel Nichols, donde últimamente acudía como invitado. Si hubiera ido, Rachel habría esperado que analizara lo que Estados Unidos estaba viendo cada domingo por la noche. Tampoco acepté ninguna de las muchas solicitudes de entrevistas que llegaron de los medios de comunicación.

En realidad, no guardé silencio completamente. No podía. Estaba demasiado enfadado. A medida que se emitían los episodios, me puse en contacto con excompañeros de equipo como Ron Harper, Randy Brown, B. J. Armstrong y Steve Kerr. El vínculo entre nosotros es igual de fuerte que antaño.

En el documental, Michael intenta justificar los incidentes donde regañaba a un compañero de equipo delante del grupo. Él creía que esos chicos necesitaban desarrollar su fortaleza para hacer frente a los equipos más físicos de la NBA. Al ver de nuevo como Michael trataba mal a sus compañeros de equipo, me estremecí, como lo hacía por aquel entonces.

Michael estaba equivocado. No ganamos seis títulos porque él trató con dureza a los chicos, sino que lo hicimos a pesar de ello.

Ganamos porque jugábamos como un equipo de baloncesto, al contrario que mis dos primeras temporadas, cuando Doug Collins era nuestro entrenador. Eso era lo que hacía especiales a esos Bulls: la camaradería que creamos entre nosotros, no que nos sintiéramos bendecidos por estar en el mismo equipo que el inmortal Michael Jordan.

Yo era mucho mejor compañero de equipo de lo que Michael ha sido nunca. Podéis preguntárselo a cualquier excompañero que haya jugado con los dos. Yo siempre estaba ahí con una palabra de apoyo o de ánimo, especialmente, después de que él humillara a alguien por alguna razón u otra. Siempre intenté que mis compañeros ganaran confianza y dejaran de dudar de sí mismos. En algún momento, a todos los jugadores les entran las dudas. La clave se encuentra en cómo las gestionas.

Michael y yo no somos muy cercanos ni lo hemos sido nunca. Siempre que le llamo o le envío un mensaje de texto, por lo general, me responde correctamente. No obstante, no me pongo en contacto con él para saber cómo le va la vida. Él tampoco lo hace. A mucha gente puede parecerle extraño en vista de nuestra excelente conexión en la cancha.

Pero fuera de ella, somos dos personas muy diferentes que han llevado dos vidas muy distintas. Yo soy un hombre de campo: Hamburg, Arkansas, con una población de unos tres mil habitantes; él es de ciudad: Wilmington, Carolina del Norte.

Cuando salí del instituto, nadie me quería. A él lo quería todo el mundo.

Cuando acababa la temporada, tanto si la habíamos celebrado con champán como si no, raras veces nos dirigíamos la palabra hasta que empezaba la pretemporada en octubre. Michael tenía su círculo de amigos, y yo tenía el mío. No es culpa de nadie. No puedes forzar una relación íntima entre dos personas. O la tienen o no la tienen.

Con todo, con el paso de los años, ambos hemos desarrollado un profundo aprecio por el otro, especialmente después de retirarnos.

Es posible que el deporte sea un mundo demasiado pequeño para nuestros grandes egos. Él me veía como su compinche (Dios, odio ese término y que se refirieran a mí como el Robin de Jordan), alguien que él sentía que tenía que apretar para que afrontara cada partido y entrenamiento con la misma intensidad que él; y yo me consideraba un purista del juego en equipo.

Michael y yo hablamos dos días después de que me mandara el mensaje de texto. No me guardé nada: «Estoy disgustado con el documental. No me hace justicia. Querías promocionar *El último baile*, pero has acabado promocionando el documental de Michael Jordan. No sé lo que quieres vender. ¿Fui un héroe o un villano?».

Le pregunté por qué había permitido que en la edición final saliera el partido donde me negué a saltar a la pista. No hizo mucho más que disculparse y admitir que él también estaría molesto. No quise hacer sangre. Sabía que no sacaría nada. Cuando colgamos, entre Michael y yo no había cambiado nada: manteníamos una relación cordial, incluso cálida. No obstante, apareció esa distancia entre nosotros que siempre había estado ahí.

Cuando Ron Harper firmó con los Bulls como agente libre en septiembre de 1994, me preguntó lo mismo que preguntan todos los jugadores nuevos que llegaban a Chicago:

—¿Qué relación tienes con Michael?

—Es una gran pregunta para la que no tengo una respuesta.

Ha pasado un cuarto de siglo desde que Michael y yo jugamos juntos, y todavía no tengo una respuesta. No suelo dejar que nuestra poca cercanía me afecte demasiado. Tengo muchísimos amigos. Sin embargo, en ciertas ocasiones, y ver el documental fue definitivamente una de ellas, pienso en la relación que me habría gustado tener con él, y me duele. Me duele mucho.

En 1987, cuando todavía era *rookie*, Michael me regaló un juego de palos de golf de la marca Wilson. Me estaba invitando a su refugio, lejos del baloncesto. Sin embargo, fui demasiado inocente para darme cuenta. Tampoco fue de gran ayuda que yo tuviera problemas graves en la espalda. Mi médico fue muy claro al respecto:

—No juegues al golf si quieres hacer carrera en el baloncesto.

Otra oportunidad perdida, si podemos llamarlo así, llegó con el verano de 1993, y me siento horriblemente mal cada vez que pienso en ella. El padre de Michael, James Jordan, había sido asesinado. Eran inseparables.

Cuando escuché la noticia, debería haber contactado inmediatamente con Michael. En cambio, me dirigí al Departamento de Relaciones Públicas de los Bulls; cuando me dijeron que nadie de la franquicia había logrado ponerse en contacto con él, me di por vencido. Tres años atrás yo había perdido a mi padre, y podría haberle ofrecido algún tipo de ayuda a Michael. Hasta la fecha, nunca hemos hablado de la muerte de su padre.

La gente me dice que no debería estar molesto con el documental, que en realidad me presentaba como una figura que no había recibido el respeto que merecía por parte de los Bulls y mostraba a los aficionados demasiado jóvenes como para habernos visto jugar lo indispensable que fui para alcanzar el éxito.

El propio Michael me concedió mi mérito: «Cada vez que hablan de Michael Jordan, deberían hablar de Scottie Pippen», dijo.

Aprecio profundamente esas palabras y otras similares que recibí durante la primavera de 2020 por parte de amigos, excompañeros de equipo y aficionados. Aun así, mientras miraba un episodio detrás de otro, me di cuenta de que mi historia aún no se había contado.

Por una parte, es culpa mía (debería haberme reivindicado más), y por otra, del público y la prensa, que durante tanto tiempo han estado ensimismados con Michael Jeffrey Jordan. Todo el mundo se enamoró de sus movimientos acrobáticos y pasaron por alto los intangibles que no aparecen en las mejores jugadas de la televisión: cometer una falta, poner un bloqueo o fijar a un jugador. La lista es interminable. Ejecutando tales fundamentos fui tan bueno como Michael, sino mejor.

Aun así, para todos, la superestrella era él, no Scottie Pippen. Nunca Scottie Pippen.

Y la única razón es porque él llegó primero, tres años antes que yo. Con él consolidado, se esperaba que yo fuera el número dos, sin tener en cuenta lo rápido que crecía en ambos lados de la pista. La verdad es que, después de tres o cuatro años, yo era tan valioso para los Chicago Bulls como Jordan, y no me importa cuántos récords de anotación consiguiera. En realidad, la gente no se dio cuenta de lo valioso que yo era hasta que Michael se retiró en 1993.

En nuestro primer año sin él, los Bulls ganaron cincuenta y cinco partidos, y llegaron hasta la segunda ronda de los *playoffs*. Si no fuera por una horrible decisión de un árbitro en los últimos segundos del quinto partido contra los Knicks, podríamos haber ganado otro título.

Michael Jordan llevaba una victoria y nueve derrotas en los *playoffs* antes de que yo llegara. En la temporada que no estuvo, los Bulls lograron un balance de seis victorias y cuatro derrotas.

El último baile fue la oportunidad de Michael para contar su historia.

Esta es la mía.

1

Hamburg

$\mathcal{M}$e gustaría haber vivido una de esas infancias idílicas tan comunes en una pequeña ciudad de Estados Unidos de finales de los sesenta y principios de los setenta.

Pero no fue el caso.

No puedo recordar el día en el que todo cambió en nuestro pequeño rincón del mundo. Todo lo que sé es que durante mucho tiempo mi hermano Ronnie, de trece años, ya no estaba para jugar conmigo. Estaba en el hospital después de resultar herido de gravedad en una clase de gimnasia. En realidad, lo agredieron. Yo tenía tres años cuando ocurrió, y era el menor de doce hermanos.

Ronnie estaba esperando que empezara la clase, cuando, de la nada, un matón le dio un puñetazo en plena espalda. Cayó al suelo y fue incapaz de levantarse. Mi hermana Sharon, dos años más pequeña que él, corrió a su lado cuando se dio cuenta, pero los profesores desalojaron rápidamente el gimnasio y no permitieron que nadie se acercara. Ese matón había estado acosando a mi hermano desde hacía cierto tiempo. Sharon le decía que debía plantarle cara. Pero no lo hizo. Ese no era Ronnie. Nunca he conocido un alma tan bondadosa.

Un día, después de pasar varios meses en el hospital, regresó a casa.

Recuerdo que fue como conocer a mi hermano por primera vez. Estaba paralizado de cuello para abajo y nunca más volvió a caminar. Pasaron muchos años antes de que me enterara de la historia completa de cómo mi madre, Ethel Pippen, sacó a Ronnie del hospital.

El hospital estaba a pocas horas de Hamburg. Mis padres lo visitaban los fines de semana. Mi madre estaba ocupada criándonos a todos, mientras que mi padre, Preston Pippen, un veterano de la Segunda Guerra Mundial, cortaba troncos en la fábrica de papel de Georgia-Pacific, a veinticinco kilómetros de distancia, donde hacían papel, pañuelos y toallas. Todo el mundo conocía a alguien que trabajaba en la fábrica. La fábrica desprendía un olor peculiar que podías oler desde cualquier rincón de Hamburg. No puedo describirlo, pero, creedme, era putrefacto.

Los domingos, cuando mis padres llegaban al hospital, los doctores les decían que no podían ver a Ronnie. Habían empezado un nuevo tratamiento y temían que la atención de mis padres no permitiera a Ronnie lograr ningún progreso.

«La espalda de su hijo está bien —decían los doctores—. El problema está en su cabeza. Por eso no puede andar.»

Los doctores habían trasladado a Ronnie de su cama en el edificio principal a la sección de psiquiatría. Conociendo a mi madre, que era más dura que cualquiera de los Bad Boys (los Detroit Pistons) de finales de los ochenta y principios de los noventa, puedo imaginar fácilmente la mirada que puso cuando se enteró de lo que habían hecho. Esa misma mirada la vi muchas veces mientras crecía. Daba miedo.

—No pienso irme del hospital hasta que vea a mi hijo —insistió ella.

—Si dejamos que lo veas —le dijeron—, tendrás que llevártelo contigo. No lo queremos más aquí.

Ningún problema. Mi madre estaba feliz de llevar a Ronnie adonde pertenecía: su hogar.

—Si tiene que morir —dijo mi madre—, lo va a hacer en casa, con nosotros.

Mi madre pocas veces mencionaba ese día en el hospital. Cada vez que lo hacía se venía abajo. Me pregunto si una parte de ella temía que los doctores estuvieran en lo cierto.

Después de un tiempo en casa, empezamos a tener una imagen clara de lo que le habían hecho a Ronnie en el hospital. No me extraña que empezara a tener pesadillas durante meses.

No del accidente, sino de cómo lo habían tratado.

Cada noche, antes de ir a dormir, sabíamos que tendría pesadillas. Lo único que no sabíamos era cuándo. Ronnie se despertaba sudando y empezaba a gritar. Y mi madre y mis hermanos hacían todo lo posible para conseguir que parara.

—Nunca volverás a ese lugar —le aseguraban.

Cuando mi hermano recuperaba la calma, momentáneamente, mi madre centraba su atención en el resto de nosotros. Algunos de mis hermanos se habían ido de casa, pero, aun así, tenía mucho trabajo.

—Tenéis que iros a la cama —nos decía—. Mañana tenéis que levantaros temprano.

Nadie se levantaba más pronto que ella. Muchas mañanas, después de que yo cumpliera los seis o siete años, limpiaba las casas de otras personas. Cada penique marcaba la diferencia.

Ojalá, entonces, hubiéramos tenido suficiente dinero como para perseguir a la gente que había causado tanto daño a mi hermano. Y eso incluía a la escuela, que debería haber tomado alguna medida contra el matón mucho antes de que lo agrediera.

Las enfermeras del hospital dejaban una bandeja de comida junto a la cama de Ronnie, y le decían que podía comer cuando le apeteciera.

Pero él no podía hacerlo solo. No podía moverse. Y simplemente se quedaba ahí, echado en la cama, hambriento y sin nadie que lo ayudara.

A Ronnie le aterrorizaba la oscuridad. Teníamos que dejar

la luz encendida cuando íbamos a la cama, y solo la apagábamos cuando teníamos la certeza de que se había dormido. Al cabo de aproximadamente un mes, recuperó la confianza suficiente como para cerrar los ojos con la sola iluminación de una pequeña lámpara de escritorio; ya no necesitaba la luz del techo. Su espalda estaba llena de horribles llagas, y nuestra tarea consistía en quitárselas y limpiar la cama cada vez que se ensuciaba.

Día tras día, con mucho esfuerzo y amor, todos lo cuidábamos para que se recuperara. Y cuando digo todos es que éramos «todos».

Lo bañábamos, lo alimentábamos, lo ayudábamos con los ejercicios. Fueron necesarios muchos años, pero finalmente logramos que pudiera desplazarse con la ayuda de dos bastones y se ganara el apodo de Pata Palo (*Walking Cane*, en inglés). También aprendió a ir hasta el supermercado con una bicicleta adaptada especialmente para él.

Ahora, a sus sesenta años, Ronnie todavía vive en Hamburg, en el mismo pedazo de tierra en el que nos criamos. Mi hermana Kim se ocupa de él. Hace tiempo que las pesadillas quedaron atrás, y lo veo tan a menudo como puedo. Ha sido mi mayor inspiración. Ronnie lo tenía todo para rendirse y culpar al destino. Pero no lo hizo. Luchó con denuedo para alcanzar una vida productiva y feliz. En realidad, yo no soy el mayor ejemplo de éxito en la familia Pippen, sino él.

Ronnie siguió creyendo en sí mismo sin importar los obstáculos que se encontraba. Ha pasado muchas tardes con su preciosa radio CB, hablando durante horas a los camioneros de todo Estados Unidos. Ese es su puente con el mundo exterior.

Probablemente, yo debería odiar al matón que les hizo tanto daño a Ronnie y a nuestra familia. Pero no es así. Era un niño, y los niños hacen cosas horribles. No obstante, no soy capaz de entender por qué nunca se disculparon; tampoco su familia lo hizo. En realidad, el año pasado, el matón, que sigue viviendo por la zona, se acercó a nuestra casa para visitar a Ronnie.

Mi hermano no tenía ningún interés en verlo. No le guarda rencor, pero es demasiado tarde para aceptar una disculpa.

Nunca he hablado con Ronnie sobre el día del incidente o de lo que le hicieron en el hospital. No veo la necesidad de volver a hablar de esa etapa tan dolorosa. Ni para él ni para nosotros.

Más o menos diez años después del incidente de Ronnie, mi familia se enfrentó a otra desgracia. Ese día lo recuerdo. Lo recuerdo demasiado bien.

Mi padre estaba sentado en el sofá, disfrutando de su cena. No había nada que le gustara más que ver el béisbol por televisión. En su día fue un jugador extraordinario. Por aquel entonces, mi padre, que tenía sesenta años, estaba de baja por discapacidad por culpa de la artritis. La artritis le molestaba tanto que, cuando asistía a mis partidos de béisbol de la liga infantil, se sentaba en su camioneta en el aparcamiento en lugar de en las gradas.

Esa noche en particular, mi madre estaba en la iglesia, a poca distancia de nuestra casa, ensayando para un reavivamiento. Su fe es muy importante para ella.

De repente, mi padre dejó caer su plato y se desplomó en el borde del sofá. Su mirada era perturbadora y estaba vomitando, la comida le salía por la nariz. Yo no sabía qué hacer. Kim, que le había preparado la comida, salió corriendo para pedirle a algún vecino que fuera a buscar a mi madre a la iglesia. Mi madre llegó a casa antes que la ambulancia.

Mi padre estaba sufriendo un infarto en el lado derecho de su cuerpo. Por algún motivo supuse que se pondría bien. Era demasiado pequeño para saber las consecuencias de un infarto. Sin embargo, mi padre no volvió a caminar o hablar fluidamente. Podía decir sí y no, pero era incapaz de elaborar una frase entera, excepto: «Ya sabes a lo que me refiero». Nunca supimos a qué se refería, por qué podía decir esa frase y no otra. Era consciente de lo que ocurría a su alrededor, y esa era la parte más cruel. No puedo imaginarme la desesperación y la frustración que debe de haber sentido, día tras día, al ser prisionero de su propio cuerpo, sin ninguna esperanza de escapar.

Una vez más, toda la familia se unió para ayudar en lo que pudo. Esta es una de las innumerables bendiciones de pertenecer a una familia grande y cariñosa.

Lo alimentábamos, lo llevábamos hasta la ducha, y como no podía controlar sus funciones corporales, lo limpiábamos. Alguno de mis hermanos lo levantaba, mientras yo le ajustaba un pañal, o viceversa. Más adelante, cuando aparecieron mis problemas de espalda en la primera temporada con los Bulls, me pregunté si eran el resultado de levantar tanto peso regularmente.

Mi madre, como de costumbre, supo cómo manejar la situación y se aseguró de que mi padre nunca se sintiera excluido de ninguna reunión familiar. Él se sentaba en la mesa con nosotros en su silla de ruedas y aprendió a comer sin ayuda. En ocasiones, casi me olvidaba de su discapacidad.

La fortaleza que demostraba mi madre resultaba extraordinaria. Su fe tenía mucho que ver en eso. Nunca se compadeció de sí misma.

¿Qué habría ganado?

Su madre, Emma Harris, mostró incluso más fortaleza que ella. Decían que mi abuela podía trabajar tan duro como un hombre. Y lo creo. Ella tampoco caía en la autocompasión. Tal vez fue por haber crecido en una época en la que los negros del sur no se quejaban de su destino. Simplemente, aceptaban lo que tenían y hacían todo lo posible para mejorar sus circunstancias.

Mi madre se crio en Luisiana, recogiendo algodón con su madre cuando apenas era una niña. Cada año, cuando finalizaba la época de la cosecha, el propietario de la granja, supuestamente, debía recompensarlos con una prima. Un año no pagó la bonificación, y tuvieron que arreglárselas comiendo alimentos de su propio jardín.

En 1940, cuando mi madre tenía dieciséis años, un huracán inundó gran parte de las tierras del sur, y su familia se mudó a Arkansas. Cuando era pequeño solía visitar a la familia que se había quedado atrás. Siempre me sorprendía que tres familias pudieran vivir en una plantación. Nuestra raza ha avanzado mucho desde finales de los sesenta y principios de los setenta, con la segregación, la Ley de Derechos Civiles y la Ley de Derecho al Voto. Pero todavía nos quedaba un largo camino por recorrer.

Cuando mi padre sufrió el infarto, yo estaba en octavo. Desde entonces, nunca pudo ser el padre que yo necesitaba o enseñarme a convertirme en un hombre, especialmente en un hombre negro que debía vivir en un mundo de blancos.

Con la ayuda de mis hermanos mayores, encontré mi camino, aunque el vacío que sentía permanecería ahí por mucho que intentara llenarlo con la ayuda de los hombres, blancos o negros, que más tarde elegiría como referencia. Eso incluía a mis entrenadores de baloncesto del instituto y de la universidad. No los consideraba exactamente como figuras paternas, pero, de cada uno de ellos, aprendí unos valores que significarían mucho para mí durante el resto de mi vida.

También echaba de menos la libertad de la que disfrutaban los otros chicos de mi edad.

La mayoría de los días, cuando regresaban de la escuela, iban a jugar, a explorar…, a hacer cosas de críos. Su única obligación era pasarlo bien. En cambio, cuando yo llegaba a casa, empezaba mi jornada laboral y me preparaba para cualquier tarea que mi madre o alguno de mis hermanos o hermanas reservaban para mí. Incluso los deberes quedaban en segundo lugar.

Se mire por donde se mire, éramos pobres. Cuando nací,

en septiembre de 1965, nuestra casa solo contaba con cuatro dormitorios, y durante muchos años tuvimos que compartir habitación. Uno de nosotros podía estar en el fregadero, otro en la bañera, y otro en el retrete. Nadie pensaba en ello. Tardamos bastante en tener línea telefónica. La gente llamaba a la abuela, que vivía al lado, y ella venía a buscarnos.

Pero, a pesar de todo, nunca me sentí pobre. Me sentía bendecido.

Siempre teníamos mucha comida en la mesa. Cultivábamos calabazas, maíz y otras verduras en el jardín, y criamos cerdos y pollos. Tampoco nos faltaba el amor. Muchos niños negros nunca tuvieron un padre ni una madre tan devota como Ethel Pippen.

A diferencia de muchos niños que conocí, me mantuve al margen de los problemas. Mi madre se aseguró de ello. Cuando quería salir a jugar, le pedía permiso, y si creía que alguno de los niños con los que me mezclaba no eran una buena compañía me decía que evitara juntarme con él de allí en adelante. Desobedecerla no era una opción.

Y tampoco lo era saltarse la hora de llegar a casa. Cuando mi madre cerraba la puerta, quedaba cerrada el resto de la noche. Con todo el trabajo que tenía, no iba a tolerar que alguien la despertara porque no sabía respetar las normas de la casa. Dormir era su único descanso, y nunca duraba lo suficiente.

Era más estricta conmigo que con mis hermanos y hermanas. Ellos no tenían que ir a la escuela dominical y a la iglesia, como yo. A veces resultaba muy molesto. Era como si me castigaran con cantar himnos y escuchar sermones que no entendía mientras mis amigos estaban fuera jugando. Pero, visto con la perspectiva del tiempo, no puedo estarle más agradecido. El Señor es una poderosa presencia en mi vida, y eso es gracias a ella.

Mi madre no era la única persona que me mantenía a raya. También lo hacían mis hermanos y mis hermanas, así como mis vecinos. Siempre tenía alguien vigilándome. Si cometía algún error, la noticia rápidamente llegaba a casa. Como me decían mis vecinos: «Si lo vuelves a hacer, se lo voy a decir a tu madre».

En Hamburg experimenté un precioso sentimiento de comunidad. Todo el mundo estaba dispuesto a ayudar a los demás, siempre. Cuando un amigo necesitaba algunos dólares, se los prestaba sin pensarlo, aunque fueran los únicos que tuviera.

En aquella época, la gente te dejaba en paz. Si no incordiabas a nadie, nadie te molestaba.

Salvo por una excepción que permanece intacta en mi mente más de cuarenta años después.

Era el 1 de junio de 1979. Charles Singleton, un chico de veinte años que conocía del vecindario, estaba caminando tranquilamente por delante de nuestra casa. No era algo extraño. Solía encontrarme con Charles muchas veces. Lo saludaba y él me devolvía el saludo.

Charles se dirigía al colmado de la señora York, a media manzana de distancia. Iba a comprar ahí casi todos los días. La señora York era una mujer agradable que dejaba que mi familia comprara provisiones a crédito. Vivía en una pequeña casa en la parte trasera de la tienda.

Pues bien, a la señora York le asestaron dos puñaladas en el cuello. Murió en el hospital, pero antes de expirar le dijo a la policía que Charles era el responsable. ¿Cómo podía ser? Lo había visto apenas unos instantes antes de quitarle la vida a otra persona.

Cuando la noticia empezó a circular, la policía buscó a Charles por toda la ciudad. Hamburg es un lugar muy pequeño. No podría esconderse durante mucho tiempo.

Singleton estuvo encarcelado veinticuatro años antes de que lo ejecutaran en 2004.

Un día, mientras Charles seguía en busca y captura, mi hermano Jimmy se disponía a salir de casa por la puerta cuando mi padre le dijo: «Hijo, no creo que debas salir, porque te pareces a Charles Singleton». Jimmy tenía la tez clara y, como era costumbre entonces, lucía un peinado afro similar al de Charles Singleton.

Para alguien de color, la clave para evitar los problemas era muy simple: «No te muevas de tu sitio».

Sí, ya sé que es un lugar común, pero es que era así.

En la cafetería de nuestra escuela, salvo en contadas ocasiones, los negros se sentaban con los negros y los blancos con los blancos; los blancos constituían aproximadamente dos tercios de la población escolar. A mí me parecía normal.

Mis padres nunca se sentaron conmigo para hablar largo y tendido sobre los problemas raciales en Estados Unidos. No había nada que decir. Todo estaba muy claro.

No importa cuántos títulos o millones haya ganado. Nunca olvido el color de mi piel y que algunas personas en este mundo me odian solo por eso.

Durante mucho tiempo, nunca me paré a pensar en lo importante que fue mi educación para llegar a ser quien soy. Siempre miraba hacia delante, nunca hacia atrás. Hoy en día, lo veo diferente. A mis cincuenta y tantos años, quiero saber por qué tomé las decisiones que tomé y qué pueden significar para mí en el futuro.

Por ejemplo, mi decisión de firmar con los Bulls una ampliación de contrato por cinco años y dieciocho millones de dólares en junio de 1991, una semana antes de que la franquicia ganara su primer título. El documental de la ESPN me hizo parecer ingenuo, habida cuenta de las cantidades de dinero que los otros jugadores ganarían poco después con la negociación colectiva con los propietarios.

¿Me gustaría no haber firmado esa ampliación de contrato? Por supuesto.

Perdí millones de dólares; aquello afectó negativamente a

mi relación con Jerry Reinsdorf y Jerry Krause. Mi mentalidad habría sido completamente distinta. ¿Quién sabe? Tal vez habría jugado toda mi carrera profesional con los Bulls.

Eso no quiere decir que me arrepienta. Tomé una decisión con la información que tenía en ese momento. No me cabía duda de que era lo mejor para mí.

Yo no era como otros jugadores, blancos o negros, que procedían de un entorno estable y seguro. En vista de lo que les había pasado a mi padre y a mi hermano, aprendí muy pronto lo rápido que puedes perder todo lo que tienes. No podía arriesgarme. Si me hubiera lesionado, podría haber acabado mal.

Si necesitaba algún recordatorio más, solo tenía que contemplar el destino del antiguo receptor de la NFL Darryl Stingley, que a menudo se sentaba detrás de nuestro banquillo en Chicago.

Darryl, la primera elección de los Patriots de Nueva Inglaterra en el *draft* de 1973, estaba viviendo su sueño, hasta que la realidad llamó a su puerta. Durante un partido amistoso en 1978 contra los Oakland Raiders, Jack Tatum, uno de los placadores más feroces del fútbol profesional, se lo llevó por delante.

A veces un solo golpe basta para arrebatártelo todo. Darryl no volvería a andar.

Nos hicimos amigos a principios de los noventa. Después de los partidos, quedábamos a cenar o a tomar una copa. Quería sentir que era uno de los nuestros, a pesar de sus limitaciones. La capacidad para adaptarse a las circunstancias era mucho más inspiradora que cualquier éxito deportivo. Darryl me recordaba a mi hermano. Lo admiraba profundamente, y lamenté muchísimo su muerte, en 2007.

Lo que tuve que soportar durante mi infancia también afectó a mi forma de relacionarme con los demás. Nunca pude estar seguro de que se mantendrían a mi lado, tanto si eran importantes para mí como si no. Crear una relación de confianza requiere tiempo, lo que explica que, al margen de mis hermanos y hermanas, mis mejores amigos siempre hayan sido mis compañeros de equipo. Si podía contar con ellos en la pista, también podía hacerlo en todo lo demás.

Un equipo de baloncesto es como una familia, cada persona desempeña un papel en concreto. Si no haces bien tu labor, tendrá efectos adversos para todos los demás. Eso se cumplía en la casa de los Pippen y en todos los equipos en los que jugué en el instituto, la universidad y la NBA. Al criarme en una familia numerosa, podía saber, casi instintivamente, lo que cada compañero necesitaba en cada momento: un pase a un tirador en su posición favorita para que recuperara la confianza después de errar algunos lanzamientos; unas palabras de apoyo después de que el entrenador, o Michael, fuera demasiado duro con ellos por perder un balón o fallar en un rebote; o simplemente escuchar a un compañero que quiere desahogarse por algún desplante.

El interés para ayudar a los demás iba más allá de la pista de baloncesto. A medida que fui creciendo, me di cuenta de que me relacionaba más con las personas que requerían más cuidados.

Un ejemplo es Amy Jones, la hija de Arch Jones, uno de mis entrenadores en la universidad. Cuando Amy tenía dos años, se dio un golpe en la cabeza que le provocó un coágulo de sangre en el lóbulo frontal del cerebro. Los médicos le extirparon el coágulo, aunque eso la condenó a padecer una discapacidad durante el resto de su vida.

La conocí cuando ella tenía once años. Cuando estaba a su lado, no veía a una chica con una limitación, sino a una persona con la que bromear y a la que podía abrazar o tratar como a cualquier otra persona. Y ella me trataba igual. Nos hicimos muy amigos.

Creedme, no intento presentarme como un santo. Al ayudar a Amy, también me estaba ayudando a mí mismo. De esa forma podía entender mejor lo que pasé cuando era pequeño. Aún hoy, lo que siento cuando estoy al lado de alguien que se ha enfrentado a grandes obstáculos es más satisfactorio que cualquier otra cosa, incluido ganar un anillo de la NBA.

Ver la sonrisa en la cara de Amy me levantaba el ánimo para el resto del día. Siento lo mismo cada vez que paso tiempo con Ronnie. Ni por un momento lo trato diferente porque esté atrapado en una silla de ruedas. Me burlo tanto de él como él se burla de mí.

Ninguno de los dos querría que fuera de otra forma.

2

Basta con un partido

$\mathcal{A}$l final del bloque donde vivía estaban las pistas de baloncesto de Pine Street. Quedaban tan cerca que, por las tardes, cuando había poco tráfico, podía escuchar cada bote, cada tiro al aro y a todos los jugadores reclamando falta personal. Son sonidos de mi infancia.

Cuando acabaron de construir las pistas, yo tenía siete años. El momento no podía ser más oportuno.

Sin esas pistas, no habría aprendido a jugar a una edad tan temprana. En el vecindario no había más pistas. Puedes practicar durante horas y horas en tu propia cancha, pero solo sabes si tienes lo que hay que tener cuando te comparas día tras día con tus compañeros. Y es mejor saberlo cuanto antes.

Las pistas de Pine Street tenían redes de nailon —no las ridículas redes metálicas, gracias a Dios— y el suelo era de hormigón; la pelota botaba de verdad. Había espacio más que suficiente para que un niño pudiera soñar a lo grande.

Yo me imaginaba que era Julius Erving, que jugó en la NBA con los Philadelphia 76ers. El Dr. J. levitaba por el aire como si fuera de otra galaxia. Podía pasar una eternidad antes de que aterrizara. Y cuando se reunía con el resto de los mortales, solía regalar un mate espectacular o un magnífico salto en suspensión por la línea de fondo.

Si hablamos de carisma, en el mundo del deporte no ha

existido nadie como él. Lo siento, M.J. Lo siento, Magic. Lo siento, LeBron. Cuando daban por televisión un partido del Dr. J., no podía apartar los ojos de la pantalla.

No obstante, si le preguntáis a cualquier persona a quién me parecía jugando, os garantizo que el Dr. J. no será su respuesta. Mencionarán a su compañero de equipo Maurice, *Mo*, Cheeks, que jugó en la liga durante quince años y está en el Salón de la Fama.

«Me quedo con Mo Cheeks», decían los niños cuando me elegían para su equipo en el recreo.

No podía estar más satisfecho con ese cumplido.

Curiosamente, mi segundo nombre es Maurice, y el mismísimo Maurice Cheeks me entrenó durante un par de temporadas al final de mi carrera, en Portland. Cuando me retiré estaba a tres robos de igualar su récord. Él es el sexto en la lista de todos los tiempos; yo, el séptimo.

«Nunca vas a alcanzarme», me decía siempre que me veía.

Mo era un base de una época que, lamentablemente, se ha acabado y que probablemente nunca regrese. Su principal objetivo era pasar el balón y luego anotar. Y aunque en la NBA se me ha considerado un alero, durante toda mi carrera me he visto más como un base —algunos me han llamado alero creador— que intentaba emular a Mo y a otros bases altruistas como él. Mo medía un metro y ochenta y seis centímetros, muy poco para un jugador de baloncesto profesional. Por eso, cuando yo estaba en el instituto y no llegaba al metro ochenta, podía intentar jugar como él, en lugar de abrazar la descabellada idea de imitar a Dr. J., que medía más de dos metros.

Mo, al menos, era de esta galaxia.

Cuando era adolescente, solía andar por ahí con un amigo, Ronnie Marton, que conocí en la escuela primaria. Ronnie y yo nos enfrentábamos en la Liga de Béisbol Infantil y en la Pop Warner, la liga de fútbol americano infantil.

Éramos los primeros en llegar a las pistas de Pine Street

cada sábado y domingo por la tarde. Mientras esperábamos que los demás aparecieran, jugábamos un uno contra uno a media cancha o al veintiuno: ganaba el primero que llegaba a veintiuno; cada canasta vale dos puntos; los tiros libres, uno.

Ronnie era delgado, pero yo pesaba aún menos, unos cincuenta kilos a lo sumo. Por eso él era capaz de desplazarme sin demasiada dificultad.

Por aquel entonces, no me gustaba el contacto físico. Era más bien un jugador elegante de brazos largos, con buen manejo de balón y un buen porcentaje de tiro exterior. Yo aprovechaba mis ventajas, y él las suyas.

Siempre decíamos que uno de los dos, o ambos, llegaríamos a la élite. Decíamos muchas barbaridades.

Trabajábamos cada aspecto de nuestro juego. Ronnie tenía un primo que nos enseñó a lanzar a tablero desde cualquier posición, incluida la parte superior de la botella. Como nos dijo su primo, si aciertas a darle al pequeño cuadrado del tablero con el balón, puedes lanzar tan fuerte como quieras, pues casi siempre el balón acabará en la red. Practiqué tantas veces el tiro a tablero que al final se convirtió en mi lanzamiento preferido, y siguió siéndolo durante toda mi carrera.

Sobre las cuatro, los otros jugadores empezaban a aparecer. Algunos salían del instituto, otros eran mucho más mayores, de treinta o cuarenta años. Muchos venían de la fábrica de papel. Se notaba en el olor. Esos tipos sabían jugar. No podía creer lo fuertes que eran.

Además, sabían saltar; parecían capaces de llegar hasta la Luna.

«Más vale que aprendáis a lanzar desde bien arriba —nos decían—, o vamos a taponar todos vuestros tiros.»

No estaban bromeando.

Los partidos resultaban muy intensos. No importaba que solo estuviera en juego nuestro orgullo. Aquello era suficiente.

Si ganabas, seguías en la pista. Si perdías, podías estar tres o cuatro partidos fuera de ella. Cada vez que mi equipo llegaba a los diecinueve puntos, es decir, a una canasta de la victoria, los rivales me hacían un dos contra uno. Era el entrenamiento perfecto para todos los dos contra uno que me esperaban.

Al estar en el sur, el único inconveniente era el calor agobiante. Muchas veces, los demás esperaban que refrescara un poco antes de aparecer y echarnos de la pista. No podíamos hacer nada. Eran más grandes que nosotros.

Como no había árbitros, los jugadores pitaban sus propias faltas. ¡Cómo no! En todas las pistas del país, hay tipos que reclaman falta cada vez que alguien se atreve a echarles el aliento encima. En la NBA pasa lo mismo. Ciertos individuos —y todos los jugadores saben quiénes son— creen que reciben falta cada vez que fallan un tiro. En mi época, uno de ellos era Adrian Dantley, el pequeño y excepcional alero que destacó con los Pistons.

En las pistas de Pine Street siempre podías escuchar conversaciones del tipo:

—No era falta.

—Vamos a tirar para decidirlo.

—Ni de broma. Me has hecho falta y el balón es para nosotros.

Y así sucesivamente. Nadie estaba dispuesto a ceder.

Para seguir jugando —de lo contrario, todavía estaríamos ahí— el jugador que había recibido supuestamente la falta tiraba un tiro libre. Si encestaba, su equipo mantenía la posesión; si fallaba, el balón era para el equipo rival.

Muchas veces, Ronnie y yo nos quedábamos después de que los demás se fueran. Jugábamos una y otra vez al HORSE, en el que los jugadores reciben una letra de la palabra si no pueden encestar los mismos tiros que su rival. Cuando se empezaba a hacer de noche, la luz de las farolas nos ayudaba a vislumbrar la canasta. Luego, a menudo íbamos a por una hamburguesa. Solo una, que partíamos por la mitad. Eso era todo lo que podíamos permitirnos.

Si las pistas de Pine Street no estaban abiertas, jugaba en

la pista que había montado uno de mis primos en el patio de la casa de mi abuela.

El suelo era de tierra, y el aro, que estaba anclado a un tablero de madera contrachapada, estaba colgado en un viejo y desvencijado poste de luz. A veces, no había red. Otras, apenas se sujetaba en el borde del aro y alguien tenía que subirse a una escalera y ponerla bien de nuevo. Echo de menos aquellos días.

Podía estar ahí durante horas, imaginando que era Mo Cheeks o el Dr. J. (a veces hasta Larry Bird, la estrella de los Boston Celtics) haciendo el tiro final en el séptimo partido de las Finales de la NBA. Siempre anotaba, por supuesto. También practicaba el característico gancho de Kareem Abdul-Jabbar…, y llegué a hacerlo realmente bien.

Algunas mañanas, iba a esa pista de tierra muy temprano. Siempre había algo más que hacer: más tiros, más movimientos, más sueños.

En realidad, para mi abuela llegaba demasiado pronto.

«Deja ese balón y vete a casa —me gritaba—. ¿Sabes la hora que es?»

Cuando mi abuela levantaba la voz, me temblaban las piernas…, y creo que era un sentimiento compartido con mucha gente. En esos días, nuestros vecinos cruzaban los patios traseros de los demás sin ningún miramiento…, y aquello a mi abuela la sacaba de quicio.

«Si volvéis a pisar mi patio, juro que os voy a disparar», les decía.

Y la verdad, si lo hubiera hecho, no me habría sorprendido lo más mínimo.

A pesar de las muchísimas horas que pasé en las pistas de Pine Street y en el patio trasero de la abuela, mi deporte favorito era el fútbol americano, no el baloncesto. En el sur, el fútbol americano era, y sigue siendo, una religión. En séptimo y octavo grado, jugaba de receptor y tenía el talento suficiente como para ser titular en la escuela secundaria. Era rápido, tenía buenas manos y mis carreras eran directas.

Sin embargo, había un obstáculo que no podía superar.

El chico que competía por el mismo puesto que yo era el sobrino del alcalde.

Probablemente, en mi situación, muchos se habrían ido del equipo. Pero yo no. Me convertí en uno de los líderes del grupo. Tal era mi amor por el deporte. Lavaba los uniformes, repartía las botellas de agua y viajaba en el autobús con los entrenadores. Me sentía como si fuera miembro del cuerpo técnico.

Había otra razón por la que me quedé en el equipo.

El fútbol americano me permitía pasar tiempo lejos de casa. Lejos de los viajes al colmado y los cambios de pañales. No regresaba antes de las seis de la tarde, justo a la hora de cenar. Para entonces, muchas de las tareas que debía hacer para ayudar a mi padre y a Ronnie ya estaban hechas. Quería mucho a mi familia. Lo era todo para mí. Simplemente, estaba cansado de que nuestra casa se pareciera más a un hospital que a un hogar.

Todo iba bastante bien hasta que empecé décimo grado, cuando el entrenador Wayne dijo que necesitaba hablar conmigo.

Donald Wayne estaba al mando del equipo de baloncesto y era uno de los entrenadores asistentes del de fútbol americano. Tenía fama de ser muy duro, y esa fama era totalmente merecida. Nunca dudaba a la hora de castigar a alguien. Cuando yo iba al instituto, los castigos corporales todavía estaban vigentes, y no recuerdo que los padres pusieran objeción alguna al respecto.

—¿Cuándo vas a dejar de ser el utillero del equipo de fútbol americano y te unirás a los entrenamientos de pretemporada del de baloncesto? —me preguntó.

—Vendré cuando termine la temporada de fútbol americano —le contesté despreocupadamente.

Y es que no tenía ninguna razón para estar preocupado. Otra media docena de chicos del equipo de baloncesto también competía en ambos deportes, y el entrenador Wayne no esperaba que levantaran pesas mientras la temporada de fútbol americano seguía su curso. ¿Qué me hacía diferente?

Sin embargo, no era la respuesta que él esperaba, así que me echó del equipo de baloncesto.

Nunca había caído tan bajo. No podía ni entrar en el gimnasio para hacer algunos lanzamientos por mi cuenta. Esto se prolongó durante algunas semanas. Pensaba que mi carrera en el mundo del baloncesto era historia.

Pero, en ese momento, alguien acudió a mi rescate.

Michael Ireland era el asistente de Wayne. Había sido mi entrenador en la escuela secundaria, y vio algo en mí que el primer técnico era incapaz de ver. Cada dos por tres, Ireland le rogaba a Wayne que me dejara volver al equipo.

Sin embargo, su respuesta siempre era la misma. Las reglas estaban ahí por alguna razón y no pensaba hacer ninguna excepción conmigo. Había echado a muchos jugadores y nunca les había dado una segunda oportunidad. Siempre había otro jugador que podía ocupar su lugar. En ese momento me percaté de lo mucho que echaba de menos que mi padre no fuera el hombre que solía ser. Estaba seguro de que se habría plantado delante de Wayne…, y quizás este hubiera cambiado de opinión. Mi hermano Billy se ocupó de aquel asunto, y bendita sea su buena voluntad, pero Billy no era mi padre.

Un día, sin venir a cuento, el entrenador Wayne decidió que podía regresar al equipo. Tuve que agradecérselo a Ireland. Sin su intervención, dudo mucho que el entrenador hubiese cambiado de opinión, y puede que mi vida hubiera sido muy diferente. Como algunos de los chicos con los que crecí, puede que aún siguiera viviendo en Hamburg, tal vez trabajando en la fábrica de papel, sin que se cumplieran ninguno de mis sueños.

El entrenador Wayne me pidió algo a cambio. No solo tenía que hacer la pretemporada con ellos, sino que, después de cada entrenamiento, tenía que subir y bajar corriendo los escalones de las gradas.

¿Cuántas series tuve que hacer? ¿Cuántos escalones? Perdí la cuenta.

El entrenador solo quería saber una cosa: lo comprometido que estaba con el baloncesto y con mi futuro. Buena pregunta.

Detestaba subir y bajar esos escalones, pero creo que alguien me dijo, o tal vez simplemente lo sabía en el fondo de mi ser, que, si dejaba de correr, me echarían del equipo para siempre.

Y aun así, en una ocasión, estuve a punto de hacerlo.

Fue un día húmedo y caluroso en el que había entrenado durante una hora o más. Wayne podría haberme echado del equipo, expulsado o enviado a una escuela militar en el norte y no me habría importado en absoluto. Cualquier cosa era mejor que subir o bajar otro puto escalón. Por fortuna, un par de compañeros de equipo pasaron por allí y se dieron cuenta de que no estaba corriendo. Ellos sabían el castigo que me esperaba si bajaba los brazos, uno que me destrozaría. Tal vez no ese día, el siguiente o el otro, pero sí el resto de mi vida.

«Vamos, Pip —me dijeron. Todo el mundo me llamaba Pip—. Tú puedes.»

Eso era todo el ánimo que necesitaba. Seguí subiendo y bajando escalones esa tarde y todas las que vinieron detrás. Nunca más estuve cerca de rendirme.

Aún hoy creo que mi castigo fue injusto. Pero ¿qué más podía hacer? Aquello era el sur, donde un chico negro obedecía a un entrenador blanco. Nunca pensé que aquello fuera un comportamiento racista, pero, aun así, no podía pasar por alto quiénes éramos, dónde estábamos y los tiempos que vivíamos.

En ese momento, pensé que quería boicotearme, pero no podía estar más equivocado. En realidad, quería inculcarme un propósito, unos valores que nadie, excepto mi madre, se había molestado en enseñarme. Yo era demasiado joven y egocéntrico para darme cuenta.

Pero un día vi la luz al final del túnel. Gracias a Dios, no fue demasiado tarde.

El entrenador Wayne me pidió que fuera a su oficina para otra charla. ¿Qué había hecho mal esta vez? Podría ser casi cualquier cosa.

—¿Qué quieres hacer en la vida? —me preguntó.

Me quedé estupefacto. Nunca nadie me había hecho una pregunta como esa. En la casa de los Pippen, no había tiempo para hablar del futuro. ¿Ir a la universidad? Por Dios, había cosas más importantes.

—Quiero ser jugador de baloncesto profesional —le dije sin asomo de duda.

Sí, lo había dicho.

El entrenador no se sorprendió demasiado. Estoy seguro de que no era el primer chico que compartía con él ese mismo sueño.

—Entonces, hijo, debes mejorar tus notas. De lo contrario, no irás a ninguna parte.

Estaba en lo cierto: si no me tomaba en serio mis estudios, y todo lo demás, no llegaría a ninguna parte. El reloj estaba en marcha. El instituto era una de las últimas paradas antes de entrar en el mundo real..., y pronto me graduaría.

Mi mentalidad cambió por completo. Los escalones ya no eran un obstáculo, sino una herramienta para mejorar. «Mis piernas se fortalecerán —me decía a mí mismo—. Voy a saltar más alto. Cuando llegue el final de los partidos, voy a estar fresco cuando los demás apenas se puedan mantener en pie.» Día tras día, practicaba los tiros, la defensa y el manejo del balón. Me quería convertir en una estrella. Pero no me conformaba con ser una estrella en el instituto, sino en la universidad y, algún día, eso esperaba, en la NBA.

Mi trabajo todavía no había dado sus frutos.

En mi primer año de júnior, el entrenador Wayne puso a Ronnie Martin, mi mejor amigo, por encima de mí. No tenía nada en contra de Ronnie, era un gran jugador, pero yo era mejor en todos los aspectos del juego. Era incluso mejor que los séniors. Cada vez que nos daban una paliza, me sentaba en el banquillo pensando que no nos veríamos en tal situación si yo liderara el ataque. Pero no dejé que aquello me afectara. Me di cuenta de lo afortunado que era por estar en el equipo, podría no haber estado perfectamente.

La temporada no tardó en terminar, pero para mí el trabajo duro solo acababa de empezar.

Durante ese verano, pasé muchas horas en la pista de entrenamiento y la sala de pesas. Entrené con Myron Jackson, que se acababa de graduar y que en otoño jugaría en la Universidad de Arkansas, en Little Rock. Myron, un primo lejano, me demostró que había una forma de salir de Hamburg.

No recuerdo todos los partidos de mi temporada de sénior. Queda muy atrás y he disputado muchos encuentros desde entonces. Recuerdo que los Hamburg Lions eran un gran equipo. Los entrenadores Wayne e Ireland se complementaban perfectamente. Ireland trabajaba la defensa, mientras que Wayne era fantástico en los sistemas ofensivos.

En una típica sesión de entrenamiento de un par de horas, trabajábamos durante cuarenta y cinco minutos la defensa. En zona, hombre a hombre, presión a media cancha, a cancha completa, todas las que se os ocurran. Para el entrenador Ireland todo tenía que ver con los ángulos y moverse más rápido que el balón. Obligábamos a los rivales a mover la bola lejos de la pintura. Una vez ahí, estábamos perfectamente colocados en defensa: es la mejor forma de robar la pelota, cosa que, a menudo, separa la victoria de la derrota. En nuestro equipo, si no sabías defender bien, no podías jugar, punto.

Yo pensaba que dedicábamos demasiado tiempo a la defensa. Todo el mundo lo creía. Defender al otro equipo no era tan divertido como encestar.

Qué equivocado estaba. Todo ese tiempo invertido en aprender a defender valió cada segundo y me beneficiaría en mil formas que entonces todavía no podía anticipar.

Un buen ejemplo de ello es la primera presencia de los Bulls en las Finales de la NBA, contra los Lakers, en 1991. En el segundo partido, Phil me pidió que defendiera a Magic Johnson porque Michael había cometido dos faltas personales muy pronto. Michael no pudo detener a Magic en el primer partido, y esa fue una de las razones de nuestra derrota. Intenté por todos los medios que Magic no recibiera el balón en el lado derecho, donde resultaba más peligroso. Lo que hice en ese partido fue el resultado de todo lo que aprendí por primera vez del entrenador Ireland. Ese día superamos a los Lakers sin problemas, y al final nos llevaríamos la serie tras cinco partidos.

Recuerdo un momento en especial de mi último año. Estábamos jugando contra McGehee, una escuela a una hora de Hamburg.

Iba hacia canasta después de que Ronnie me pasara el balón. No tenía a nadie cerca de mí. Normalmente, habría hecho la típica bandeja: era uno de los ejercicios básicos que repetíamos en nuestras rutinas de entrenamiento.

Pero no la hice.

El animal que tengo dentro, y su necesidad de aparecer en cualquier momento, decidió pasar de la ortodoxia.

Como si fuera el Dr. J., me elevé tan alto como pude por el carril central e hice un mate. Mis compañeros de equipo saltaron del banquillo y tardaron un buen rato en volver a sentarse. Si no recuerdo mal, el árbitro nos pitó una técnica. A nadie le importaba. Habríamos ganado a McGehee aunque nos hubieran castigado con diez técnicas seguidas. Durante el resto de la temporada, siempre que tuve la oportunidad, machaqué el aro.

Acabamos la temporada regular con un balance de 23-3, invictos en nuestra conferencia. En un momento dado, el

Arkansas Gazette nos eligió el mejor equipo del estado en nuestra categoría.

Nuestros hombres grandes, Ira Tucker y Steven White, dominaban ambos postes, mientras Ronnie y yo liderábamos el ataque. En aquel entonces medía metro ochenta y cinco y jugaba de base, aunque, según los emparejamientos, podía ocupar cualquier posición, incluida la de pívot. Observando el juego desde diferentes posiciones, aprendí mucho en ambos extremos de la cancha. Me hizo mucha ilusión que me incluyeran en el mejor equipo del distrito.

Aprendí muchas más lecciones, pero ningunas tan profundas o duraderas como las relacionadas con la raza. Entendí que el color de la piel era un factor determinante en el baloncesto.

En ocasiones, el entrenador Wayne hacía jugar a chicos blancos de menor nivel antes que a los negros. No era un caso aislado. Ocurría en todo el sur. Si no lo hubiera hecho, la universidad habría encontrado otro entrenador que actuara de ese modo.

No había nada que hacer. Para no perder la moral, solíamos decirnos: «Espera tu turno».

Al final, en la mayoría de los casos, el talento acaba imponiéndose.

Cuando todavía era júnior, un chico blanco que procedía de una escuela privada llegó al equipo. Algunos pensaron que pasaría por encima de mí. Pero acabé imponiéndome a él, tal como hice con el sobrino del alcalde en aquel equipo de fútbol americano. No importaba, ni el mismísimo sobrino de Bill Clinton hubiera tenido nada que hacer si hubiera aparecido por allí. Así de bueno era.

Ser negro significaba no olvidarse nunca de quién eras y dónde estabas. Algunos de nosotros, en ocasiones, solíamos ir a casa del entrenador Ireland para comer algo o pasar el rato. El entrenador Ireland era negro.

No íbamos a casa del entrenador Wayne. No tenía nada en

contra de él, pero como era blanco…, pues vivía en un barrio de blancos.

«No te muevas de tu sitio.»

Como cabezas de serie en los *playoffs* estatales, estábamos convencidos de nuestras posibilidades de hacernos con el título…, pero nos quedamos muy lejos de nuestro objetivo.

En nuestro primer partido, Stamps, una escuela que se encontraba a dos horas hacia el oeste, nos ganó 45-43. Lo que más nos dolió, a pesar de fallar muchos tiros, fue nuestro problema con las faltas. Yo tuve tanta culpa como cualquier otro. Me expulsaron a falta de nueve minutos para el final del partido. Eso fue todo, mi carrera de baloncesto en la escuela secundaria había acabado.

Cuando me recuperé del golpe, pude darme cuenta de lo afortunado que era. Me había demostrado a mí mismo que, si trabajaba duro, podía jugar a un alto nivel al deporte que tanto amaba.

Solo había un problema: ¿cuál era el siguiente paso?

Las mejores universidades de la región ya habían firmado a los jugadores que querían. Hablé por teléfono con los entrenadores asistentes de Southern Arkansas en Magnolia y de la Universidad de Arkansas en Monticello, aunque, por lo que sé, ningún entrenador vino a verme jugar. Era como si no existiera.

El entrenador Wayne volvió a hablar conmigo:

—¿Cuáles son tus planes?

—Quiero jugar en un equipo universitario.

—¿Cómo vas a lograrlo? Solo eres uno más del montón.

«Venga, entrenador, por favor, dime cómo te sientes realmente.»

Bromas aparte, Wayne, como Ireland, sabía que tenía mucho potencial y se comprometió a ayudarme.

Era un hombre de palabra.

Se puso en contacto con Don Dyer, el prestigioso entrenador de la Universidad de Arkansas Central, en Conway, a dos horas y media de Hamburg. El entrenador Wayne había jugado para él en Henderson State en los años sesenta.

—Es un chico enclenque y necesita levantar pesas, pero tiene talento —le dijo—. ¿Puedes echarle un vistazo?

—Por supuesto —le respondió Dyer—. Tráemelo.

Antes de darme cuenta, mi hermano Billy y yo estábamos de camino a Conway. Cuando llegamos al gimnasio, Dyer reunió a un par de chicos y me dijo que le demostrara lo que era capaz de hacer.

No había nada en juego…, excepto mi futuro.

No estuve en la pista mucho tiempo. Como máximo unos veinte minutos. Los mejores entrenadores no necesitan mucho más para saber si alguien tiene lo que hay que tener.

Los otros chicos eran más grandes que yo, que apenas pesaba setenta kilos. El entrenador Wayne tenía razón: era un enclenque.

A pesar de eso, más tarde estaba seguro de que había dado el callo y de que el entrenador Dyer estaría impresionado.

Pero ¿qué sabía yo?

Dyer podía decirle al entrenador Wayne que había hecho lo que me habían pedido, pero que no encajaba bien en su equipo. Eso sería el fin. Los entrenadores no tienen un sitio para todos los jugadores que están a prueba.

—El entrenador Dyer quiere verte en su oficina —me dijeron.

Llamé a la puerta…, y él fue directo al grano.

—Has jugado muy bien. ¿Qué vas a hacer?

Se refería a las opciones que tenía para ir a la universidad.

—Entrenador, no tengo ningún plan.

Y entonces me hizo una especie de oferta.

—Tenemos a todos los jugadores para la próxima temporada, pero puedo inscribirte en un programa para trabajar y estudiar. No podrás jugar ningún partido, pero entrenarás con el resto del equipo. ¿Qué te parece?

No recuerdo que me dijera «tómalo o déjalo»..., aunque aquel parecía ser el mensaje implícito.

Lo tomé.

No, no era una beca, pero ahí estaba mi oportunidad. Alguien quería a Scottie Maurice Pippen, de Hamburg, Arkansas. A un chico al que nadie más quería.

Naturalmente, tendría que demostrar lo que valía cuando llegara la ocasión, si es que llegaba, pero no tenía dudas de que sería capaz de hacerlo, como lo hice con el entrenador Wayne. Mi hermano y yo subimos al coche y regresamos a casa. No recuerdo nada sobre el viaje de vuelta. Mi mente estaba a un millón de kilómetros de distancia.

No podía estar más emocionado: iba a ir a la universidad.

3

El mejor del campus

*P*asé todo el verano de 1983 levantando pesas y lanzando millones de veces desde todos los puntos de la cancha, buscando el tablero —el cuadrado de en medio— tantas veces como podía. Ronnie todavía me daba algún repaso en los uno contra uno de Pine Street. No importaba, perder me hacía mejorar y tener más hambre. Eso fue una constante durante toda mi carrera.

Al cabo de unos meses, el verano llegó a su fin y estaba de camino a Conway, hacia una nueva vida.

Me sentía nervioso, por no decir otra cosa. Una nueva vida significaba conocer gente nueva, y eso nunca me ha resultado fácil. Salvo los viajes en autobús del instituto y mis visitas ocasionales a la familia de mi madre en Luisiana, jamás traspasaba los límites de Hamburg. Un mundo entero estaba ahí fuera, y no sabía nada de él.

Desde mi primer día en el campus, me centré en el baloncesto: ese deporte era mi billete para triunfar. Pasaba todos los días en el gimnasio, que estaba a cuatro pasos de mi dormitorio. Mi objetivo era demostrarles al entrenador Dyer y al cuerpo técnico que ya no era ese frágil adolescente que habían visto la primavera anterior.

Lo logré.

Pero todavía tenía un largo trecho por recorrer. Todos los jugadores tenían una beca, excepto yo.

«Ningún problema», me dije, dispuesto a esperar mi oportunidad. Llegó pocas semanas después, más pronto de lo que me esperaba.

Dos estudiantes abandonaron el programa de baloncesto, y de pronto una beca llevaba mi nombre. Más adelante, descubriría que, con el entrenador Dyer, los chicos del equipo iban y venían regularmente. Nunca dejaba de buscar ese diamante en bruto que se les había escapado a los demás. Estaba seguro de que estaba ahí fuera, en algún lugar. Solo tenía que dar con él.

En una ocasión, cuando el equipo estaba de viaje, cenando en el McDonald's después de un partido, el entrenador Dyer vio a un chico en la cola que medía más de un metro ochenta.

Inmediatamente, se le acercó y le preguntó: «¿Cuántos años tienes? ¿Puedes jugar en la universidad?».

Aquel chico debió de pensar que aquel tipo era un lunático.

No puedo transmitir lo importante que para mí era disponer de una beca. La universidad no era barata… Y, bueno, puede que no me considerara a mí mismo pobre, pero la verdad es que lo era.

Mis gastos eran menores que los de otros estudiantes porque estaba en un programa de trabajo-estudio y recibía una beca Pell. Aun así, eran considerables. Siempre buscaba la manera de ahorrar unos cuantos dólares. Después de cenar en la cafetería, volvía a la cola para llevarme un par de sándwiches de pavo o de jamón y queso. Los metía en el microondas antes de irme a la cama. Comía cuatro veces al día, no tres.

Para mí, la beca suponía mucho más que recibir una ayuda económica. Ahora formaba parte del equipo. Antes no era así. Ser parte del equipo implicaba dar lo que Don Dyer esperaba de ti. Eso era mucho. ¡Y yo que creía que el entrenador Wayne era exigente! ¿Conocéis el dicho «lentejas, o las tomas o las dejas»? El entrenador Dyer lo decía tan a menudo que cualquiera pensaría que lo había inventado él.

Entrenábamos sin descanso, incluso un año entrenamos el día de Navidad. En ciertas ocasiones, si nos daban una paliza cuando jugábamos fuera, hacía que todo el mundo se quedara para entrenar cuando llegábamos a Conway, sin importar lo tarde que fuera.

Como mis compañeros de equipo, yo hacía todo lo que él quería. Todavía me acuerdo de las consecuencias que tenía llevarle la contraria.

Una vez, cuando estábamos entrenando al límite de nuestras fuerzas, abandoné la pista. No me importaba que el entrenamiento no hubiera terminado.

—Joder, tengo los pies destrozados. No puedo más —dije.

Si otro jugador hubiera dicho algo semejante, lo habría expulsado del equipo en ese mismo momento, pero, por aquel entonces, yo era su mejor jugador y uno de los más destacados en la Arkansas Intercollegiate Conference. No podía permitirse prescindir de mí.

—Hemos acabado —dijo—. Nos vemos mañana.

El entrenador nunca había sido tan indulgente conmigo.

En otra ocasión, perdimos un partido porque intenté hacer un mate en los últimos segundos, en lugar de asegurar el tiro. La pelota rebotó en la parte posterior del aro. Dyer estaba fuera de sí. En su opinión, había cometido un pecado mortal, una afrenta a los dioses del baloncesto. En el vestuario, más tarde, ordenó que me disculpara frente a todo el equipo.

Ni hablar.

—Entonces nos quedaremos aquí el tiempo que haga falta —dijo—. Cuando Scottie esté dispuesto a disculparse, venid a buscarme. No me importa cuánto tiempo tengamos que esperar.

Me mantuve en mis trece una hora, tal vez más.

¿Disculparme? ¿Por qué? Yo quería ganar, tanto como cualquier otro. Solo había cometido un error. Además, si alguien tenía que disculparse, era él, por retenernos ahí durante tanto rato.

Mis compañeros de equipo estaban de mi lado, pero, por otra parte, querían volver a casa. Había sido un día muy largo.

—Pip, sabemos que no ha sido culpa tuya —dijeron—. Solo dile que lo sientes para que podamos irnos de aquí.

—De acuerdo.

Cuando llegó Dyer, le dije lo que quería oír. Nunca había sido tan falso.

—De acuerdo. Hasta mañana —dijo.

Recuerdo otra vez, cuando perdí el autobús, literalmente. Estaba en una clase que había empezado a la una. El autobús estaba programado para salir de nuestras instalaciones, el Centro Farris, a las dos, para jugar un partido esa misma noche en Magnolia. Sabía que llegaba justo, pero pensé que, si podía escabullirme un par de minutos antes de que acabara la clase, llegaría a tiempo; el Centro Farris no estaba muy lejos. Además, si llegaba un poco tarde, no había problema. Yo era un AA (All-American), como solía decirle a todo el mundo.

No se atreverían a dejarme atrás.

Por suerte, David Lee, propietario de un restaurante del campus que el equipo visitaba regularmente, me sacó del apuro. El señor Lee era un gran aficionado del programa de baloncesto y amigo del entrenador Dyer. Cuando me encontré con él una o dos horas después y le expliqué lo que había sucedido, prácticamente me empujó dentro de su Cadillac. Creo que fue a ciento treinta por hora durante el trayecto hasta Magnolia.

Cuando llegué al gimnasio, quedaban unos siete minutos para acabar la primera parte. Todos se sorprendieron al verme. Incluido el entrenador Dyer, que no me sacó a la pista hasta que pasaron seis minutos de la segunda parte. Quería castigarme, pero íbamos perdiendo por tres puntos. Finalmente, anoté once puntos… y ganamos por seis.

Nunca volví a llegar tarde al autobús.

El entrenador solía alargar los entrenamientos hasta las seis de la tarde. Los chicos detestaban eso. La cafetería cerraba justo a las seis. Por eso, alguien siempre preguntaba si podían mantenerla abierta unos minutos más. Por lo común, siempre lo hacían, pero, en caso contrario, el señor Lee no tenía ningún problema en saciar nuestro apetito.

Me gustaría añadir estas palabras en honor de Don Dyer, que murió a principios de 2021.

Fue un entrenador que trabajó tan duro como cualquier otro técnico con el que he trabajado, y eso incluye a Phil Jackson. Ganó más de seiscientos partidos y pertenece al Salón de la Fama del Campeonato nacional de baloncesto masculino de la NAIA (National Association of Intercollegiate Athletics).

Como si fuera un matemático trabajando en una nueva teoría, estaba formulando constantemente nuevas jugadas en la pizarra de su oficina. «¿Crees que esto va a funcionar?», le preguntaba a cualquiera que entraba.

Sin embargo, nadie tuvo un impacto más profundo y duradero en el equipo que Arch Jones, nuestro entrenador asistente. Mientras el entrenador Dyer se centraba en las jugadas, Jones —o el entrenador J., como lo llamábamos cariñosamente— se centraba en las personas. Él nos ayudó a pensar en la vida que tendríamos mucho después de haber terminado con el baloncesto o de que este acabara con nosotros.

¿Qué tipo de padres queríamos ser? ¿O qué clase de maridos o ciudadanos?

El entrenador J. se había criado con su madre. Su padre había muerto antes de que naciera. Cuando estaba en el instituto, su entrenador lo ayudó en todo lo que pudo, y creo que ese fue el origen de su vocación por entrenar. Quería ser un referente para esos jóvenes que necesitaban un modelo, como le sucedió a él mismo con su entrenador.

Cada vez que Dyer cargaba contra un jugador, el entrenador J. esperaba el momento adecuado y le aseguraba al chico que lo que había hecho o dejado de hacer no era tan horrible como parecía. Son tantos que no puedo calcular el número de jugadores a los que ayudó a no perder la confianza.

Podría hablar de él durante horas. Con él no solo charlaba de baloncesto. Hablábamos de la vida. Nunca me había mostrado tan cercano con alguien que no fuera de mi familia. Además, también conocí a su dulce hija Amy, que padecía una discapacidad, a sus dos hijos y a su extraordinaria esposa, Artie. Su fuerza para hacer frente al accidente de Amy me recordó mucho a la de mi propia madre.

El entrenador J. también me echaba una mano en todo lo demás.

Cuando me faltaba dinero para gasolina u otras necesidades básicas, me daba un billete de diez o de veinte sin pestañear. Echando cálculos, me debió de dejar unos mil dólares. Mirando en retrospectiva, estoy seguro de que eso vulneraba las reglas de la NCAA. Pero la verdad es que no habría logrado mantenerme aquellos cuatro años sin su ayuda. Pedirle a mi familia otro centavo estaba totalmente fuera de lugar.

Actualmente, muchos atletas se encuentran en la misma situación. Por eso estoy de acuerdo con aquellos que defienden que reciban algún tipo de compensación económica. La decisión del Tribunal Supremo de 2021 va en esa misma dirección. No me importan esas tonterías que dicen que son unos privilegiados. En primer lugar, esos jóvenes, tanto hombres como mujeres, son atletas, y hacen una labor que genera auténticas fortunas para sus escuelas.

Hoy en día, en ausencia de una palabra mejor, son esclavos.

Durante mi primer año en la universidad, promedié 4,3 puntos y tres rebotes por partido. No me importó. Había llegado a Central Arkansas de rebote, asumiendo que estaría fuera del equipo todo el año, pero acabé jugando veinte partidos. Era más de lo que cualquier estudiante de primer año con beca habría soñado.

Para mi sorpresa, hice muchos amigos fuera de la pista y descubrí que podía apañármelas solo. Estaba tan cómodo en el campus que me quedé el verano después de mi primer año y también los dos siguientes.

En aquel momento, mi vida estaba en Conway. No en Hamburg.

Mi horario de verano, entre el trabajo y el baloncesto, era una locura. Desde las once de la noche hasta las siete de la mañana, trabajaba en el turno de noche en Virco, una planta industrial que construía muebles para el hogar. El trabajo era extremadamente peligroso. Si te caes en un tanque de ácido, adiós, muy buenas. Yo sufrí mi cuota de quemaduras que me dejaron algunas cicatrices desagradables que todavía tengo en mis hombros. Mi trabajo consistía en meterme en las cajas para sacar las patas, de dos en dos, y soldarlas en las sillas con una máquina. El metal fundido estaba increíblemente caliente. Había que llevar dos pares de guantes, y, aun así, podías lastimarte.

Pero el riesgo valía la pena, pues el sueldo era muy bueno. La empresa te pagaba según el número de sillas que ensamblabas durante un turno. Por lo general, podía montar unas trescientas, a menos que hiciera demasiado calor. Algunos días la temperatura en el interior de la planta superaba con creces los cuarenta grados. Ganaba unos setecientos cincuenta dólares a la semana; ese primer verano, ahorré unos cinco mil dólares. Para alguien como yo, era como ganar la lotería.

Cuando acababa mi turno conducía hasta casa para entrenar un poco y dormir seis o siete horas. Luego me metía de nuevo en el coche para ir a Little Rock, a media hora de distancia, para jugar en lo que se conocía como la Liga de Verano de Dunbar. Ahí se reunían algunos de los mejores jugadores de todo el estado. Solíamos decir que esa liga «no permitía novatos».

Uno de los habituales era Pete Myers, un futuro compañero de equipo en los Bulls. Pete estaba a punto de comenzar su temporada júnior en la Universidad de Arkansas, en Little Rock, después de haberse trasladado desde un colegio público de Alabama. Me enfrenté a menudo a Pete y a los demás. Alrededor de las nueve de la noche regresaba a Conway, me duchaba, comía algo rápido y volvía a la planta a las once.

Era de locos, os lo aseguro.

Y muy productivo. Estaba preparado para llevar mi juego al siguiente nivel.

Algo más sucedió en el verano de 1984. Algo que lo iba a cambiar todo.

Pegué el estirón.

Hacía tiempo que me preguntaba por qué no era tan alto como mis hermanos, que medían más de dos metros, y comencé a preocuparme de que no creciera ni un centímetro más.

Pero entonces ocurrió. Sin más.

Crecí diez centímetros y llegué al metro noventa y cinco. Al final, alcanzaría los dos metros y cinco centímetros. Cualquier persona que no me hubiera visto durante un tiempo no tardaba en decir algo parecido a: «Tío, vaya estirón».

Todo lo que crecí ese verano me sería de gran ayuda.

Ya sabía pasar la bola como un base, y ahora podría usar tales habilidades contra los defensores más pequeños. Si me hacían un dos contra uno, podía ver por encima de ellos y encontrar fácilmente al hombre libre. El único problema era que, como no tenía que tirar mucho desde el exterior, ese aspecto de mi juego apenas mejoró. Para jugar en la NBA necesitaría algún ajuste más.

Me sentía impaciente por mostrar a los entrenadores Dyer y Jones esta nueva y mejorada versión de mí mismo en los entrenamientos y los partidos.

Desgraciadamente, tendría que esperar.

En el otoño del 84, me aplicaron una suspensión académica. No podía culpar a nadie, excepto a mí mismo. El semestre anterior, estaba tan ansioso por descubrir todo aquello que no había experimentado que descuidé mis estudios. Ahora tocaba pagar el precio. No recuerdo cuál era el promedio mínimo en Central Arkansas, pero puedo asegurar que ni me acercaba.

Abordé el problema del mismo modo que lo hice con los escalones en el instituto: los estudios serían una herramienta para lograr mi objetivo, no un obstáculo. Recibí ayuda de tutores y compañeros, y fui a la biblioteca por primera vez. No era Einstein, pero al final del semestre mis notas eran bastante decentes y me permitieron jugar de nuevo.

Y lo hice.

Lideré la conferencia en anotación (dieciocho puntos y medio) y rebotes (nueve y medio); además, con los chicos fuertes del equipo y la llegada del base Jimmy McClain, un fichaje de la Universidad de Arkansas en Monticello, las expectativas para el tercer año eran inmejorables.

Conseguimos nuestro primer título de conferencia desde 1965 con un récord de 23-5, aunque una de esas derrotas fue en la eliminatoria contra los Boll Weevils de la UA-Monticello, donde «tiramos por la borda» el partido en los últimos minutos.

Corrección: «tiré por la borda» el partido en los últimos minutos.

En la primera posesión del tiempo extra, fallé un mate. Y, por si fuera poco, en la última posesión, con apenas tres segundos para el final, erré una bandeja que habría empatado el partido. La pelota se deslizó por el aro y cayó fuera. Hasta ese momento había jugado un buen partido, con diecinueve puntos, diez rebotes, cuatro robos y dos tapones. Buenos números. Pero fallé en el momento decisivo; eso era lo que importaba.

Los Boll Weevils fueron al torneo nacional de la NAIA en Kansas City; los Central Arkansas quedamos fuera. Me sentía mal por mis compañeros, especialmente por los séniors. Habíamos perdido la oportunidad de jugar en el ámbito estatal, y tal vez esa oportunidad no regresaría.

Tenía tantas ganas de jugar a nivel estatal que antes de que terminara mi segundo año estudié la posibilidad de trasladarme a la Universidad de Arkansas, en Fayetteville.

Ser un Razorback era lo mejor que te podía pasar en Arkansas, y no me habría importado jugar sin beca. Solo quería ponerme el uniforme y entrenar con todos los demás. Estaba seguro de que encontraría la manera de triunfar, como lo había hecho en Conway. Los Razorbacks tenían un nuevo entrenador en jefe, Nolan Richardson, que había revolucionado el programa en Tulsa, ganando el NIT en 1981. Poseía una de las mentes más brillantes del baloncesto; de hecho, sería el primer hombre negro en dirigir una escuela importante en el sur. Jugar para el entrenador Richardson sería un auténtico privilegio.

Cuando Arch Jones se enteró de que estaba sopesando la posibilidad, no se anduvo con rodeos: en su opinión, estaba preparado.

—Esto no está yendo como esperaba —le dije—. Tengo que jugar en otro lugar.

Yo era una estrella de la División I atrapada en lo que era una escuela de la División II. Tenía miedo de que nadie se fijara en mí. Aquello sucedió mucho antes de Internet. Hoy en día, si un jugador es bueno, no permanece en la sombra mucho tiempo.

Si iba a la Universidad de Arkansas, le dije al entrenador J., estaría a la vista de los ojeadores de la NBA y tendría la oportunidad de perfeccionar mis habilidades compitiendo contra los mejores jugadores.

Además, con toda probabilidad, experimentaría la emoción del March Madness. De niño, veía el torneo de baloncesto de la NCAA cada año. Como millones de personas, no podía apartar los ojos de la pantalla cuando Larry Bird (Indiana State) y Magic Johnson (Michigan State) se enfrentaron en la primavera de 1979. El baloncesto universitario no volvería a ser lo mismo.

El entrenador J. me dejó hablar; luego me dijo:

—La oportunidad aparecerá. Te lo prometo. Llamaré a los ojeadores y me encargaré de que la gente sepa de ti.

Aprecio enormemente que me tratara como un ser humano y no como una mercancía. Él estaba seguro de que podía ser feliz en Conway. Tenía razón. Con mi potencial, podría haberme extraviado fácilmente en Fayetteville o en cualquier otra universidad de la División I.

Si permanecía en Conway, seguiría progresando más y más. Y lo mismo se podía decir del equipo.

En el último año, Ronnie Martin era nuestro base, y Robbie Davis, nuestro mejor tirador. Yo rotaba de una posición a otra, según el tamaño y la velocidad de nuestros oponentes. El entrenador Dyer siempre se mostraba exigente. Llevaba tres años jugando con él y sabía a lo que atenerme.

Ganamos el título de conferencia otra vez, pero no fue suficiente para acudir al Campeonato de la NAIA.

Yo creía que la derrota ante Monticello del año anterior había sido francamente dolorosa, pero no fue nada comparada con la sufrida en el partido contra los Harding Bisons, que nos ganaron en las semifinales: 88-87. Nunca debimos perder ese partido. Repito: ¡nunca! Un mes antes, los habíamos vapuleado 54-84 en su propio campo.

Y ese partido lo jugamos en nuestra cancha. ¿Cómo pudo ocurrir?

Os lo cuento. Tenían un base sénior de dos metros que se llamaba Tim Smallwood que se volvió loco y anotó siete de once en triples, a la vez que un jugador de primer año, Corey Camper, que clavó un triple desde siete metros que dejó a los Bisons con un punto de ventaja a falta de cinco segundos para el final del partido. Camper estaba en el lado derecho de la pista mientras su entrenador se dejaba la voz para pedir un tiempo muerto. Por desgracia, Camper no se enteró de nada y no dudó en meter el tiro de su vida.

Aun así, teníamos la última posesión. Después de pedir tiempo muerto, subí el balón por el centro de la cancha hasta llegar a la zona de tiro, pero, al parecer, no tuve tiempo para lanzar y la bocina señaló el final del partido.

Anoté treinta y nueve puntos y capturé doce rebotes. Uno de mis mejores partidos, ¿verdad?

Error. ¿Por qué? No pude ganar para mi equipo, otra vez. Solo anoté ocho de mis quince tiros libres. Si hubiera metido dos más, solo dos más, habríamos seguido adelante.

Cuando sonó la bocina, me eché al suelo y rompí a llorar. No sé cuánto tiempo estuve de rodillas. Me pareció una eternidad: mi carrera universitaria había terminado.

También se esfumó mi última oportunidad de ir a Kansas City a disputar el Campeonato de la NAIA. ¿El March Madness? Tampoco. Y los ojeadores de la NBA estarían allí. El año anterior, un jugador de otra escuela de la NAIA, Southeastern Oklahoma State, anotó cuarenta y seis puntos y capturó treinta y dos rebotes en uno de esos partidos. Los Detroit Pistons elegirían a ese jugador en la segunda ronda del *draft*.

Su nombre: Dennis Rodman.

Aunque fui el mejor de la conferencia en puntos (23,3) y en rebotes (10) por tercer año consecutivo, y el segundo mejor asistente del campeonato, me sentía igual que al terminar el instituto.

¿Y ahora qué?

Mi vida personal también estaba en el aire.

Es cierto que, durante el tercer año, un amigo me presentó a Karen McCollum, que se convirtió en mi primera novia: así de tímido era con el sexo opuesto desde mi época en el instituto. Karen y yo no tardamos en enamorarnos. Nos podía imaginar asentándonos y formando una familia. Sin embargo, había otro amor en mi vida: el baloncesto.

Eso iba a ser un problema.

4

Mi ciudad ideal

*E*l entrenador J. hizo lo que me prometió cuando le dije que quería irme de Central Arkansas. Se aseguró de que alguien me viera jugar. No pudo encontrar a alguien mejor: Marty Blake, el director de los ojeadores de la NBA.

Nadie dedicaba tanto tiempo a buscar jóvenes promesas como Blake. Además, no solo asistía a los partidos de las grandes universidades, sino que iba a todos los gimnasios de las universidades de Estados Unidos. Al menos, eso parecía. Uno de sus descubrimientos fue Dennis Rodman. ¿Acaso era un problema que Blake no supiera mucho de los jugadores salvo lo que le contaban algunos entrenadores demasiado entusiastas? Eso no quería decir que estuvieran equivocados.

La manera con la que el entrenador J. consiguió que Blake se presentara en Conway fue un ejemplo de cómo la buena fortuna —y la tragedia, supongo— puede desempeñar un papel decisivo en el destino de cualquier persona. En 1961, cuando Blake era el director general de los St. Louis Hawks de la NBA, estaba interesado por J. P. Lovelady, un base de Arkansas Tech. Lovelady era un buen tirador y un gran defensor. El 10 de febrero, tuvo una noche estelar contra uno de los rivales de la conferencia de Arkansas Tech: veintitrés puntos y catorce rebotes. Un par de días después sufrió un accidente de coche que acabó costándole la vida. Blake asistió al funeral, donde conoció a uno de los compañeros de equipo de Lovelady, Arch Jones.

Regresemos a mi caso, a mi última temporada en Conway. El entrenador J. llamó a Blake y le recordó cómo se conocieron. Entonces le sugirió que asistiera a uno de mis partidos. Tuvo que ser muy persuasivo.

El 13 de diciembre de 1986, Blake apareció en el Southern Miss, Hattiesburg. Los Golden Eagles eran mucho mejor equipo que nosotros y nos ganaron 95-82. Hice un buen encuentro y anoté veinticuatro puntos. Pero lo más importante es que lo hice delante de Marty Blake. Se quedó impresionado al ver que podía jugar en las cinco posiciones. No creo que se topara con tal versatilidad muy a menudo.

Blake corrió la voz a los equipos de la liga: «Tenéis que ver a este chico. Tiene mucho potencial».

Pero nadie respondió a la llamada.

Nadie excepto el director general de los Bulls, Jerry Krause, que envió a Billy McKinney, que había jugado durante siete temporadas en la NBA y era el único ojeador del equipo.

Jerry, que falleció en 2017, recibió muchas críticas durante su carrera, incluidas las de un servidor. No me arrepiento de nada de lo que dije, pero, al mismo tiempo, me gustaría reconocer su trabajo. Jerry podía detectar el talento donde los demás no veían nada, y, como Blake, ningún lugar del país le parecía demasiado remoto. Buen ejemplo de ello es Earl, *la Perla*, Monroe, de la Universidad Estatal de Winston-Salem en Carolina del Norte.

Los Baltimore Bullets reclutaron a Monroe en los sesenta cuando Jerry trabajaba como ojeador. Fue uno de los primeros en percatarse de las singulares habilidades de aquel chico que se convirtió en miembro del Salón de la Fama y en uno de los jugadores más espectaculares que ha visto este deporte.

McKinney vino a Conway a finales de febrero de 1987 para vernos jugar contra Henderson State. Afortunadamente, no sabía que estaría allí. De lo contrario, quizá la presión me hubiera jugado una mala pasada. Nunca sabes cuándo puede estar alguien observando. Acabé con veintinueve puntos, catorce rebotes y cinco robos. McKinney estaba impresionado, pero todavía no estaba convencido de mi potencial.

¿Era bueno o es que los demás chicos no tenían nivel?

Esa es la razón por la cual la derrota por un punto frente a Harding, y perder la oportunidad de disputar el Torneo de la NAIA por segundo año consecutivo, fue un golpe tremendo. Era una oportunidad inmejorable para demostrarle a McKinney, y a los demás ojeadores que estuvieran en el pabellón, que podía jugar partidos más importantes contra mejores equipos.

Todo el mundo puede tener una buena racha durante dos encuentros. Pero los mejores jugadores rinden día tras día, año tras año.

Cuando pienso en Marty Blake y todo lo que hizo por mí, me acuerdo otra vez de lo afortunado que he sido. Dondequiera que haya ido, alguien siempre ha creído en mí, ha luchado por mí y me ha dado la oportunidad de demostrar mi valía. El entrenador Ireland, el entrenador Wayne, el entrenador Dyer, el entrenador Jones y, ahora, Marty Blake. Solo era un chaval de una pequeña ciudad del sur de Arkansas con poco más que un sueño. Ninguno de ellos estaba obligado a ayudarme, pero lo hicieron.

Blake, no solo corrió la voz entre los equipos de la NBA, sino que, además, se aseguró de que me invitaran a jugar en el PIT (Portsmouth Invitational Tournament), en Portsmouth, Virginia. Así de influyente era. El torneo, que se había celebrado todos los años desde 1953, juntaba a muchos de los mejores jugadores universitarios del país. En el PIT participaron, entre otros, John Stockton, Dave Cowens, Rick Barry y Earl Monroe, cada uno con su nombre en una placa en Springfield.

Estaba más ilusionado que un niño en Navidad. Nervioso, también. Otra vez, tenía que conocer a un nuevo grupo de jugadores. Parecía que entre ellos se conocían y que habían jugado juntos en otros torneos desde el instituto. Yo no conocía a nadie. ¿Encajaría bien?

¿Y si no era tan bueno como pensaba? Entonces, ¿qué?

En Portsmouth había sesenta y cuatro jugadores, ocho por equipo. Uno de los que más destacó fue Muggsy Bogues, un base de metro sesenta de Wake Forest. Los niños de hoy probablemente no habrán oído hablar de Muggsy. Ellos se lo pierden. Era extraordinario. A pesar de su tamaño, podía moverse por la pista y acabar las jugadas mejor que cualquier otro base con el que haya jugado. Muggsy se parecía a Mo Cheeks. Primero pensaba en pasar la pelota, y luego, en anotar. Jugaría en la NBA durante catorce temporadas.

En Portsmouth, formamos una buena dupla. Moviéndonos por la zona, causando estragos y pasándolo bien. Jugamos sin complejos y los dos aparecimos en el quinteto ideal del torneo.

Muchos ojeadores y directores generales se acercaron a Blake para agradecerle que me hubiera invitado. Entre ellos se encontraba Jerry Krause, que pensaba que había descubierto la pieza que necesitaba Michael Jordan para lograr el título con los Chicago Bulls. En el *draft* de ese año, los Bulls tenían el octavo y el décimo puesto de elección.

Jerry, que se equivocó de profesión —era tan reservado que debería haberse dedicado al espionaje—, intentó, según dicen, que no participara en más torneos antes del *draft*. Temía que otros directores generales llegaran a la misma conclusión que él. Un informe aseguraba que estaba dispuesto a pagarme unas vacaciones para que no jugara más. No puedo confirmar nada, aunque, conociendo a Jerry, no me sorprendería en absoluto.

Pero, en ese momento, dejar de jugar no era una opción. Cuanto más jugaba, más oportunidades tenía de subir puestos en el *draft*. Antes de Portsmouth, se decía que me seleccionarían en las últimas rondas. Por aquel entonces había siete rondas, a diferencia de las dos que existen en la actualidad. Si seguía incrementando mi cotización, podría ascender hasta la segunda, tal vez la primera. Nada era imposible.

La siguiente parada fue el Aloha Classic, en Hawái. En un primer momento, no figuraba en la lista de participantes, pero mi actuación en Virginia lo cambió todo.

La competencia en Hawái fue feroz. Muchos jugadores querían ser elegibles en la primera ronda. Mi actitud fue la misma de siempre: ir a por todas. En cualquier caso, jugué todavía mejor. Aparecí en el quinteto ideal del torneo y gané el concurso de mates. El premio fue un radiocasete, que me traje de vuelta a Arkansas, y una confianza en mí mismo que nunca había experimentado.

Eso no era exactamente lo que pretendía Jerry Krause. Ahora, a su pesar, aparecía en el mapa.

Un día, en Hawái, Fred Slaughter, un agente amigo de Krause, me llevó de viaje a Isla Grande. Me pregunté por qué ese hombre pensaba que yo estaba interesado en lo más mínimo en hacer turismo. Yo solo quería jugar, nada más. Entonces me di cuenta del verdadero propósito del viaje: evitar que hablara con algún representante que no fuera de los Chicago Bulls. El plan no funcionó. Durante mi estancia, me entrevisté con varios ojeadores y directores generales.

En ese momento, Marty Blake me describió de esta forma: «Puede jugar de base, de escolta y de alero [...] tiene un gran tiro de tres puntos [...] maneja bien el balón [...] puede convertirse en una estrella si es capaz de gestionar la presión [...] tiene un gran abanico de habilidades».

Pero Hawái no era mi última parada.

Poco antes del *draft*, los mejores jugadores se reunían una última vez en Chicago, en el que se conocía como el Combinado de Chicago.

Estaba ansioso por regresar a la Ciudad del Viento. El verano anterior, había pasado cerca de un mes allí visitando a mi hermana mayor, Barbara, y a algunos parientes, y me quedé impresionado.

Chicago era todo lo que no era Hamburg y Conway: grande, glamurosa, impredecible. Y estar en Chicago, aunque fuera por poco tiempo, seguro que era mejor que ensamblar sillas y sufrir quemaduras en la fábrica de muebles.

Tenía una relación especial con esa ciudad porque había visto los partidos de los Cubs en la WGN, con su legendario locutor, Harry Caray, animando al público de Wrigley con *Take me out to the ball game* en la séptima entrada. ¿Y qué si los Cubs no eran un gran equipo? Mi padre y yo los veíamos siempre que podíamos. Esos fueron algunos de nuestros mejores momentos juntos.

Cuando visité a mi hermana, pasé muchas tardes en las pistas de Sixty-Third y Lake Shore Drive.

Uno de mis primos, que trabajaba en un hospital, me pasaba a recoger cuando salía del trabajo. Estábamos allí durante horas. Los partidos me recordaban a Pine Street: unos chicos relajándose después de un duro día de trabajo. Uno de los habituales era Dwyane Wade sénior, el padre de la futura estrella de la NBA. El tío sabía jugar. ¿Podría haber llegado a la NBA? Es difícil saberlo. La diferencia entre el baloncesto callejero y el profesional es enorme.

En el Combinado me percaté de que algo había cambiado. Todo el mundo estaba mucho más pendiente de mí que en Portsmouth y Hawái.

Me presentaron a todos los agentes. Finalmente, firmé con Kyle Rote Jr., el jugador de fútbol, y su socio, Jimmy Sexton. Los dos me representarían durante la mayor parte de mi carrera. Me sentía muy cómodo con ellos, ambos vivían en Memphis, a pocas horas de Hamburg. Me gustó su hospitalidad sureña (siempre con los pies en el suelo) y que fueran hombres de fe. Podía confiar en ellos.

Cada día, me reunía con los representantes de distintos equipos. Querían saber quién se escondía detrás del jugador de baloncesto. Todos los clubs invierten grandes sumas de dinero en los deportistas que eligen. Si se equivocan, especialmente en las primeras rondas del *draft*, pueden hipotecar la franquicia durante años.

Buen ejemplo de ello es Len Bias.

En 1986, Bias, un ala-pívot de dos metros de la Universidad de Maryland, fue elegido en segundo lugar por los Boston Celtics, que acababan de ganar otro campeonato. Bias encajaría perfectamente en un equipo que tenía a Larry Bird, Kevin McHale y Robert Parish. El futuro pintaba bien.

Aunque algo no salió como se esperaba. Bias murió por sobredosis de cocaína dos años más tarde.

A mediados de junio, visité algunas de las ciudades con el puesto de selección más elevado del *draft*. Mi cotización había subido exponencialmente desde Portsmouth. Jimmy, mi agente, me acompañó. No me sentía muy cómodo reuniéndome a solas con toda aquella gente.

Una de las visitas fue a Phoenix. Los Suns tenían el segundo puesto de selección; era a lo mejor que aspiraba. Los San Antonio Spurs tenían el primer puesto y seleccionarían al pívot de la Navy David Robinson. Me entrevisté con el director general de los Suns, Jerry Colangelo, y el antiguo (y futuro) entrenador, Cotton Fitzsimmons, que trabajaba en las oficinas de la franquicia. Hicieron las mismas preguntas que todo el mundo: «¿Consumes drogas? ¿Alguien de tu familia ha consumido drogas? ¿Qué haces en tu tiempo libre?».

Si no fuera por lo que había sucedido con Len Bias, nadie habría preguntado tal cosa.

La siguiente parada fue Chicago.

Los Bulls me sometieron a una rigurosa prueba con Al Vermeil, su preparador físico, y hermano de Dick, el exentrenador de fútbol de la UCLA y de los Eagles de Filadelfia. En un ejercicio, colocaron distintos balones en diferentes puntos cerca de la línea de tiro libre. Para evaluar mi velocidad y agilidad, me dieron treinta segundos para encestar tantos balones como pudiera. Logré bastantes mates.

Cuando llevaba dos horas en la pista, quizá más, empecé a

notar el cansancio. Esa era su intención desde el principio. Los equipos quieren saber dónde está tu límite. Si bajas los brazos en un entrenamiento, es probable que tires la toalla cuando las cosas se ponen feas. Y, creedme, en la NBA eso ocurre con frecuencia. Y cuanto antes lo sepan, mejor para ellos. De ese modo pueden cambiar su selección en el *draft*.

No me rendí: eso no iba conmigo.

Pero acabé destrozado, sin duda. Había estado jugando sin descanso al baloncesto durante meses. Luego, les dije a mis agentes: «Por favor, no quiero hacer más pruebas si eso significa que los equipos pueden dudar de mí». Y así fue.

El 22 de junio de 1987 era el gran día.

El lugar, el Felt Forum, un teatro ubicado dentro del Madison Square Garden.

Era mi primera visita a la Gran Manzana. Estaba conmocionado. Yo creía que Chicago era grande, pero Nueva York era como si Chicago se hubiera pinchado esteroides. Después de quedarme atrapado en un taxi que apenas parecía avanzar, llegué a la conclusión de que la mejor forma de moverse por la ciudad era andando. Y anduve por todas partes.

No puedo creerme lo inocente que era en aquel entonces. Como nunca había visto un *draft* entero por televisión, desconocía si retransmitían solo la primera ronda o todo el *show* completo. Además, desconocía qué equipo me seleccionaría. Yo pensaba que tenía muchas probabilidades de acabar en los Suns, que necesitaban un alero. Los New Jersey Nets, con la tercera oportunidad de elección, y los Sacramento Kings, con la sexta, eran otra opción.

En cualquier caso, me elegirían pronto. Jimmy Sexton y yo estábamos a punto de salir del hotel cuando sonó el teléfono: era Jerry Krause, tan reservado como siempre.

—No puedes decírselo a nadie —dijo Jerry—, pero he llegado a un acuerdo para que juegues en los Chicago Bulls.

El pacto consistía en que los Bulls cederían a los Seattle Su-perSonics su número ocho del *draft* de ese año y una segunda ronda en 1988, así como la opción de intercambiar puestos en el *draft* de 1988 o 1989, a cambio del puesto número cinco de aquel día.

Estaba entusiasmado: Chicago era mi primera opción.

Aunque no perdí la cabeza. Nada era oficial, y muchos acuerdos se rompen en el último minuto. Este en particular dependía de que eligieran antes a Reggie Williams, el alero de Georgetown. Si Williams todavía estaba disponible, Seattle lo seleccionaría y los Bulls no tendrían la opción de intercam-biarme.

Jimmy y yo llegamos a primera hora de la tarde. Yo lleva-ba un traje marrón que me había costado más de mil dólares. Nunca había pagado tanto dinero por un traje o por cualquier otra cosa.

El comisionado de la NBA, David Stern, subió a la tarima.

Robinson fue el primer seleccionado, seguido del alero de la Universidad de Nevada, Las Vegas Armen Gilliam. La se-lección de Gilliam por parte de los Suns no fue una sorpresa. Había jugado en uno de los mejores programas de baloncesto de Estados Unidos, a diferencia de mí. Luego, los Nets selec-cionaron al base de Ohio Dennis Hopson. Reggie Williams fue el cuarto, elegido por Los Angeles Clippers.

Y después: «Los Seattle SuperSonics seleccionan a Scott Pippen de Central Arkansas», anunció Stern.

No hubo ni vítores ni abucheos. Únicamente, confusión. Seguramente, mucha gente del Felt Forum, y de todo el país, se preguntaba quién era Scott Pippen. Por cierto, esa fue la última vez que alguien se refirió a mí como *Scott* Pippen.

Antes de darme cuenta, me estaban entrevistando para la televisión nacional. Un tipo (me llamó Scottie) me preguntó sobre las posibilidades que tenía de jugar en un equipo que contaba con Xavier McDaniel y Tom Chambers como aleros titulares. Sin irme de la lengua, respondí que eso estaba por ver. Jerry Krause no era el único que podía guardar un secreto.

El acuerdo pronto se hizo oficial. No tendría que fingir más. Cambié mi gorra de los Seattle por una de los Bulls y llamé a casa. Uno de mis hermanos me dijo que mi padre había roto a llorar cuando el comisario pronunció mi nombre. Tristemente, mi padre nunca me había visto jugar en persona, pero al menos vio el momento en el que mi sueño se hizo realidad.

Ahora podía dar rienda suelta a mis sentimientos. Bueno, hasta cierto punto.

Ser seleccionado por un equipo de la NBA era un gran paso, aunque no dejaba de ser eso, un paso más. Uno más de los muchos que estaban por venir. Muchos jugadores del *draft* nunca llegan a ser importantes. Yo, en cambio, quería ser un jugador de época.

Estaba muy lejos de donde pretendía llegar. Eso fue lo que me empujó a trabajar duro en el instituto y la universidad. Ahora, no iba a bajar los brazos. En el momento en que dejas de trabajar duro y te conformas con lo que has conseguido empiezas a quedarte atrás. Nadie te asegura que vuelvas a estar arriba.

A la mañana siguiente, volé a Chicago, donde me presentaron formalmente al jugador que habían seleccionado en décimo lugar, un ala-pívot de Clemson llamado Horace Grant.

En realidad, nos habíamos conocido el día antes del *draft* en el hotel. Teníamos mucho en común, ambos éramos de una pequeña ciudad sureña. Horace se había criado en Mitchell, Georgia, que tenía incluso menos habitantes que Hamburg. No podía creérmelo. Compartíamos ética y ganas de trabajar. Dios nos dio el talento, pero nosotros teníamos que hacer todo lo demás.

Nuestra amistad resultó crucial durante esa primera etapa. Ambos habíamos entrado en un mundo que nos era completamente desconocido.

Era un juego mucho más físico, con muchos más partidos y largos desplazamientos en avión. Además, si cometías un error, los periodistas no dudaban en despedazarte. Había mucho que aprender de la vida en la NBA.

Cuando nuestra relación se fue estrechando, a menudo nos saludábamos repitiendo: «Mil novecientos ochenta y siete, mil novecientos ochenta y siete».

El año en que nuestras vidas cambiaron para siempre.

5

Empezar de nuevo

*R*ecuerdo perfectamente la primera vez que Michael habló conmigo.

Bueno, vale, no habló directamente conmigo…, pero habló sobre mí, aunque, la verdad, no dijo demasiado.

Fue en el Multiplex, el complejo deportivo en las afueras de Deerfield donde los Bulls entrenaron durante años. Yo acababa de entrar en el gimnasio con nuestro entrenador, Doug Collins.

—Hola, chicos —dijo Doug—. Este es nuestro *rookie*. Solo quería saludaros.

Michael estaba entrenando con otros dos compañeros, Pete Myers y Sedale Threatt. Pete, al que conocía de la Liga de Verano de Dunbar, en Little Rock, había sido seleccionado por los Bulls en la sexta ronda del *draft* del año anterior. Fue una auténtica sorpresa para todos, salvo para mí, que ya sabía de lo que era capaz.

De repente, escuché una voz conocida: una voz que escucharía durante años, incluso en sueños.

—¡Oh, mierda! Tenemos otro de esos chicos de Arkansas —dijo Michael.

Ni siquiera me miró. Simplemente, siguió lanzando. No recuerdo qué respondí. Es posible que no dijera nada. En cualquier caso, habida cuenta de lo reservado que era entonces, seguramente no fue nada brillante. Daba igual. Responder en la pista sería la mejor forma de llamar la atención de Michael. Así sería durante toda mi carrera en Chicago.

Logré su atención (¡qué duda cabe!) la primera vez que nos enfrentamos en un uno contra uno.

Me estaba defendiendo como si estuviéramos en el séptimo partido de unas Finales de la NBA. Fui hacia canasta y machaqué el aro con autoridad. Sabía que no podía dejar que Michael me intimidara.

Mientras se ultimaban los detalles de mi contrato, tenía prohibido participar en los entrenamientos oficiales. La frustración me devoraba por dentro. Esa demora sería la primera señal (de las muchas que luego siguieron) de lo miserable que podía llegar a ser la franquicia de los Bulls. Jerry Krause intentaba que firmara un contrato con el sueldo de un número ocho del *draft* y no de un número cinco.

Cada día, me entrenaba por mi cuenta durante horas. Sin embargo, no era lo mismo que estar en la pista con mis compañeros, intentando imponer mi voluntad, o viceversa. Cada entrenamiento que me perdía (nueve en total) era una oportunidad menos para disputarle la titularidad a Brad Sellers en el primer partido de la temporada.

Brad era un espigado alero de dos metros diez que también tenía un buen tiro. Esa era su segunda temporada y sería difícil superarle.

Finalmente, firmé un contrato de cinco millones de dólares por seis años, con cuatro de ellos garantizados. Quizá no era el contrato que buscaba, pero, al fin y al cabo, era un contrato. No podía estar más agradecido.

Tenía la oportunidad de jugar con y contra los mejores jugadores del planeta. La oportunidad de vivir mi sueño. El dinero era más que suficiente. Me podría comprar cualquier cosa que me apeteciera, incluida una nueva casa para mis padres. Habían trabajado muy duro para que todos los hermanos tuviéramos una vida mejor. Sobre todo, mi madre. La forma de ocuparse de mi padre y de Ronnie (y de todos los demás) cada día, año tras año, convertía a esa mujer en una auténtica santa.

Ahora, finalmente, los Bulls se ocuparían de mí. O eso creía.

En mi primer entrenamiento fui el segundo en llegar a las instalaciones. Me moría de ganas por recuperar el terreno perdido. Apenas faltaban un par de semanas para que empezara la temporada 1987-88.

Dos días después, jugamos nuestro primer partido de pretemporada, contra los Utah Jazz en la cancha de Chicago.

Cuando salí a la pista para calentar, no podía creérmelo. Había más de quince mil personas esperando para ver el partido. Nunca había visto a tanta gente junta en un mismo lugar. La mejor asistencia que logramos en Central Arkansas fue de dos mil o así, como mucho, y cuando jugábamos a domicilio, incluso menos.

El fútbol americano era el deporte de masas en Conway, no el baloncesto.

Ese también fue el primer partido de la NBA al que asistí. La franquicia más cercana a Hamburg estaba en Nueva Orleans, donde los Jazz jugaron hasta finales de los setenta. Eso quedaba a unos quinientos kilómetros de distancia y, en ese sentido, era lo mismo que hubieran jugado en otro continente.

Entré en el partido cuando faltaban unos cuatro minutos para el final del primer cuarto. Ganábamos por más de diez puntos.

Si no recuerdo mal, la primera canasta que anotaron los Bulls cuando entré en la pista fue un mate de... «ya sabéis quién». Algo me decía que no sería el último de Michael. Aunque, para ser sincero, antes de fichar por los Bulls no había visto muchos partidos de Michael, ni en la universidad ni en la liga. Era un gran seguidor suyo y recordaba perfectamente el salto que hizo en 1982 contra Georgetown para ganar el campeonato nacional. Pero yo estaba concentrado en mi juego y en todo lo que tenía que mejorar.

Michael estaba donde quería estar. Yo todavía no.

Acabé el partido con diecisiete puntos en veintitrés minutos.

En el siguiente encuentro, otra vez contra los Jazz, también anoté diecisiete puntos, a los que sumé siete rebotes, cinco asistencias y cuatro robos: ese tipo de actuación completa de la que más tarde me sentiría tan orgulloso.

Como Phil Jackson y uno de sus asistentes, Jim Cleamons, me dirían una y otra vez: «Scottie, tú no necesitas anotar para jugar bien al baloncesto».

Por aquel entonces, yo estaba disputándome el puesto con Brad. Ambos estábamos sacando lo mejor del otro. Sin tener en cuenta quién de los dos ganara la batalla, aquello beneficiaba a todo el equipo.

Esa pugna era especialmente dura en los entrenamientos.

Un entrenamiento es el mejor lugar para ganarte la confianza del cuerpo técnico. En los partidos, según los emparejamientos y el arbitraje (tanto si dejan mucho contacto o si señalan una falta al más mínimo roce), un jugador no puede saber a ciencia cierta cuántos minutos jugará. En los entrenamientos no hay tantas variables, casi todo el mundo participa por igual.

La noche del estreno llegó antes de lo que me esperaba. Estaba ansioso por mostrar a los aficionados qué tipo de trato habían hecho los Bulls con Seattle.

Jugábamos contra los Philadelphia 76ers.

Lamenté mucho que no jugara el Dr. J., que se había retirado la temporada anterior, con treinta y siete años. Los Sixers todavía tenían un buen equipo que contaba con Mo Cheeks, Andrew Toney, que podía anotar desde cualquier lugar, y una joven estrella, el ala-pívot Charles Barkley. Fue una feliz coincidencia que, en mi primer partido de la temporada regular, Mo estuviera en la pista. Así me llamaban mis compañeros en el patio de recreo.

Los Bulls se impusieron, 104-94. Yo desempeñé un papel determinante con diez puntos, cuatro asistencias y dos robos. Uno de ellos, a Barkley, acabó con un mate de Michael que selló la victoria en las postrimerías del partido después de desperdiciar una ventaja de veintitrés puntos.

Después de eso, el equipo despegó y ganó doce de los siguientes quince partidos. Era el récord de la liga. Saliendo del banquillo —Brad había ganado la primera batalla— alcancé dobles figuras en diez de esos partidos y aporté mi cuota de rebotes y robos.

Una de aquellas victorias fue en el Boston Garden. Los Bulls no habían derrotado a los Celtics desde hacía casi dos años.

Estos fueron mis números esa noche: veinte puntos, siete rebotes y seis robos. Me sentí muy satisfecho de mi rendimiento en los minutos finales del partido. Cuando íbamos tres puntos por debajo y quedaban menos de cinco minutos para el final, robé un balón a su pívot, Robert Parish, y anoté. En la siguiente posesión, tras un breve descanso, anoté de nuevo para ponernos definitivamente por delante en el marcador.

No obstante, todavía era un *rookie*, y eso quería decir que algunos de mis compañeros de equipo creían que podían imponer su físico. Charles Oakley, nuestro ala-pívot de más de dos metros, estaba convencido de ello. ¿Quién era yo para detenerlo?

En la pista, Oak me cubría la espalda. Oak cubría la espalda de todos.

Cuando un jugador del equipo rival buscaba demasiado el contacto físico, Oak siempre salía a su encuentro. Todos apreciábamos enormemente su espíritu, especialmente Michael. Cuando él entraba a canasta, las defensas solían buscar el contacto. Oak era como el guardaespaldas de Michael.

Sin embargo, fuera de la pista era un tipo entrañable.

Oak conocía a todo el mundo en Chicago e insistió en presentarme a toda la ciudad. Eso, con el tiempo, daría muchos más frutos de los que jamás hubiera imaginado. El baloncesto y esta vida privilegiada que tuve la suerte de disfrutar no durarían para siempre. Cuanta más gente conociera de otros campos, como los negocios y el entretenimiento, mejor.

Mientras tanto, a medida que pasaban los meses, mi amistad con Horace se fortalecía. Nos llamábamos cinco o seis veces al día, y vivíamos apenas a unos cientos de metros de distancia en el North Shore de la ciudad. Ambos fuimos el padrino en la boda del otro, íbamos de compras juntos, viajamos juntos, contratamos el mismo agente y nos compramos el mismo coche, un Mercedes 500 SEL. El mío era negro; el suyo, blanco.

Para el anuario de ese año, los Bulls preguntaron: «¿A quién te llevarías si tuvieras que ir a la Luna?». Contesté la primera persona que me vino a la cabeza: Horace Grant.

No sé cómo habría superado mi año de *rookie* sin él. Siempre que tenía un mal partido, y no fueron pocos, me repetía que solo se trataba de eso, un mal partido, y que todo el mundo tenía malos partidos. Incluso M.J. Un mal partido no iba a echar por tierra todo mi trabajo. Seguía siendo un buen jugador.

Tener a Doug Collins como entrenador tampoco me hacía la vida más fácil.

Doug era muy exigente con los *rookies*. No era una novedad para mí, pues Donald Wayne y Don Dyer también fueron muy exigentes conmigo. Hicieron lo que tenían que hacer para que yo alcanzara mi máximo potencial. Sin embargo, a diferencia de ellos, Doug era muy crítico con el equipo delante de los aficionados.

Como todos los *rookies*, se me permitían ciertas licencias: olvidarme de los bloqueos, errar pases arriesgados, dejar a mi hombre libre o lanzar precipitadamente con mucho tiempo por delante.

En realidad, esta lista es interminable.

Los mejores entrenadores hacen críticas constructivas. No humillan a sus jugadores, sino que los ayudan a crecer. Les explican lo que han hecho mal con paciencia, cara a cara, y en algún tiempo muerto o cuando se presenta una buena ocasión.

Pero Doug nunca lo hacía así. Nunca.

Una noche, contra los Milwaukee Bucks, se alteró tanto

conmigo que parecía un aficionado fuera de sí: «Tu forma de jugar no merece el dinero que te pagan», gritó.

Todos los integrantes del equipo lo oyeron. En realidad, todo hombre, mujer o niño que estaba en el pabellón lo oyó. Podría haberlo pasado por alto. Pero no se trataba de eso. Era cuestión de respeto. Era necesario que Doug, independientemente de si era mi entrenador, me respetara como yo lo respetaba a él. Yo sabía mejor que nadie cuándo cometía un error. No necesitaba que él se lo comunicara al resto del mundo. Para ser alguien que supuestamente estaba de mi lado, tenía una forma más bien curiosa de demostrarlo.

Siempre estaba demasiado alterado. En la NBA, un entrenador no puede estar corriendo arriba y abajo por la banda. Cuando regresaba al vestuario, después de un partido, su camisa y su chaqueta estaban tan empapadas de sudor que parecía que también había jugado. Desgraciadamente, ninguno de sus asistentes, y eso incluye a Phil, que acababa de llegar a los Bulls, osaba llevarle la contraria.

El problema principal era que Doug estaba demasiado enamorado de Michael. En lugar de ser su entrenador, era su mayor fan. Cuando un periodista escribía algo ligeramente negativo sobre Michael (os garantizo que ocurría a menudo), Doug sacaba las uñas como si alguien hubiera insultado a su pareja.

Nunca olvidaré la pelea que los dos tortolitos protagonizaron después de que Michael abandonara un entrenamiento alegando que Doug se había equivocado en el marcador de un partidillo. M. J. aseguraba que el resultado era 4-4, mientras que Doug insistía en que era 4-3 en contra del equipo de Michael.

Nadie odiaba tanto perder como M. J.

Hicieron las paces poco tiempo después. Michael besó a Doug en la mejilla delante de las cámaras. Yo pensé que esa no era la forma de comportarse de dos hombres adultos.

—Pip, ¿crees que Doug puede caer más bajo? —me preguntó Horace una vez.

Ojalá lo supiera.

Lo más triste de todo es que Doug Collins conocía perfectamente este deporte.

De todos los antiguos entrenadores y jugadores que trabajaron en la televisión, él probablemente fue el más clarividente. No era una sorpresa. Cuando tenía la cabeza en su sitio, me enseñó cómo penetrar a canasta y dejar atrás a los defensores. Fue un base destacado en la liga antes de que una lesión de rodilla acabara con su carrera a los treinta años.

Aunque para ser alguien tan inteligente, también podía decir auténticas tonterías.

Cuando mi rendimiento disminuyó en enero de mi primer año de *rookie*, más que nada por mis problemas de espalda, Doug cuestionó mi compromiso y me preguntó si tenía el arrojo suficiente para jugar con dolor.

Había jugado con dolor miles de veces, en el instituto y la universidad. De hecho, en la universidad me detectaron una fractura por estrés en el muslo y un doctor me recomendó hacer reposo durante un año. No me lo pensé dos veces. Seguí jugando.

Pero Doug no se hacía una idea del dolor que estaba sufriendo.

Era tan insoportable que durante las casi dos horas de trayecto que separaban mi casa en el North Shore del estadio en el centro de la ciudad tuve que parar varias veces para salir del coche. Tenía ese hormigueo que desciende por la pierna hasta el punto de no saber si pisaba el freno o el acelerador. Tampoco podía sentarme derecho en una silla. Estaba asustado, el dolor permaneció durante meses. Algunas noches de partido, cuando me sentaba en el banquillo con los demás reservas, me dolía tanto la espalda que rezaba para que Doug no pronunciara mi número.

«Deja a Brad en la pista. Lo está haciendo bien.»

Empecé a preguntarme si aquel dolor nunca desaparecería y si mi carrera estaba en peligro. Cuando le conté a nuestro entrenador, Mark Pfeil, lo que me ocurría, no me tomó en serio.

Es más, dijo que era culpa mía porque no estiraba lo suficiente.

No era cierto. Estiraba tanto como los demás.

Los Bulls no podrían haber sido más ineptos. El único diagnóstico que me dieron fue: «Espasmos musculares». Aquello no tenía sentido. Yo sabía perfectamente lo que era un espasmo muscular, y definitivamente no era eso.

Un mes después de que acabara la liga, acudí al doctor Michael Schafer, el médico de los Cubs, en busca de una segunda opinión. Su diagnóstico tenía mucho más sentido: una hernia discal. La forma de actuar de los Bulls con mis problemas de espalda hizo que me preguntara por segunda vez (la primera fue en la negociación de mi contrato) si Chicago era el mejor sitio en el que podía estar.

Cuando el doctor Schafer me comunicó los resultados, no salté de alegría. Pero, al menos, sabía a qué atenerme.

—Llevo mucho tiempo diciendo que tengo problemas de espalda —les dije a Pfeil y Krause—. Y vosotros habéis pasado de mí.

Ellos apenas se excusaron. ¿Qué podían decir?

De lo único que me arrepiento es de no haber acudido antes al doctor Schafer. Es importantísimo que los jugadores que se enfrentan a lo que podría ser una lesión grave busquen una segunda opinión y no acepten ciegamente la opinión del médico del equipo, pues el médico del equipo solo busca lo mejor… para el equipo, no para el jugador y su posible futuro.

A raíz de mis problemas de espalda, estuve jugando al setenta por ciento durante gran parte de mi temporada de *rookie*. En algunos partidos parecía que tenía veintidós años. En otros, cuarenta y dos. Siempre tomaba mi medicación (una mezcla de relajantes musculares y analgésicos), pero cuando juegas cuatro partidos en cinco días, las pastillas no pueden obrar milagros, y en nuestra época los partidos eran mucho más físicos.

No recuerdo la primera vez que me lesioné la espalda. Sospecho que fue mientras levantaba pesas en el instituto, aunque, seguramente, levantar a mi padre y a mi hermano cada día cuando estaba en la escuela secundaria no fue beneficioso para mis músculos. Si los equipos hubieran sido tan cuidadosos en los ochenta como lo son en la actualidad —como hicieron los New Orleans Pelicans con su *rookie* Zion Williamson en 2019—, me habría perdido gran parte de la temporada.

Nunca nadie de mi alrededor me sugirió que me tomara un descanso para que mi lesión se curara. Ojalá lo hubiera hecho.

Doug seguía sentándome cada partido en el banquillo. No tenía nada que ver con el rendimiento de Brad Sellers o el mío. Aquello era algo personal.

No le gustaba que Horace y yo pasáramos tanto tiempo fuera de la pista con Sedale Threatt, un base suplente que los Bulls adquirieron de los Sixers a mediados de la temporada 86-87.

Doug no se anduvo con rodeos: «Si queréis jugar en esta liga durante mucho tiempo, entonces será mejor que no os juntéis con Sedale. Él no está comprometido con el baloncesto».

A Sedale le gustaba tomarse una copa o dos de vez en cuando, todo el mundo lo sabía. En ocasiones, olía a alcohol cuando aparecía en los entrenamientos. Aun así, era un jugador magnífico. La noche antes de un partido, podía visitar todos los clubs de la ciudad…, y luego anotar quince puntos y realizar una defensa impecable. Le gustaba tanto este deporte que empezaba los partidos hiperventilando.

Eso, queridos amigos, es tener pasión por un deporte, y por eso tuve suerte de que fuera mi compañero de equipo.

Aprendí muchas cosas de Sedale. Él y otro base veterano, Rory Sparrow, me enseñaron a deslizar los pies para mantener a mi hombre controlado. Eran unos auténticos maestros. Sedale estaba totalmente comprometido con su trabajo. Esa fue su forma de hacerse un hueco en la NBA tras ser seleccionado en la sexta ronda del *draft*, como Pete Myers.

Doug no tenía ni idea. Creía que, como Horace y yo salíamos con Sedale, también bebíamos alcohol. Le habría dicho que no era así… si se hubiera molestado en preguntármelo.

Los demás jugadores se percataron de lo que estaba pasando entre Doug y nosotros. Una de las verdades que descubrí más pronto sobre la vida en la NBA fue que no existen los secretos.

—¿Has vuelto a pasar la noche en vela? —le dijo en broma Michael a Sedale en un entrenamiento—. ¿Y ahora, además, te llevas contigo a Horace y a Pip?

Bromear entre compañeros de equipo es algo muy común... y es necesario.

Sin embargo, Doug y Jerry no creyeron que fuera una broma inocente. Entendieron que era la forma que Michael tenía de mostrar su rechazo ante el comportamiento de Sedale. Y la felicidad de Michael era una prioridad.

Doug creía que tenía el derecho de controlar lo que hacía en mi tiempo libre. No podía estar más equivocado. Después del infarto de mi padre, aprendí a tomar mis propias decisiones. Entre ellas, estaba la libertad de elegir a la gente con la que salía, y no tenía ninguna razón para cambiar. Doug no estaba equivocado en mostrar su preocupación. La lista de atletas que han tomado malas decisiones y han desperdiciado los talentos que Dios les ha dado es muy larga.

Pero Doug se equivocaba en la forma de gestionarla. Horace y yo éramos adultos. Nadie tenía el derecho de hablarnos de ese modo, incluido nuestro entrenador.

Conocía mi cuerpo y mi mente mejor que nadie. Sabía cuándo tenía que salir o descansar. No nos habría servido de nada, ni a los Bulls ni a mí, que me hubiera quedado en casa todas las noches.

Pero todo se reducía a esa doble moral de Doug: unas reglas para Michael y otras para los demás. Nunca le habría dicho a Michael que no saliera de fiesta en su tiempo libre. Doug siempre se ponía de su lado, dentro y fuera de la cancha, y era algo que me daba náuseas.

Doug solía decirle a Pfeil: «Pregúntale a Michael qué quiere hacer».

¿Qué quiere hacer Michael? ¿Me estás tomando el pelo?

Me tenía que morder la lengua para no decirle: «Doug, tú eres el puto entrenador de los Chicago Bulls. Tú decides lo que debemos hacer, no Michael Jeffrey Jordan».

Michael, consciente de su poder, sacó ventaja de ello. Si tenía que grabar algún anuncio o jugar al golf, los entrenamientos se acomodaban a su horario. Y si los entrenamientos se alargaban demasiado, Doug solo se disculpaba ante él.

Pero lo peor de todo siempre ocurría el día después de un partido.

—Michael, puedes tomarte el día libre —decía—. Date una ducha. A todos los demás os quiero en la pista ahora mismo.

Su justificación para dar un descanso a Michael era que se había dejado la piel para anotar treinta puntos o los que fueran. El error de Doug era que se olvidaba de que Horace y yo habíamos jugado prácticamente los mismos minutos que Michael y que cierto descanso también nos sentaría bien. Tampoco se le ocurrió que Michael fallaba tanto como los demás. En algunos partidos, necesitaba tirar más de treinta veces para lograr treinta puntos. Pasar un poco de tiempo extra mejorando su tiro no podía hacerle ningún daño.

Un equipo pierde la confianza en el entrenador cuando este pone a un jugador por encima del resto del equipo. No importa quién sea. Todos nosotros éramos estrellas en el instituto y la universidad. No estábamos ahí por accidente. Y sentirse de repente en un segundo plano resultaba insultante.

Para Doug, lo más importante no era ganar. Solo quería ofrecer a la gente el espectáculo que quería ver, es decir, el espectáculo de Michael Jordan. No tengo ninguna duda de que muchos aficionados preferían que Michael anotara cincuenta puntos en una derrota antes que solo anotara veinte y los Bulls ganaran el partido. Únicamente querían presumir ante sus amigos de haber visto en directo al único e inigualable Michael Jordan en el mejor momento de su carrera.

Un entrenador con más confianza nunca habría cedido de esa manera ante su jugador estrella. ¿Podéis imaginaros a Pat

Riley permitiendo que Patrick Ewing hiciera lo que se le antojara? ¿O a Gregg Popovich consintiendo a Tim Duncan? De ninguna manera.

Al favorecer a Michael, Doug limitaba el crecimiento de todos los demás, incluido el mío.

No obstante, yo tuve suerte. Con el tiempo, fui capaz de desarrollar mi juego, especialmente gracias a Phil y Tex y su estricta ética de trabajo. ¿Qué ocurrió con los demás compañeros que no fueron tan afortunados? ¿Sus carreras y sus vidas habrían sido distintas? Nunca lo sabremos.

En marzo de 1988 tuve una mala racha en la que fallé once tiros libres de doce intentos. Estaba lejos de tener una buena mecánica de tiro, pero, de todas formas, aquella racha era imperdonable. Nadie podía entenderlo.

Obviamente, la culpa era mía. Aunque no por entero. Doug y Michael también tenían su parte de culpa.

En muchos partidos apenas tocaba el balón. En consecuencia, no podía mantener el ritmo en los tiros. Con Horace solíamos decir que nos pasábamos el partido corriendo como pollos sin cabeza sin saber cuál era el propósito. ¿Cuál podía ser? Nunca recibíamos el balón: eso era cosa de Michael.

No estoy diciendo que necesitara quince o veinte lanzamientos por partido. No era un anotador puro. Todavía no.

Lo que necesitaba era estar en contacto con el balón. Cuando lo tenía en mis manos, aunque solo fuera durante uno o dos segundos, sentía que formaba parte del juego. Pero cuando Michael se limitaba a lanzar un tiro tras otro, la sensación era completamente distinta.

Podría haberme sentado en cualquier butaca junto a los espectadores.

Por eso, cuando tenía el balón y me hacían una falta, siempre llegaba a la línea de tiros libres con un poco menos de confianza.

Acabé la temporada regular con una media de 7,9 puntos y 3,8 rebotes por partido, y no me eligieron para el mejor quinteto de *rookies* de la NBA (All-Rookie Team).

¿Estaba decepcionado? Por supuesto.

¿Abatido? En absoluto.

Nunca lo estuve. Ni cuando Doug me relegó al banquillo ni cuando apareció el dolor de espalda, ni siquiera cuando M.J. actuó como si jugara solo.

No pensaba rendirme.

Cuando llegué a los Bulls en el otoño de 1987, era un muchacho muy inocente. Creía que ser un jugador profesional de baloncesto era entrenar dos horas al día y luego disfrutar del tiempo libre. Pero, desde entonces, había aprendido mucho. Si estás realmente comprometido con tu trabajo, dos horas al día no son nada. Necesitas quedarte en el gimnasio mucho más tiempo después de un entrenamiento para trabajar los aspectos de tu juego que debes mejorar y los que no.

Incluso cuando no te apetece en absoluto. Especialmente cuando no te apetece en absoluto.

La clave es recordar constantemente que, en ese momento de tu vida, nada es más importante que el baloncesto.

Eso significa hacer sacrificios. Algunos pequeños, otros grandes, pero todos, a fin de cuentas, dolorosos. Es por eso por lo que lo llaman sacrificio y, al mismo tiempo, el motivo por el cual muchos jugadores no se someten a ello. Incluso algunos pueden jugar en la NBA durante quince años o llegar a un All-Star, pero como no trabajan ese aspecto de su vida nunca sabrán lo buenos que podrían haber sido. Yo no quería que me sucediera aquello.

Eso también quería decir que Karen, que se había casado conmigo, y mi hijo Antron, que había nacido ese noviembre, buscaran su propio camino. Seguía adorando a Karen tanto como siempre y estaba encantado con mi hijo. No obstante, no tenía el tiempo necesario para ser un buen marido o padre, y cuanto antes nos diéramos cuenta todos, mejor. El divorcio sería definitivo en 1990.

En realidad, me comprometí con otra familia: con mis compañeros de equipo. No me arrepiento de ello.

Pasábamos mucho tiempo juntos, sobre todo en los viajes. En mi caso y en el de Horace, al ser *rookies*, aquella era la primera vez en nuestra vida que teníamos la libertad y el dinero suficiente para disfrutar de ellos. Eso puede ser una muy buena combinación, pero también puede resultar peligrosa. En nuestro caso, todo salió bien, sobre todo gracias a los veteranos del equipo que se divertían con nosotros, pero nunca se pasaban de la raya.

Cuando llegué, los jugadores que Michael dijo haber visto tomando cocaína y fumando hierba en *El último baile* ya no formaban parte del equipo. Jerry Krause se había asegurado de ello. Un par acabaron en rehabilitación.

En aquella época ni el propio Michael tomaba alcohol: no empezó a beber hasta que regresó de su primera retirada, en 1995. En cuanto a las drogas, el vestuario estaba totalmente limpio, lo juro. Y eso, considerando que estábamos a finales de los ochenta, es decir, cuando la droga entró con fuerza en la NBA, decía mucho de los hombres que formaban parte de ese equipo.

Las apuestas eran harina de otro costal.

Nos encantaba jugar a las cartas. En el autobús, en el avión, en el aeropuerto, en el hotel. En todas partes. El juego al que siempre jugábamos se llamaba *tonk*. La clave del *tonk*, como de otros muchos juegos de estos juegos, es deshacerte de tus cartas lo antes posible.

Había dos categorías: la profesional y la de aficionados.

M. J., cómo no, estaba en la profesional. Siempre quería atraer a más chicos para aumentar la recaudación del bote y ganar a todo el mundo. Oak también era un auténtico profesional. Yo participaba en ambas. Aun así, lo máximo que podías perder en una partida, incluso jugando con los profesionales, eran unos pocos cientos de dólares, tal vez mil.

De todas formas, el dinero no era lo importante. Simplemente, nos tomábamos el pelo y lo pasábamos bien. Necesitábamos sacar de encima la tensión.

—Sabes que estoy a punto de desplumarte —decía uno.

—Ni hablar —respondía el otro.

—Ya verás.

Para Michael, jugar a las cartas también era una oportunidad para escapar de la gente que, en caso contrario, se habría acercado a él para pedirle un autógrafo o una foto. No podéis imaginaros cuántas veces se lo pedían, y eso era antes de que se volviera todavía más famoso a mitad de los noventa.

Michael y yo nos llevábamos bastante bien, aunque, por aquel entonces, ya sabía que nunca seríamos muy cercanos. Tal vez habría sido distinto si hubiéramos jugado al golf con los palos Wilson que me regaló en mi primer año. Él vivía en un mundo muy distinto al nuestro. En más de una ocasión, pensé: «Si la fama es esto, no quiero formar parte de ella».

Todo el mundo (la gente de Nike, Gatorade, Ahmad Rashad de la NBC, etc.) trataba a Michael como si fuera el rey de Siam, aunque solo fuera un jugador de baloncesto.

En su momento tomé una decisión de la que nunca me arrepentí: no iba a ser una de esas personas que intentan agradar desesperadamente a Michael Jordan. Solo si seguía mi propio camino, y no esperaba su visto bueno, alcanzaría todo mi potencial como jugador y, lo que es más importante, como ser humano.

Desde bien pequeño, rodeado de once hermanos y hermanas que me amaban incondicionalmente, nunca sentí la necesidad de agradar a nadie.

Ellos siempre fueron mis mejores amigos y siempre lo serán.

6

El primer obstáculo

*E*n la temporada 1987-88, alcanzamos nuestro mejor nivel en el mejor momento: ganamos diez de nuestros últimos trece partidos. Con un registro de 50-32, empatamos con los Atlanta Hawks en la segunda posición de la División Central, y nos quedamos a cuatro victorias de los Pistons. Siete de estas últimas diez victorias fueron a domicilio. Era un dato esperanzador, pues jugar fuera de casa no siempre había sido nuestro fuerte.

Una de las razones de nuestro éxito fue Sam Vincent, el base que los Bulls ficharon de Seattle poco antes de que terminara el *trade deadline*. A pesar de su capacidad anotadora, su trabajo consistía en abastecer de balones a Michael. Y lo hizo realmente bien. En veintinueve partidos con los Bulls, promedió más de ocho asistencias por partido. Para fichar a Sam, los Bulls tuvieron que desprenderse de Sedale. A nadie le cayó por sorpresa. Aunque no fuéramos tan inseparables como creía Doug, su marcha me entristeció.

Nuestro rival en la primera ronda del *playoff* fue el sexto cabeza de serie, los Cleveland Cavaliers.

Los Cavs eran extremadamente talentosos. Su juego giraba en torno al joven pívot Brad Daugherty (el número uno del *draft* de 1986), los aleros Larry Nance y Hot Rod Williams, y los escoltas Mark Price, Ron Harper y Craig Ehlo.

Su entrenador era Lenny Wilkens, que había ganado un título de la NBA con los Sonics en 1979.

Magic Johnson apodaría a los Cavs el «equipo de los noventa». Ciertamente, Magic tenía muchos dones, pero ver el futuro no era uno de ellos.

Salimos del Chicago Stadium con dos victorias de ventaja, con un Michael que parecía Wilt Chamberlain: cincuenta puntos en el primer partido, y cincuenta y cinco en el segundo (obviamente, lanzó ochenta tiros entre los dos encuentros; el resto del equipo ciento dieciocho).

Los Cavs ganaron los dos siguientes partidos en Cleveland, donde Michael «solo» pudo anotar ochenta y dos puntos. El quinto partido se disputaría en Chicago. Por aquel entonces, la primera ronda de un *playoff* era al mejor de cinco.

Durante el calentamiento, me mentalicé para salir del banquillo y estar listo cuando Doug me hiciera saltar a la pista. No tardaría demasiado. Al menos, eso creía. Salvo en el tercer partido, Brad Sellers no había hecho un gran *playoff*. En los primeros cuatro partidos, yo había jugado una media de veinticinco minutos. Eran muchos para un reserva.

Por eso... ya no sería más un reserva.

Aproximadamente media hora antes de empezar el partido, Doug me dijo que iba a salir en lugar de Brad.

«Debe de estar bromeando», pensé. No había empezado un partido de titular en todo el año. Además, durante los tres días que siguieron al cuarto partido, Doug no había dado señal alguna de que pudiera haber un cambio en el quinteto inicial.

Estaba preparado para el reto, no me malinterpretéis, aunque la lógica de ese cambio se me escapa, ahora y entonces. ¿Por qué quería Doug que asumiera un nuevo rol en el partido que, en ese momento, era el más importante de mi vida? Había sido reserva durante setenta y nueve partidos de la temporada regular y cuatro de los *playoffs*. ¿Por qué ahora?

Doug nunca me dio una explicación. Tampoco tenía que hacerlo. Él era el entrenador, y yo, solo un jugador. Hice lo que me pidió. Como era mi año de *rookie*, creo que Doug estaba preocupado de que el partido fuera demasiado importante como para comunicarme la decisión con dos días de antelación.

Si ese era su razonamiento, no podía estar más equivocado. Mantenerme al margen era otra señal del poco respeto que me tenía. Yo no era un becario con suerte. Había jugado cuatro años en la universidad y había sido titular desde la mitad de mi primera temporada.

No había ningún partido demasiado importante para mí.

Ser titular requiere una mentalidad distinta a la de ser suplente. Nota para Doug: habría sido útil tener un día…, joder, unas pocas horas para mentalizarme.

Pese a todo, no me fue nada mal y acabé igualando mi mejor marca de anotación de la temporada: veinticuatro puntos. Hice un diez de veinte en tiros de campo y terminé con seis rebotes, cinco asistencias y tres robos. Pero lo más importante es que ganamos el partido, 107-101, y pasamos de ronda.

Nos pegamos un buen tiro en el pie en el primer cuarto, dieciocho puntos abajo. Luego, Michael, a pesar de que se lesionó la rodilla, se enchufó para reducir esa diferencia. Logramos nuestra primera ventaja al final del tercer cuarto, después de que yo robara un balón a Ron Harper y culminara la jugada con una bandeja. Los Cavs apretaron en la recta final, hasta que Michael, que acabó con treinta y nueve puntos, anotó dos tiros libres y sentenció el partido.

Finalmente, los aficionados de Chicago tenían algo que celebrar. Los Bulls no habían ganado una ronda de *playoff* desde hacía siete años.

Y eso solo era el principio.

Personalmente, me sentía reivindicado. Debería haber formado parte del quinteto inicial desde el primer día.

El caso es que fuimos a Detroit para las semifinales de la Conferencia Este.

Los Pistons eran los claros favoritos. En el primer partido, jugaron como tales y nos dejaron en ochenta y dos puntos.

Ellos anotaron noventa y tres. Su pívot, Bill Laimbeer, estuvo extraordinario: dieciséis puntos y catorce rebotes. Yo no: dos puntos y tres rebotes. Recuperamos el aliento en el segundo partido. Ganamos 105-95, gracias a los treinta y seis puntos de Michael, y a los treinta y uno de Sam Vincent. Oak también ayudó con sus diez puntos y doce rebotes.

Sin embargo, a partir de ahí, todo fue cuesta abajo.

En Chicago, no conseguimos anotar ochenta puntos en ninguno de los dos partidos. Los Pistons se llevaron el tercer encuentro, 101-79, y el cuarto, 96-77. Finalmente, acabaron con nuestra agonía en el quinto partido: 102-95. Lo único positivo de ese final de temporada era que podía darle a mi espalda un merecido descanso. Los Pistons eran un equipo tan físico («agresivo» también podría decirse) que era de largo el peor equipo al que podías enfrentarte si no estabas al cien por cien. En cada entrada a canasta o en cada lucha por un balón suelto parecías estar más en un partido de rugby que en uno de baloncesto.

Friedrich Nietzsche, el filósofo alemán del siglo XIX, dijo que, si algo no te mata, te hace más fuerte. El bueno de Nietzsche nunca se cruzó con Bill Laimbeer. Ese tío era realmente duro.

Desgraciadamente, el descanso no le sentó nada bien a mi espalda.

Por eso fui en busca de una segunda opinión: el doctor Schafer me diagnosticó una hernia discal. Tendría que operarme y tenía miedo. ¿Y si la operación salía mal? Familia y amigos me aconsejaron que no dejara que nadie me abriera por la mitad; el riesgo de daños permanentes resultaba demasiado elevado. Había llegado tan lejos desde que el entrenador Wayne me echó del equipo que empecé a preguntarme si los dioses del baloncesto habían estado jugando conmigo todo el tiempo. ¿Solo me prepararon para sufrir el más cruel de los destinos?

¿Mi carrera en la NBA y mi sueño se habían acabado nada más llegar?

En julio de 1988, hice de tripas corazón y seguí adelante

con la cirugía. Estaba dispuesto a todo para librarme de ese dolor. Del dolor que estaba arruinando mi vida.

La operación se desarrolló sin problemas. Según los médicos, que eran optimistas, me recuperaría por completo. Yo no estaba tan seguro, sobre todo durante las primeras semanas, cuando no podía mover la pierna derecha y el dolor en la espalda era constante y agudo. Con todo, me aseguraron que se trataba de una reacción normal a la cirugía.

Para ellos era muy fácil decirlo: era mi futuro el que estaba en el alambre, no el suyo.

Pensé en Ronnie y en mi padre; en cómo habían pasado cada uno de sus días atrapados en una silla de ruedas. ¿Sería yo el siguiente?

Lentamente, empecé a recuperar la movilidad en la pierna. ¡Menudo alivio! Cada día daba un paseo por el vecindario. Había una zona ajardinada, llamada Picardy Circle, que tenía un hermoso estanque en la parte de atrás. No dejaba de caminar por ahí una y otra vez. Empecé a conocer la zona mejor que mi casa. Durante seis semanas, esos paseos fueron mi único ejercicio. Tenía prohibido sentarme en un coche hasta que el doctor Schafer me diera su visto bueno. Doug y Jerry solían acercarse para saber cómo estaba, lo cual aprecié bastante, y mi hermano Jimmy me hizo compañía hasta que pude valerme por mí mismo.

Mirando hacia atrás, la operación fue un regalo del cielo.

No solo porque me alivió el dolor y me permitió seguir con mi carrera, sino porque me enseñó un nuevo régimen de entrenamiento que respetaría a partir de entonces.

—Si quieres jugar a este deporte durante mucho tiempo —dijo el doctor Schafer—, tendrás que trabajar tu espalda y fortalecerla.

Cada verano, con dolor o sin él, me sometía a las mismas rutinas durante dos meses antes de regresar a los entrenamientos. Trabajaba los isquiotibiales y los pequeños músculos alrededor de la columna vertebral que a menudo se ignoran.

La operación fue como un recordatorio: un atleta profesional nunca se cuida demasiado.

«Cuida tu cuerpo porque, si no, él no cuidará de ti.»

A pesar de todo, los Bulls tendrían que empezar la temporada 1988-89 sin mí. Y no sería la única baja. Tampoco estaría Charles Oakley, que, un día antes del *draft*, se iría a los New York Knicks a cambio del pívot Bill Cartwright.

Sabía cómo funcionaba la NBA: los equipos exigían una lealtad a sus jugadores que ellos pocas veces respetaban: además, había rumores que decían que Oak formaba parte de algún acuerdo. Aun así, su marcha me afectó. Oak fue el primer jugador que traspasaron con el que tenía cierta cercanía. Los aficionados consideran que somos simples peones en un tablero de ajedrez gigante, pero nunca se paran a pensar en las relaciones que dejamos atrás cuando nos traspasan, sin nuestro consentimiento, a otra ciudad. Eso no suele ocurrir en otras profesiones.

Imaginad que un día llegáis a la oficina y vuestro jefe os dice: «Mira, lamento decírtelo así, pero la empresa ha decidido trasladarte a Búfalo. Tu avión sale a las ocho. Espero que seas feliz».

Llamé a Oak nada más enterarme.

—Oye, lo siento. No puedo creer que te hayan traspasado.

Él tampoco se lo podía creer.

Traspasar a Sedale era una cosa, pues era suplente, y los suplentes, con todo el respeto, son prescindibles. Pero es que Oak no lo era; más bien podríamos decir que constituía uno de los pilares de la franquicia.

Como dijo Michael, que había perdido a su mejor amigo en el equipo: «Hemos renunciado al mejor reboteador de la liga. ¿Cómo vamos a reemplazarlo?».

Buena pregunta.

No solo habíamos perdido capacidad de rebote. Oak también era el tipo de líder que Michael nunca podría llegar a ser. Todos los equipos necesitan a alguien como Oakley. Un compañero que se dejaría la vida por ti. En la despedida, Oak criticó a la franquicia porque no lo había tratado con el respeto que se merecía. Yo sabía perfectamente cómo se sentía.

Por otro lado, tenemos que otorgarle el beneficio de la duda a Jerry Krause. Por algo fue el «ejecutivo del año» de la NBA en 1988.

Necesitábamos urgentemente más puntos en el poste bajo. En aquella época, el pívot era una pieza fundamental. Solo basta nombrar a Hakeem Olajuwon, Moses Malone, Robert Parish, Patrick Ewing y, por supuesto, Kareem, que seguía siendo una auténtica amenaza a sus cuarenta y un años.

Nuestro pívot era Dave Corzine: sin duda, un tipo entrañable, pero no era una amenaza para el rival.

En la temporada 1987-88, Dave promedió algo más de diez puntos, y buena parte de ellos los anotó desde el exterior. El problema se hizo patente en la serie contra Detroit. En los cinco partidos, Dave solo anotó veinticinco puntos.

Probablemente, Bill sería un gran refuerzo. Había promediado más de veinte puntos por partido en sus dos primeras temporadas con los Knicks. Nuestra primera selección en el *draft* de 1988, Will Perdue, de Vanderbilt, también jugaba en esa posición. Además, Horace se había convertido en un soberbio defensa y reboteador. Estaba más que preparado para ocupar el lugar de Oak.

La única duda sobre Bill era su propensión a las lesiones: se perdió toda la temporada 1984-85 por un problema en el pie, solo jugó dos partidos en la 1985-86 y cincuenta y ocho en la siguiente.

En otoño de 1988, no tuvimos un buen comienzo: perdimos por trece puntos la noche del estreno en Chicago contra los Pistons. Horace acabó con solo dos rebotes. En las dos primeras semanas, nuestro registro era de 4-4. El de los Pistons, 7-0. Bill, por decirlo de forma suave, no era la solución a nuestros problemas en el poste bajo. No tenía buenas manos, no encontraba al hombre libre cuando le hacían un dos contra uno y era incapaz de mantener nuestro ritmo, el más intenso y veloz de la liga.

Michael no estaba contento, también por decirlo suavemente. Le dijo al resto del equipo que no le pasáramos más balones a Bill en los últimos minutos de partido. Bill era un chico listo y sabía lo que estaba tramando M.J. Quería matarlo, y no lo culpo.

Un día que Michael no estaba cerca dijo:

—¡Hijo de puta! No me importa lo que haya dicho ese cabrón. Pasadme la puta pelota.

—No hay problema —le dije.

Al mismo tiempo, según los pronósticos, yo no podría regresar a las pistas hasta principios de diciembre. Pero tenía que hacer algo para recuperarme antes. No podía quedar por detrás de Brad por segundo año consecutivo y pasar más tiempo en el banquillo.

Finalmente, regresé el 18 de noviembre contra los Atlanta Hawks, en el Chicago Stadium. Como estábamos a punto de hacer un largo viaje por carretera, parecía sensato comprobar si estaba recuperado de la espalda. Si después del partido todavía me dolía, continuaría la recuperación en las instalaciones de Deerfield, y me uniría al equipo más adelante o cuando regresara. Salté a la pista a falta de cuatro minutos para acabar el primer cuarto. Era como volver a ser un *rookie*.

Los nervios, la expectación, el deseo de demostrar que pertenecía a ese mundo. Todo.

Creía que iba a estar en la pista unos quince minutos, tal vez, veinte. Al final, fueron treinta y cinco. Doug me preguntaba de vez en cuando si estaba cansado. En absoluto. Estaba completamente enchufado. Con cada posesión, con cada contacto con el balón, notaba que recuperaba la confianza; era como si nunca hubiera estado lejos de las pistas. Mis números de esa noche: quince puntos, nueve rebotes y cinco asistencias.

Y un robo decisivo.

El equipo iba perdiendo por tres puntos a falta de treinta segundos para el final. Entonces, cuando Moses Malone se dirigía hacia el aro, le robé el balón. Anotamos y la ventaja se redujo a un punto. Finalmente, acabamos imponiéndonos en la prórroga.

Afronté ese partido como cualquier otro. Presté atención a los conceptos básicos: pantallas, bloqueos, faltas en ataque, etc. Aunque, de vez en cuando, cuando el juego se detenía, recordaba los días posteriores a la operación, cuando mis miedos sacaban lo mejor y lo peor de mí. Era increíble, estaba loco de alegría porque podía correr por la pista sin que el dolor se me clavara en la espina dorsal.

A finales de diciembre, cuando recibimos a los Knicks en el Chicago Stadium, anoté el tiro ganador: un lanzamiento en suspensión desde la línea de tiro libre. Michael había conducido hasta canasta, pero Ewing había taponado su lanzamiento. Después de que Horace fallara el siguiente tiro, me encontré en el lugar correcto en el momento adecuado. Por aquel entonces, ya había reemplazado a Brad y, por fin, formaba parte del quinteto inicial. En junio de 1989 lo traspasarían a Seattle.

A pesar de esa victoria, nuestro registro era un pobre 14-12 que nos dejaba en la sexta posición de la División Central. Todas las ilusiones de esa temporada parecían condenadas al fracaso.

No quiero echarle toda la culpa a Doug Collins; a fin de cuentas, nosotros éramos los que fallábamos los tiros y los que no cumplíamos con nuestro cometido.

Pero seguía siendo el mismo Doug de siempre. Era demasiado duro con nosotros, y eso no mejoraba la situación. Cuando un equipo está en un aprieto, el entrenador no puede perder la paciencia, debe asegurarse de que los jugadores sigan creyendo en sí mismos. No importan los resultados. Lo importante es superar esos obstáculos antes de que arruinen toda la temporada.

Finalmente, superamos esa racha negativa y encadenamos seis victorias seguidas en enero, y cinco en febrero.

Sin embargo, aquello era engañoso. Los problemas subyacentes que afectaban al equipo no se habían esfumado como por arte de magia. Doug seguía dándole manga ancha a Michael, que seguía lanzando demasiados tiros. Tex no estaba de acuerdo. Podías hacer la jugada más acrobática del mundo o machacar el aro como el Dr. J. y, aun así, Tex te diría a gritos que era mejor haber pasado el balón. Prefería un gran pase a una gran jugada. Pasar el balón era lo más importante. En su opinión, todo lo demás era pura «ostentación».

Cada día, nos repetía: «No seáis cabezotas».

Que quería decir: «Elegid la jugada correcta».

Solo porque hayas superado a tu marcador, no significa que tu posición sea la mejor para tirar. El mejor lanzamiento siempre lo tiene el jugador que está abierto en una esquina o el que ha cortado hacia canasta.

Sin embargo, Doug hacía oídos sordos.

Y eso era otro gran error. ¿Cuentas a tu lado con una persona como Tex Winter, que ha formado parte del mundo del baloncesto durante más de cuarenta años como entrenador y profesor, y no tienes ningún interés en absorber cada gramo de conocimiento que tiene? ¿En qué mundo eso tiene algún sentido? Solíamos decir que Tex había olvidado más cosas sobre baloncesto de lo que nosotros jamás podríamos aprender. Además, para colmo, aquella era solo la tercera temporada de Doug como entrenador en la NBA.

El conflicto entre estas dos fuertes personalidades nunca se resolvió. La situación no solo dañó su relación personal, sino que también tuvo consecuencias nefastas para todo el equipo. Para Doug, número uno del *draft* de 1973 y una de las estrellas de los Sixers, el baloncesto era un juego individual. Para Tex, que nunca llegó a la NBA, era un juego de equipo.

Doug quería que Michael hiciera lo que se le antojara en cada posesión.

Tex quería que Michael pasara el puto balón.

Doug menospreciaba cruelmente a Tex delante del equipo.

—¿Acaso alguien cree que Tex puede aportar algo al equipo? —decía Doug sin importarle que él estuviera presente.

Yo lamentaba profundamente ese trato. Tex, aparte de poseer una mente brillante para el baloncesto, era un alma bondadosa. No merecía tal trato. En realidad, nadie lo merece.

La situación se agravó hasta tal punto que Tex no podía sentarse en el banquillo durante los partidos, y en los entrenamientos se quedaba solo en una esquina del gimnasio, tomando notas. Era humillante. A veces tenía que controlarme para no partirle la boca a Doug. Me habrían sancionado, pero habría pagado el precio de buena gana.

Por otro lado, Tex se presentaba a los entrenamientos día tras día como si no pasara nada entre los dos. No sé cómo lo lograba.

¿Por qué Jerry Krause no tomaba cartas en el asunto? Jerry idolatraba a Tex Winter. Él fue quien lo contrató, y a Jerry no se le escapaba ningún detalle del equipo, ni dentro de la pista ni fuera.

No tengo una buena respuesta para esta pregunta. No obstante, al final Jerry acabó tomando una decisión.

Una decisión bastante drástica.

Mientras tanto, Phil iba ganándose el respeto de todos día tras día. Llegó al equipo conmigo y empezó a trabajar desde abajo, por detrás de Tex y Johnny Bach, otro de los asistentes de Doug. Pero era demasiado valioso para quedarse ahí. Todo el mundo lo sabía.

Phil tenía una habilidad que Doug no dominaría ni en un millón de años. Phil sabía comunicarse.

Lo que más me llamaba la atención de Phil eran los informes de los próximos rivales: analizaba a los equipos que estaban lejos de Chicago, mientras que Tex y Johnny, ambos mucho mayores que él, se ocupaban de los viajes cortos.

Los informes de Phil estaban repletos de detalles de mayor o menor importancia: desde qué lado de la pista preferían atacar los jugadores, con qué mano les gustaba manejar el balón, qué flaquezas tenía cada jugador, qué jugadas solía hacer el entrenador rival en cada fase de partido.

La cantidad de información era infinita. Lo único que Phil no incluía en sus informes era qué habían desayunado los rivales el día anterior..., aunque estoy seguro de que lo sabía.

Doug se sentía amenazado por Phil, y con razón.

Jerry no habría contratado a alguien con las credenciales de Phil —ganó un título como entrenador de los Albany Patroons en la CBA, y dos como jugador de los Knicks— para ser simplemente un asistente de entrenador.

Una noche, a mediados de diciembre de 1988, expulsaron a Doug en el partido contra los Bucks de Milwaukee.

Phil tomó el mando del equipo y ordenó una presión a toda pista. Además, dejó que los jugadores tuvieran más libertad en el ataque, en lugar de seguir a pies juntillas las jugadas que prefería Doug. Este siempre tenía nuevas jugadas que debíamos aprender y practicar, muchas de las cuales eran una copia exacta de las que habían funcionado contra nosotros en el partido anterior.

Estar a las órdenes de Phil resultó estimulante.

Superamos a los Bucks en la segunda mitad, 38-66, y logramos imponernos a domicilio. Cuando Doug descubrió que la mujer de Phil, June, se había sentado al lado de Jerry y su esposa, Thelma, durante el partido, se le fue la cabeza. Acababa de perder la poca confianza que ya de por sí tenía.

Fue a ver a Phil y hablaron durante cuatro horas. Doug estaba preocupado por la cercanía entre Phil y Jerry. Resulta que este último se había reunido con Phil cada cierto tiempo para saber de primera mano cómo se las apañaba Doug con las presiones del cargo.

—¿Cómo lo ha hecho hoy? —le preguntaba Jerry a Phil—. ¿Cómo se ha tomado la derrota?

No demasiado bien, supongo.

En una ocasión, cuando estábamos en el autobús después de perder un partido, Doug le dijo al conductor que detuviera el vehículo.

—Déjame bajar. Os veo en el hotel, chicos.

Durante la temporada 1988-89, Jerry llamó a Phil mientras estaba en un viaje de *scouting* en Miami. Jerry estaba preocupado porque el temperamento de Doug podía empeorar si Phil no estaba cerca para calmar la situación.

—No quiero que estés tan lejos del equipo —le dijo a Phil—. Si tienes que hacer más *scouting*, tienes que hacerlo en tus días libres.

Perdimos ocho de los últimos diez partidos antes de los *playoffs* y terminamos con un balance de 47-35. No era exactamente el impulso que andábamos buscando.

Nuestros problemas físicos tenían gran parte de la culpa. Horace tenía problemas con su muñeca, mientras que Brad, Michael, John Paxson y yo sufríamos alguna que otra molestia más que limitante. Además, Craig Hodges, el escolta que habíamos adquirido de los Phoenix Suns en diciembre, también estaba tocado.

Dos de esas ocho derrotas fueron ante los Pistons y los Cavaliers. Estos últimos, por segundo año consecutivo, serían nuestro rival en la primera ronda de los *playoffs*.

Los Cavs habían mejorado muchísimo. Habían ganado cincuenta y siete partidos, quince más que la temporada anterior. Brad Daugherty había crecido enormemente, y Mark Price y Ron Harper formaban una de las mejores parejas de bases de la liga.

Magic había dicho que los Cavs serían el equipo de los noventa. Tal vez los noventa habían llegado antes de tiempo.

O tal vez no.

Ganamos el primer partido en Cleveland, 88-95, con Michael liderando al equipo con treinta y un puntos. Yo contribuí con veintidós y Horace acabó con trece puntos y trece rebotes.

Ganar a domicilio un partido de *playoff* era un gran paso para nosotros. Durante la temporada regular, nuestro registro fuera del Chicago Stadium era un pésimo 17-24. Cuando juegas fuera de casa, tienes que ser inteligente con el balón, asegurar los tiros, evitar las faltas innecesarias y ganar los balones perdidos. Se trata de estar completamente concentrado. En realidad, el hecho de que Price estuviera de baja por una distensión en los isquiotibiales fue de gran ayuda para que nos lleváramos la victoria.

Con él de nuevo en la cancha, los Cavs ganaron el segundo partido, 96-88. Harper estuvo espectacular: treinta y un puntos, once rebotes y cinco robos.

En Chicago, en el tercer y el cuarto partido, nos repartimos una victoria para cada uno. Aunque la derrota del cuarto partido fue difícil de digerir. A falta de nueve segundos, Michael estaba en la línea de tiros libres con la oportunidad de ampliar la ventaja a tres puntos. Anotó el primer tiro, pero falló el segundo. Los Cavs empataron con dos tiros libres de Daugherty y se impusieron en la prórroga para forzar un decisivo quinto partido en Cleveland.

Supongo que todo el mundo sabe lo que ocurrió al final de ese quinto partido.

De todas formas, ahí va.

Cuando faltaban tres segundos para el final, Brad Sellers le pasa el balón a Michael, que ha logrado zafarse de su defensa. Craig Ehlo es su marcador. Michael bota dos veces hacia la línea de tiros libres. Luego se eleva, finta en el aire y lanza desde unos cinco metros.

El balón entra limpio, sin tocar el aro.

Ganamos el partido y pasamos de ronda. Habíamos hecho historia.

No tengo nada en contra de «The Shot». ¿Por qué debería? Siempre que lo ponen en la televisión me trae de vuelta recuerdos maravillosos. Dadas las circunstancias y lo que estaba en juego, no se me ocurre otro jugador en la historia de nuestro deporte que pudiera haber hecho lo que Michael hizo.

Por eso, ese instante es único y siempre lo será.

De todos modos, cuando pienso en ese *playoff*, no me fijo

en la jugada heroica de Michael, sino en lo que lograron los Chicago Bulls como equipo: en el primer gran obstáculo que logramos superar para encontrar la senda del éxito. Todos los equipos que quieren llegar a lo más alto necesitan superar un momento decisivo. Cuando no estás llamado a pasar a la historia, lo sabes.

En la siguiente ronda de *playoff*, superamos a los Knicks en seis partidos. Fueron otro hueso duro de roer.

Luego, en el primer partido de las Finales de la Conferencia Este, sorprendimos a los Pistons en su casa, 88-97. ¿Serían un obstáculo más?

Quizá.

Laimbeer y los otros matones se rehicieron y ganaron dos de los tres siguientes partidos para encabezar la eliminatoria 3-2. No rompimos ni una sola vez la barrera de los cien puntos. Los Pistons seguían la estrategia de siempre, es decir, las famosas «Reglas de Jordan». Chuck Daly, el entrenador de Detroit, las había creado después de que Michael avergonzara a los Bad Boys en abril de 1988 anotando cincuenta y nueve puntos en un partido retransmitido por la televisión nacional.

Las reglas eran bastante sencillas: cada vez que Michael entrara a canasta, dos hombres debían encimarlo, tirarlo al suelo o echarlo a las vías del tren.

En realidad, se trataba de detener a Michael, por lo civil o lo criminal, antes de que levantara el vuelo. Si lo lograba alguna vez, no pasaba nada. A su juicio, y no estaban equivocados, un hombre, por muy peligroso que sea, no puede vencer a cinco hombres. Tal vez en un partido. Tal vez en dos. Pero no en una ronda de *playoff* de siete partidos.

Michael no era la única víctima. En el sexto partido, instantes después de que Isiah Thomas, su base estrella, se elevara hacia el aro para ponerse dos puntos por delante, recibí un codazo de Laimbeer en el ojo.

Fue un accidente… seguramente, porque uno nunca podía estar seguro con ese tipo.

Quedé semiinconsciente. Después de sentarme en el banquillo durante unos minutos para recuperarme, quise volver a la pista. El doctor se negó en redondo. Jerry Krause no dijo nada. Me llevaron al hospital con una contusión y me perdí lo que quedaba de partido.

A pesar de que no estaba en la pista, el equipo se recuperó y redujo la diferencia para poner un 81-79 en el marcador. Pero, al final, nadie pudo parar a Isiah Thomas. Anotó treinta y tres puntos, diecisiete en el último cuarto. Los Pistons se impusieron 94-103. Como de costumbre, su banquillo aportó lo que necesitaban para ganar. Y eso incluía los nueve puntos y quince rebotes de Dennis Rodman.

¿Estábamos frustrados?

No del todo. Sabíamos que no estábamos a su altura. Aún no.

Contábamos con el talento suficiente, de eso no había ninguna duda. Pero los Pistons tenían una cosa de la que nosotros carecíamos: sabían cuándo debían atacar y cuándo debían ser pacientes. Y ese tipo de conocimiento no se aprende únicamente escuchando a los entrenadores o leyendo los informes de los ojeadores, sino que lo adquieres por ti mismo, jugando en los grandes partidos, perdiendo los grandes partidos.

Cuando acabó la temporada, cada uno se fue por su lado. Queríamos descansar del baloncesto, y también los unos de los otros. Desde la primera semana de octubre a la primera semana de junio, habíamos pasado más tiempo con nuestros compañeros de equipo que con nuestras familias.

Yo regresé a Hamburg. Estaba supervisando la nueva casa que estaban construyendo para mis padres. Mi madre no estaba muy dispuesta a mudarse, así que en su lugar mandé a hacer algunos arreglos para una casa más grande, tipo rancho, junto con un nuevo terreno.

A principios de julio llegó una gran noticia desde Chicago.

Habían echado a Doug Collins.

Me había acostumbrado a los traspasos de mis compañeros de equipo, pero que echaran al entrenador era otra cosa. Habían echado a un entrenador que, independientemente de lo que se pensara de él, acababa de llevar a su equipo a las Finales de la Conferencia Este. ¿Podía ser cierto?

Por supuesto, y al pensarlo mejor me pregunté por qué habían tardado tanto.

El servilismo hacia Michael. Las críticas públicas hacia los jugadores. El desenfreno en la banda. Esa no era la mejor forma de convertir a doce hombres con doce personalidades distintas en un grupo unido y listo para competir por el título. Además, seguramente, que empezáramos la temporada con tres *rookies* seleccionados en la primera ronda del *draft* —Stacey King, B. J. Armstrong y Jeff Sanders— también había influido en la decisión. Doug no era exactamente el tipo de persona que te ayuda a crecer.

Aun así, no albergo ningún tipo de rencor hacia Doug. Cada vez que me he cruzado con él, siempre le he deseado lo mejor.

Simplemente, no era el hombre adecuado para llevar a los Chicago Bulls a la élite. Ese hombre era Phil Jackson. Para mí no supuso ninguna sorpresa que Jerry Reinsdorf y Jerry Krause le ofrecieran el cargo a Phil. No se me ocurría nadie más.

No me acuerdo de las primeras palabras que Phil le dijo al grupo cuando nos reunimos en el primer entrenamiento, en otoño de 1989. Pero me acuerdo de lo que sentí.

Tenía la sensación de que todo sería diferente.

Por fin los Bulls serían un equipo y dejarían de ser el *show* de Michael Jordan.

7

Phil ante el reto

*E*n sus días de jugador, Phil nunca fue una estrella. Ni por asomo.

Desde 1967 hasta 1980 disputó ochocientos siete partidos de temporada regular, casi todos con los Knicks, saliendo del banquillo en la mayoría de ellos. Phil era lo que nosotros llamamos un jugador de contacto. En los Knicks, su cometido era embestir a los rivales con su enclenque cuerpo y luchar por todos los balones sueltos. Recogió muchos frutos, pero su cuerpo todavía estaba pagando ese precio.

Los Knicks tenían a muchos jugadores capaces de anotar, como Willis Reed, Walt Frazier y Earl Monroe. Pero eso no era suficiente. Como cualquier otra franquicia que alberga la esperanza de levantar un título, el equipo también necesitaba imponerse físicamente. Y eso era lo que hacían Phil y Dave DeBusschere, su robusto pívot, cada noche.

Los Knicks, que ganaron la NBA en 1970 y 1973 (derrotando a los Lakers en ambas ocasiones), eran famosos por su capacidad de sacrificio. Ningún equipo de los últimos cincuenta años ha movido el balón con tanto tino. Eran un auténtico ejemplo de cómo se debe jugar un partido. Además, su defensa, tanto individual como colectiva, también era un espectáculo digno de ver.

Phil no encontró ningún motivo que le impidiera pensar que los Bulls podían jugar del mismo modo que esos Knicks.

Por eso, de cara a la temporada 1989-90, tenía que implementar algunos cambios. A pesar de nuestro talento, no éramos lo suficientemente buenos para vencer a los Pistons. Por suerte, como Phil había sido el asistente de Doug durante dos años y había visto dónde este se había equivocado, sabía perfectamente qué cambios tenía que hacer desde el primer día.

El más importante fue convencer a Michael de que era necesario que anotara menos para que el equipo ganara más. Era lo mismo que pedirle a Picasso que dejara de lado el pincel unos días.

Michael era el anotador más prolífico que había visto jamás este deporte, con la excepción de Wilt Chamberlain. Decir que Michael no estaba especialmente entusiasmado con la idea sería un enorme eufemismo. Se sentía preocupado porque creía que cambiar nuestra forma de atacar no le permitiría ser... Michael Jordan. Había sido el máximo anotador en las tres temporadas anteriores, promediando 37,1, 35 y 32,5 puntos por partido.

La mayoría de ellos eran fruto de su iniciativa y talento. El resto del equipo se mostraba tan asombrado como los espectadores.

Pero ahora Michael debería anotar dentro de un sistema que exigía una palabra que no estaba en su vocabulario: «confianza». Debería confiar en sus compañeros para que le pasaran el balón donde él quería. Y tendría que confiar en ellos para pasarles el balón cuando le hicieran un dos contra uno. El problema, según Michael, era que el equipo no había hecho lo suficiente para ganarse su confianza.

Por ejemplo, Bill Cartwright. Apenas había pasado un año desde que Michael nos había dicho que no le pasáramos el balón en los momentos decisivos, y al parecer nada había cambiado.

Si el objetivo de Michael era ganar el campeonato como Magic Johnson y Larry Bird, los dos jugadores con los que se comparaba, tenía que confiar en sus compañeros de equipo. Si seguía como hasta entonces, es decir, lanzando veinticinco tiros cada partido, podría ganar un montón de partidos, batir todos los récords de anotación o alzarse con todos los MVP..., pero nunca conseguiría ningún anillo.

Desde el primer día, Tex había querido aplicar el triángulo ofensivo. El problema era que Doug no creía en él. Sin embargo, Phil era un auténtico fanático de este sistema, como Jerry Krause.

No me sorprendería que Phil, en una de esas reuniones informales, le hubiera dicho a Jerry que tenía la impresión de que él podría poner en práctica el triángulo ofensivo si estaba al cargo del equipo. El sistema era muy parecido al que usaban los Knicks bajo las órdenes de su antiguo entrenador y mentor Red Holzman.

Pero ¿qué es exactamente el triángulo ofensivo?

Para empezar, el nombre proviene del triángulo que se forma cuando tres jugadores se alinean en el lado fuerte de la pista. El lado fuerte es donde se encuentra el balón.

El sistema, al principio, es complicado. Con razón tardamos más de un año y medio en hacerlo bien, y algunos jugadores nunca lograron entenderlo.

No se parecía en nada a los sistemas de ataque a los que estábamos acostumbrados, donde un jugador, normalmente el base, marca la jugada. En lugar de eso, el triángulo ofensivo es un sistema que reacciona a la disposición de la defensa del equipo rival.

Por ejemplo, si la defensa rival bloquea un pase a la esquina o una penetración, automáticamente se abren otras opciones. Tu trabajo es entender, casi instintivamente, cuáles son esas opciones, y ahí es donde todo se vuelve más confuso. Se trata de emboscar a la defensa rival. Por decirlo en términos pugilísticos, el triángulo ofensivo es un contragolpe perfecto.

El triángulo dependía tanto de los movimientos de los demás (cada uno interpretaba el juego de forma distinta) que, durante mucho tiempo, Michael no fue el único que dudó de sus ventajas. Además, si era tan ingenioso, ¿por qué no lo utilizaba ningún otro equipo?

En el pasado, los jugadores únicamente se preocupaban del lugar que ellos ocupaban en la cancha. Ahora tenían que estar pendientes de todos los demás, y eso implica una gran diferencia.

En el triángulo ofensivo, cualquier jugador que tenga el balón es como un mariscal de campo en el fútbol americano, es decir, tiene que leer rápidamente la disposición de la defensa y detectar a los compañeros libres. El objetivo es que todos los jugadores que están en la pista interpreten de la misma manera la defensa rival. Este es el auténtico problema: si un jugador interpreta los movimientos de forma distinta a los demás y da un pase erróneo o se mueve al lugar equivocado, todo el mecanismo que genera una opción de tiro fácil se desmorona y la jugada acaba en un tiro con bajo porcentaje de acierto.

La ventaja es que, si logras hacerlo bien, el triángulo ofensivo crea opciones de tiro inmejorables. En todos los partidos, el objetivo era crear tantas opciones de tiro sin oposición como pudiéramos. Solíamos decir que, a partir del tercer pase, la defensa rival se derrumbaba.

Nuestro escaso dominio del sistema se hizo evidente desde el principio. Los chicos tenían problemas para acostumbrarse a la idea de que no tenían que botar después de recibir el balón. Cuando daban un pase, la defensa leía adónde iba el balón como si tuviera un topo infiltrado en nuestro equipo.

Llevábamos un coche con una rueda pinchada y no había repuesto.

Durante la primera parte del entrenamiento, Tex repasaba un aspecto fundamental tras otro. Era como regresar a la escuela.

Pases desde el pecho con las dos manos, pases picados, pases al poste, etc.

En algunos entrenamientos nos prohibía que el balón tocara el suelo. Solo quería ver que el balón y los jugadores se movían. Tex creía en lo que él denominaba «los cuatro pases». Eso significaba hacer un mínimo de cuatro pases en cada posesión antes de que alguien intentara lanzar.

¿Éramos un equipo de baloncesto profesional o un grupo de niños en un campamento de verano?

Practicamos los pases desde todos los rincones de la pista, sabiendo que, durante un partido, cualquiera de nosotros podría quedarse atrapado en uno de ellos y no sabría qué hacer a continuación.

Tex nos explicó que, en un partido típico de cuarenta y ocho minutos, lo máximo que cualquier jugador, incluido M.J., tendría el balón en sus manos sería unos cuatro minutos y medio. Con tan poco tiempo para actuar, resultaba natural asumir que Michael no podía ser tan peligroso.

Pero sería un error: era mucho más peligroso sin el balón, moviéndose entre las pantallas, marcando el ritmo, preparado para atacar.

Como los demás equipos estaban acostumbrados a defenderlo cuando tenía el balón, tenían un plan de juego. En cambio, defenderlo sin balón era mucho más difícil, especialmente cuando el defensor está rotando para hacer una ayuda. Michael, como mucho, retenía el balón unos cinco segundos, antes de lanzar, entrar a canasta o pasarle el balón a un compañero. No era James Harden, que retiene el balón durante diez o doce eternos segundos.

A veces, cuando veía jugar a Harden con los Houston Rockets, botando el balón arriba y abajo lejos de la canasta, sentía la eternidad con todo su peso. Me gustaría gritar: «¡Por el amor de Dios! ¡James, deja de botar de una vez!».

Al principio de la temporada 1989-90, perdimos algunos partidos que deberíamos haber ganado. Después de terminar una serie de siete partidos en noviembre, nuestro registro era un mediocre 7-6.

Aprender cómo funcionaba el triángulo ofensivo era lo mismo que aprender un idioma extranjero. Cuando pensábamos que empezábamos a dominarlo, los problemas volvían a aparecer. Algunos jugadores intentaban que Phil cambiara de opinión y se olvidara de todo el asunto. Ahora entiendo por qué Doug nunca fue un entusiasta de este sistema: carecía de la paciencia necesaria.

—Esto es lo que vamos a hacer —decía Phil—. Y vosotros tenéis que resolverlo.

Poco a poco, empezamos a ganar confianza en los espacios que detectábamos en las defensas rivales y dejamos de dudar de nosotros mismos. Tal vez, el hecho de empezar a ganar y lograr una racha de 14-3 (desde finales de noviembre hasta principios de enero) acabó de consolidar nuestra nueva fe. O quizá creer en el sistema cosechaba más victorias. ¿Quién sabe? ¿A quién le importa?

Sea como sea, acabé siendo un fanático del triángulo ofensivo.

Cada jugador en la pista tocaba el balón en casi todas las posesiones. Todos nos sentíamos parte de un sistema ofensivo, tanto si lográbamos una opción de tiro como si no. Al trabajar en equipo, aprendimos el valor de confiar en el otro. Los jugadores que confían en su equipo y se sacrifican por él son aquellos que acaban ganando los títulos.

Phil se mostraba crítico, pero siempre de forma constructiva. No nos avergonzaba delante de nuestros aficionados o compañeros de equipo. Nos hablaba en privado o le pedía a alguno de sus asistentes que nos explicara qué habíamos hecho mal. Por mi parte, me sentía respetado como jugador y, lo que era más importante, como persona.

En realidad, yo no encajaba con toda esa parafernalia zen que había incorporado al equipo, como quemar incienso o cerrar los ojos y meditar.

«Lo siento, Phil. Sé que tenías buenas intenciones. Pero todo eso era demasiado para un chico de campo como yo.»

Tampoco me leía los libros que nos regalaba cada año.

Por otro lado, compartía totalmente lo que decía sobre que un equipo de baloncesto es un conjunto, y no una colección de individuos aislados. Más que cualquier clase magistral sobre estrategia, esa fue la contribución más valiosa de Phil Jackson a los Chicago Bulls.

Logró que estuviéramos unidos, que fuéramos un equipo.

En lugar de dirigirnos siempre directamente del hotel al estadio para entrenar, a veces intercalaba actividades como llevar al equipo a visitar los lugares de interés, los monumentos de la ciudad o la Estatua de la Libertad. Hay una línea muy fina entre pasar suficiente tiempo con tus compañeros de equipo fuera de la cancha y pasar demasiado tiempo con ellos. Phil fue jugador durante muchos años, y sabía dónde estaba esa línea.

En cuanto a la estrategia, en los entrenamientos Tex se encargaba del ataque y Johnny Bach de la defensa.

Johnny nunca ha recibido el reconocimiento que se merece en nuestros éxitos. Había sido muy cercano a Doug, pero, a pesar de eso, Phil lo mantuvo a su lado. Fue una de las decisiones más inteligentes que tomó. Johnny era muy respetado entre los jugadores y conocía los sistemas defensivos tan bien como cualquier otro entrenador de la liga. Siempre sabía lo que haría el equipo contrario antes de que lo llevaran a cabo.

Para hacer su trabajo, Phil confiaba en Tex, Johnny y Jim Cleamons, el otro asistente. No todos los entrenadores de la NBA son capaces de hacer lo mismo. Los dolores de espalda le causaban tantas molestias que no podía permanecer quieto durante más de un minuto: se paseaba por el perímetro de la pista y de vez en cuando me hacía algún comentario que hacía que me replanteara completamente mi forma de jugar. Me enseñó a dejar que el juego llegara hasta mí, en vez de forzar las acciones. En vez de penetrar a canasta como si no hubiera un mañana, podía lanzar un tiro en suspensión a media distancia.

Los entrenamientos solían ser más intensos que los partidos. Como estábamos en el quinteto inicial, Michael y yo íbamos en el mismo equipo. Trabajábamos la sincronización y la ejecución. Pero en ocasiones Phil me hacía jugar con los suplentes contra Michael, Horace y los demás titulares.

Me encantaban este tipo de retos, y no era el único.

¿Acaso importaba que solo fuera un partidillo de entrenamiento? Ganar a un equipo en el que jugaba Michael era una oportunidad para que los chicos de la segunda unidad se reivindicaran. Cuando lograban imponerse, ganaban mucha confianza. Creo que es por eso por lo que, durante ese increíble último cuarto en el sexto partido de las Finales de 1992, la segunda unidad pudo hacer su trabajo. Durante esos tres o cuatro minutos vitales, aquella segunda unidad que superó a los Blazers era la misma que derrotaba al equipo de Michael en los entrenamientos. Y lo hicieron porque sabían que podían hacerlo.

Mi estrategia para defender a Michael no era ningún misterio: lo obligaba a alejarse de la canasta para buscar una «ayuda». Y es ahí donde otro defensor cambiaba su marca para ayudarme y hacer un dos contra uno. Era Michael Jordan, y no pasaba el balón. En realidad, él me defendía de la misma forma. Ambos mejoramos terriblemente en este aspecto gracias a aquellas batallas de los entrenamientos.

Phil tampoco estaba muy encima de nosotros, sobre todo cuando teníamos treinta años y debíamos guardar las piernas para los momentos decisivos.

Los entrenamientos estaban perfectamente estructurados en todo momento. Cada ejercicio tenía un propósito.

—Entrena duro y breve para que todo sea útil —nos decía Phil.

Esa era otra de sus genialidades: cuando empezaba un partido, estábamos deseando dar rienda suelta a la energía que habíamos acumulado.

A pesar de ser un ferviente defensor del triángulo ofensivo, Phil creía en algo superior: ganar.

Y si eso implicaba que debíamos renunciar a mover el balón en el último cuarto de un partido ajustado, que así fuera. Entonces los ataques volvían a ser como cuando Doug estaba al mando.

Es decir: pasar el balón a Michael y apartarse de su camino.

La mayoría de las veces, eso presentaba un problema a los rivales que se habían esforzado durante casi todo el partido

en contrarrestar el triángulo, pues tenían que cambiar brusca-
mente su estrategia para centrarse en detener a un jugador, y a
uno que no era uno del montón precisamente.

Buena suerte con eso.

En enero de 1990, me seleccionaron para jugar el All-Star
por primera vez. Era uno de los siete reservas de la Conferencia Este, y estaba en el mismo equipo que Larry Bird, Patrick
Ewing y Dominique Wilkins. Y, cómo no, con Michael. No podía estar más entusiasmado.

Y agradecido.

Cuando estaba recuperándome de la cirugía de espalda en
el verano de 1988, no estaba pensando en jugar el encuentro
del All-Star. Simplemente, esperaba volver a jugar un partido
«cualquiera».

El All-Star se celebró en Miami: anoté cuatro puntos,
capturé un rebote, robé un balón y logré colocar un tapón.
Lo mejor del fin de semana fue el concurso de mates, donde
acabé en quinto lugar. Hice que el público enloqueciera con
mi primer intento, y recibí una puntuación de 47,2 sobre 50.
Luego fallé, cuando intenté hacer un mate con un giro de
trescientos sesenta grados. Pero, bueno, competir contra Dominique, uno de los encestadores más espectaculares de todos
los tiempos, fue suficiente.

Por aquel entonces también concursaba en otra competición
que Michael y yo nos inventamos un día: la mayor cantidad de
robos en una temporada. Pensamos que sería una batalla saludable, una forma de concentrarnos aún más en la defensa.

Phil no lo veía de ese modo. Él opinaba que el hecho de que
un jugador recibiera el reconocimiento por un robo no significaba que él fuera el responsable directo. Y lo que era más importante todavía, cada vez que alguien se arriesga a salir de su
zona para robar un balón, la defensa del equipo puede quedar
expuesta a un tiro abierto o una penetración hacia canasta.

Tenía toda la razón. En cualquier caso, como descubrí más tarde, aquella nunca fue una pelea justa.

No porque Michael fuera mucho mejor defensor, ¡por Dios, no!, sino porque siempre lograba que la gente hiciera lo que él pretendía. Pude comprobarlo una y otra vez desde el primer día que pisé una pista con él en 1987.

Así es como funcionaba: supongamos que corto un pase y lo desvío hacia Michael. El robo debería contabilizarse para mí, ¿verdad? Pues no. La mayoría de las veces se contabilizaba en su hoja de estadísticas, y yo no podía hacer nada al respecto.

Una noche, uno de los analistas entró en el vestuario después de un partido con las hojas de estadísticas para Phil y el cuerpo técnico. Las hojas detallaban los puntos, los rebotes, las asistencias, los robos, los tapones y las pérdidas de todos los jugadores del partido.

No podía creer lo que veían mis ojos:

—¿Ves, Michael? Nosotros cuidamos de ti —le dijo.

No es de extrañar que, durante las nueve temporadas completas que jugamos juntos, él promediara más robos que yo todos los años, salvo en dos.

Aun así, los robos nunca cuentan toda la verdad de lo que ocurre en una pista. Estoy convencido de que soy mejor que Michael tanto en la defensa individual como colectiva. Pero como los medios de comunicación no podían aceptar que Michael no fuera el mejor en todos los aspectos, cada año ganaba el premio al «mejor defensor del año».

Yo era la voz que ordenaba la defensa, el jugador que dirigía dónde debían moverse los demás. La gravedad de mi voz resultaba perfecta para esa tarea, porque era lo bastante fuerte como para oírse por encima del ruido de la multitud y los gritos de los demás jugadores. En una pista, muchas voces no llegan a escucharse nunca.

A menudo, comunicarse bien en una pista marca la diferencia entre ganar y perder. Cuando un compañero está de espaldas, siempre debes avisarlo de los bloqueos, y si un jugador pierde la posición en defensa, siempre tienes que avisarlo de las ayudas defensivas.

En nuestro equipo la defensa requería tanta confianza en los demás como el triángulo ofensivo. Tal vez, incluso más. Johnny Bach solía decir que nuestra defensa era como una cadena: cada jugador estaba conectado a los otros cuatro. Por ejemplo, si el defensor más alejado no se mueve correctamente cuando el otro equipo hace un *pick and roll*, toda la defensa se viene abajo y, probablemente, anote.

Si esto ocurre un par de veces por partido, no tienes por qué preocuparte. Pero si ocurre más a menudo, perderás definitivamente la confianza en tu compañero, y eso supondrá un verdadero problema.

No quiero menospreciar el triángulo ofensivo, pero la identidad de nuestro equipo era fruto de nuestra defensa. Cuando llevábamos a cabo la presión en cancha completa, no lo hacíamos necesariamente para forzar una pérdida de balón; era para que nuestros rivales perdieran segundos de posesión. En el momento en que empezaban a ordenar el ataque solo disponían de diez o doce segundos, en lugar de dieciséis o dieciocho, y a menudo solo podían encontrar un tiro forzado.

A mí me gustaba más defender que atacar. Prefería ser el tipo que impedía el último tiro a ser el que lo metía. Cuando defiendes correctamente, puedes llegar a quebrar el espíritu del otro equipo. Los jugadores pierden la concentración y parecen desorientados. Es un gran espectáculo digno de verse.

Además, en la defensa podía ser «ese hombre determinante» que nunca podría llegar a ser en ataque. Al menos, en un equipo que tuviera a Michael Jordan.

Otro de los roles que asumí en el equipo surgió a raíz de mi amigo Horace Grant. Decir que Horace no estaba contento es blanquear lo que sucedió. Aunque estaba jugando bien, nunca cumplía con las altas expectativas de Michael. ¿Acaso alguien podía hacerlo? Y Michael, como se vio una y otra vez en el documental de la ESPN, no se cortó ni un pelo en hacérselo saber.

Jamás conocí a un jugador tan sensible a cualquier desaire, real o imaginario, como Horace. Despreciaba el trato preferencial que Michael recibía de Doug incluso más que yo. Además, Michael y Horace tuvieron una discusión bastante acalorada tras una derrota en los *playoffs* contra los Pistons en 1989.

Por si fuera poco, el dinero también era un problema, y con razón.

Horace ganaba trescientos veinte mil dólares, menos que cualquier otro jugador del equipo, a excepción de Ed Nealy y Charles Davis, que apenas jugaban.

En abril de 1990, Horace perdió la poca paciencia que le quedaba y dijo públicamente que quería negociar un traspaso. Estaba en todo su derecho de sentirse menospreciado. Con apenas veinticuatro años era uno de los mejores ala-pívots en la liga y solo podía mejorar su rendimiento. Eso sí: el momento no pudo ser menos oportuno, pues los *playoffs* estaban a punto de comenzar.

Como de costumbre, yo estaba de su lado. Le dije que al final le llegaría un buen contrato, y que por muy crítico que fuera Michael, todos los demás en el vestuario, incluido Phil, sabían que no ganaríamos un título sin él. Apenas unos días más tarde dejó de pedir un traspaso. La verdad es que en ese momento Horace y yo habíamos empezado a distanciarnos. La situación no era tan grave como para romper nuestra relación, pero la diferencia con años anteriores era notable para ambos, así como para nuestros compañeros de equipo.

En el otoño de 1987, cuando regresamos a los entrenamientos, Horace y yo nos encontrábamos en un punto similar de nuestras respectivas carreras. Ambos albergábamos la esperanza de ser determinantes en el deporte que tanto amábamos. Así fue durante nuestra temporada de *rookies* y en la que siguió. El vínculo entre nosotros seguía siendo fuerte.

Pero en la tercera temporada todo cambió.

Esa temporada me convertí en *all-star* y, para la prensa y los aficionados, alcancé un reconocimiento justo un peldaño por debajo del de Michael. Horace se sentía excluido. Se había criado con su hermano gemelo —Harvey, que jugaba en los Washington Bullets— y creía que todos los jugadores merecían el mismo trato y respeto. Por eso, cada vez que me juntaba con Michael para lo que yo pensaba que era una inocente partida de cartas, él lo veía como una traición.

Como si yo intentara parecerme a Michael.

Sin embargo, yo estaba lejos de querer ser como Mike. Solo intentaba llevarme bien con todos y cada uno de los jugadores del equipo, desde Michael hasta el último hombre del banquillo. Como Phil nos dijo una y otra vez, íbamos a necesitar a todos los jugadores para poder hacer lo que no hicimos en 1988 y 1989.

Es decir, ganar a los putos Pistons.

8

Tenemos un objetivo

*C*ómo puede cambiar todo en un año.

Cuando llegamos a los *playoffs* de 1990, estábamos en la cresta de la ola. Desde mediados de febrero, nuestro balance era de 26-7, e incluía dos rachas de nueve victorias consecutivas.

El triángulo ofensivo funcionaba mejor que nunca, y en los últimos cuartos, cuando el marcador estaba apretado, Michael resolvía el partido como solo él sabía hacer. Las cincuenta y cinco victorias de la temporada regular de 1989-99 eran la mejor marca de la franquicia desde que Richard Nixon estuvo en la Casa Blanca. Pero, ahora, en los *playoffs*, esas victorias no valían nada. Cualquier resultado que no fuera estar en las Finales condenaría la temporada al fracaso.

Habíamos recibido muchas lecciones desde mi llegada a Chicago. Era el momento de que nosotros diéramos a alguien una lección.

En la primera ronda al mejor de cinco partidos, ganamos a los Milwaukee Bucks en cuatro, anotando más de cien puntos en cada partido. En el primer encuentro, logré mi primer triple-doble en unos *playoffs*: diecisiete puntos, diez rebotes y trece asistencias. También robé tres balones y puse tres tapones.

De momento, todo iba perfecto.

En la siguiente ronda, nos enfrentamos a los Philadelphia 76ers, liderados por Charles Barkley, que más adelante sería mi compañero de equipo en los Juegos Olímpicos, de 1992 y 1996, y durante una temporada en los Houston Rockets. Ganamos los primeros dos partidos en el Chicago Stadium y acabamos derrotando a los Sixers en cinco.

No tengo muchos recuerdos de esa ronda de *playoff*. El baloncesto era lo último que me preocupaba en ese momento.

Poco antes del segundo partido, uno de mis hermanos me llamó para decirme que mi padre estaba agonizando. No era nada que no pudiera esperar. Languidecía lentamente desde hacía tiempo. Cuando llegué al hospital de Arkansas, mi padre estaba conectado a un tubo para alimentarse, y no se percató de que había llegado. Murió al día siguiente, a los sesenta y nueve años.

Fue un golpe muy duro. Desde el infarto, no había podido implicarse demasiado en mi vida, pero seguía siendo mi padre, y cuando algún familiar me decía que había estado viendo uno de mis partidos por la televisión, no había nada que me hiciera más feliz. Lo único que me hubiera gustado hacer, en esos últimos días, es decirle otra vez más cuánto lo quería.

No me quedé mucho tiempo en Hamburg. Mis compañeros de equipo me necesitaban. Queríamos ganar la NBA, y los Pistons eran nuestro próximo rival.

Esta vez estábamos preparados. Michael no intentaría ganar el partido por su cuenta. Ese año no éramos aquellos Bulls que los Pistons estaban acostumbrados a encontrarse en los *playoffs*.

Éramos más atléticos. Más físicos. Más disciplinados. Mucho mejores.

O eso creíamos.

Los Pistons se hicieron con los dos primeros partidos en Detroit. En el primero, Michael anotó treinta y cuatro puntos, aunque solo tres en el último cuarto. John Paxson, que se había torcido el tobillo en un entrenamiento, solo jugó dieciséis minutos y se quedó sin anotar. Nuestro base suplente, B. J. Armstrong, solo logró cuatro puntos en veintinueve minutos y acabó con más pérdidas (cinco) que asistencias (dos). El resultado final: 86-77.

No quiero ser demasiado duro con B. J. No fue el culpable de la derrota. Era un escenario difícil para un *rookie*.

En el segundo partido, con una desventaja de quince puntos en el descanso, todos esperábamos escuchar una buena reprimenda en el vestuario. Y así fue, aunque no fue una bronca de Phil o de alguno de los asistentes, sino de Michael.

Más tarde, la prensa filtró que Michael había echado la culpa directamente a sus compañeros de equipo, aunque él lo desmintió y aseguró que también asumía parte de la responsabilidad de nuestra nefasta actuación. Fuera cual fuera el motivo de su enfado, el mensaje llegó alto y claro. Nos rehicimos en el tercer cuarto e incluso nos pusimos por delante. Ganar un partido a domicilio siempre era uno de nuestros objetivos en los *playoffs*, y estaba a nuestro alcance.

Aunque la alegría no duró demasiado. Los Pistons, decididos a defender su corona (habían barrido a los Lakers el año anterior en la Final), acabaron llevándose el partido: 102-93. Su escolta Joe Dumars, el héroe olvidado de ese equipo, fue el mejor del partido con treinta y un puntos. Michael, todavía furioso, abandonó el vestuario sin decir una palabra a los medios de comunicación. No lo culpo.

Sin embargo, no era el momento para perder la cabeza. Los Pistons solo habían cumplido con su parte: mantener la ventaja de campo.

Había llegado nuestro turno.

Si ganábamos los dos partidos en el Chicago Stadium, la serie volvería a estar igualada. Yo estaba relajado. En un entrenamiento le lancé una serpiente de goma a Michael y, como siempre, se cagó de miedo. A Michael le daban mucho miedo las serpientes, por lo que solía comprar serpientes de juguete para ocultarlas en su taquilla cada vez que tenía una buena oportunidad. La cara que ponía no tenía precio. No podía dejar de reírme.

Sin embargo, en el segundo cuarto del tercer partido no estábamos para risas. Los Bad Boys ganaban por 19-32. Arrancaron el tercer cuarto con catorce puntos de ventaja. Isiah estaba jugando muy bien. Si no nos poníamos las pilas pronto, todo se iría al traste. Pero nos recuperamos. Michael anotó trece puntos, y yo, otros doce más. En el último cuarto mantuvimos a raya a los Pistons y nos llevamos la victoria: 107-102.

En los dos primeros partidos, había dejado que Dennis Rodman, el mejor defensor de la liga, se metiera en mi cabeza, y no era allí donde yo quería que estuviese. Rodman era un experto en usar sus pies y anticipar movimientos. Sin embargo, en el tercer partido, fui mucho más agresivo. El resultado: veintinueve puntos, once rebotes y cinco asistencias. El cuarto partido también cayó a favor nuestro: 108-101. En la primera mitad, nuestra defensa fue más intensa y sofocante que nunca. Detroit solo anotó treinta y cinco puntos. Esta serie de *playoffs* era totalmente distinta.

O así fue durante cuarenta y ocho horas.

En el quinto partido, su defensa resultó asfixiante: solo logramos un treinta y tres por ciento en tiros de campo. Michael y yo sumamos doce canastas de treinta y nueve intentos. Perdimos por 97-83. En las postrimerías del partido, Laimbeer se dirigía hacia canasta y lo agarré por el cuello; probablemente, fruto de la frustración más que de otra cosa. Después de haber plantado cara en Chicago, esperaba mucho más del equipo y de mí mismo.

De nuevo, en el mismo lugar de siempre: a punto de perder contra los Pistons por tercer año consecutivo. Además, al parecer, poco importaba quién fuera nuestro entrenador o cuál fuera nuestro sistema de juego. Tal vez, simplemente, eran demasiado buenos.

«Para el carro, Pip, no vayas tan deprisa.»

En el sexto partido, gracias a otro gran esfuerzo defensivo (y a la máxima anotación de la temporada de Craig Hodges, diecinueve puntos) igualamos la serie con un convincente triunfo: 109-91. Horace también fue determinante con catorce rebotes. Con todo, pagamos un alto precio por esa victoria. Paxson volvió a torcerse el tobillo y no estaría en el séptimo partido. Era un auténtico revés.

Pero había otro jugador que tampoco estaría en el séptimo partido: un servidor.

Sí, me puse la camiseta y jugué cuarenta y dos minutos, solo por detrás de Michael y Horace, que jugaron cuarenta y cinco cada uno. No obstante, ese que llevaba el número 33 no era Scottie Pippen. Era un impostor.

Unos quince minutos antes del inicio del partido, durante el calentamiento, mi cabeza empezó a palpitar y empecé a tener problemas de visión.

—¿Alguien sabe qué ocurre con los focos? —pregunté a mis compañeros de equipo—. Apenas iluminan la cancha, ¿verdad?

Me respondieron que todo estaba bien, como siempre.

Le pedí una aspirina a uno de nuestros entrenadores. El día anterior, había tenido un ligero dolor de cabeza que desapareció al cabo de un par de horas. Cuando me desperté el día del partido, estaba descansado y listo para jugar, preparado para comprar el primer billete de avión de los Chicago Bulls para las Finales de la NBA.

Cuando entré en la pista para el salto inicial, el dolor de cabeza me estaba matando y no podía dejar de parpadear. Estaba sufriendo una migraña.

Seguramente, debería habérselo contado a Phil para que jugara otro, alguien que pudiera aportar algo al equipo y no fuera un lastre como yo. ¿Por qué no lo hice? Porque era un atleta profesional, y los atletas profesionales juegan con dolor, especialmente en los partidos importantes. Además, el año anterior tuve que abandonar el último partido contra Detroit por culpa del codazo de Laimbeer. No podía dejar colgados otra vez a mis compañeros de equipo. Cualquier cosa menos eso.

Aun así, empezamos bien el partido; al final del primer

cuarto íbamos ganando: 17-19. Ahora bien, era el típico partido con poca anotación que favorecía a los Pistons. El tiempo iba en nuestra contra.

En el segundo cuarto, ellos no fallaron: lograron un ochenta y dos por ciento en tiros de campo mientras que nosotros solo logramos un veintiún por ciento. En el descanso nos sacaban quince puntos de ventaja. En el tercer cuarto, logramos reducir la ventaja, pero en la recta final no tuvimos ninguna opción. El resultado final fue: 93-74.

Ese partido todavía aparece borroso en mi memoria.

Lo único que recuerdo es que mi vista empeoraba por momentos. Podía distinguir a mis compañeros de equipo, pero no podía saber a qué distancia estaban ni leer los segundos que quedaban en el marcador. En los tiempos muertos, me envolvía la cabeza con una toalla con hielo, con la esperanza de que el dolor desapareciera por arte de magia.

Era como un boxeador profesional: cuando sonaba la campana, sabía que tenía que regresar a la lona para que me castigaran con más golpes. Aunque, bueno, si aquello hubiera sido un combate de boxeo, el árbitro habría parado la pelea en el primer asalto. Acabé el partido con uno de diez en tiros de campo, es decir, dos puntos. Todavía se me antoja un misterio cómo logré meter una pelota en el aro en tal estado.

Tras el partido, el vestuario parecía un funeral. En 1989, cuando perdimos contra los Pistons, el equipo estaba decepcionado, pero esta vez era distinto: nos sentíamos hundidos.

No estoy diciendo que los Bulls hubieran ganado si Paxson no se hubiera lesionado el tobillo, yo no hubiera sufrido un ataque de migraña y Hodges (tres de trece en tiros de campo) y B. J. (uno de ocho en tiros de campo) no hubieran tenido unos porcentajes tan lamentables. Lo que quiero decir es que esa era nuestra primera opción real de ganar un título, y la habíamos desaprovechado.

Los Pistons sabían cómo ganar un partido de *playoff*. Nosotros todavía estábamos aprendiendo.

Jerry Krause nos echó una buena bronca en el vestuario.

—Esto no volverá a ocurrir —dijo—. Somos mejores que ellos. El año que viene vamos a ganar a este puto equipo de una vez.

Jerry estaba en lo cierto, pero los chicos no estaban con el mejor humor para escucharlo. Michael también pronunció algunas palabras; fue especialmente duro con los más jóvenes:

—Hay que ir al gimnasio cada día y trabajar en el juego todos los días. No podemos hacer esto sin vosotros.

En el camino de vuelta al aeropuerto estaba muy afectado. Era su sexta temporada sin llegar a las Finales. No es lo que esperaba cuando firmó el contrato.

Mientras tanto, la prensa la tomó conmigo. Un periodista incluso me acusó de fingir la migraña: «No tenía ninguna hinchazón ni llevaba ningún vendaje, y la única prueba de su existencia es la palabra de Pippen, una palabra que tendría más credibilidad si en los tres partidos en el Palace de Auburn Hills [estadio de los Pistons] no se hubiera convertido en el paquete oficial de los *playoffs*».

¿A quién le importa lo que dice la prensa? De todos modos, no confiaba en ellos. Al menos desde mi año de *rookie*, después de que se alinearan con la cúpula directiva cuando mi lesión de espalda se agravó. A los periodistas de Chicago les ocurría lo mismo que a Doug. Gracias a Michael, los partidos de los Bulls eran relevantes por primera vez y, en consecuencia, ellos habían ganado cierta importancia.

Y si Michael era el héroe, alguien tenía que ser el villano, ¿no? ¿Y sabéis a quién eligieron para ese papel?

De todos modos, nunca tuve la necesidad de demostrar algo a esos «expertos». Los únicos que me importaban en ese sentido eran mis compañeros, esos que año tras año hacían los mismos sacrificios que yo y sufrían los mismos contratiempos.

Sin embargo, no podía evitar preguntarme: «¿Por qué una migraña? ¿Y por qué, de entre todos los días posibles, me vino la tarde del séptimo partido?».

Repasé detalladamente todo lo que hice durante las veinticuatro horas anteriores. No había nada fuera de lo común. Cené, miré una película y me acosté. Durante un tiempo creí que se trataba de una intoxicación alimentaria. Nada que ver.

Unos días más tarde, todavía padecía un horrible dolor de cabeza, y los doctores pidieron un escáner cerebral. Algo no iba bien. Tenía miedo de que pudiera tratarse de un tumor.

Los resultados no mostraron nada fuera de lo común. Gracias a Dios.

Entonces, ¿por qué esa migraña?

Una de las explicaciones era que quizás el estrés de las últimas semanas, empezando por la muerte de mi padre, había sido demasiado para mí. No podía descartarlo. Fuera cual fuera la causa, estaba seguro de que esa migraña me acompañaría durante mucho tiempo. Y estaba en lo cierto. Hoy en día, más de treinta años después, la gente todavía me pregunta si me duele la cabeza.

Pero en aquel entonces no solo era la migraña lo que me preocupaba, sino también la conmoción cerebral que había sufrido el año anterior. Los hechos eran claros: en los dos partidos decisivos de *playoff*, en los dos momentos de la verdad, no estuve en condiciones de ayudar a mis compañeros. Y no importaba si en ambos casos tenía una excusa legítima. Para muchos aficionados, no podía ser una mera coincidencia.

Hubo gente que fue más comprensiva. Ese verano me encontré con muchas personas que me dijeron que también padecían migrañas, y que el hecho de mantenerme en la cancha durante cuarenta y dos minutos era asombroso. Sus palabras fueron de gran ayuda. No pasaba por el mejor momento de mi vida.

Perdimos el séptimo partido un domingo.

Pues, bueno, el martes ya estaba en el gimnasio levantando pesas.

La cabeza no me daba tregua, pero el corazón me dolía todavía más. Llamadlo como queráis, revancha, redención, lo que sea. Me moría de ganas de empezar a trabajar de nuevo. Y no era el único.

Por lo común, cuando acaba la temporada, los jugadores se reúnen con el cuerpo técnico para hablar sobre los aspectos del juego que necesitan trabajar para el próximo año, y luego todo el mundo se va de vacaciones.

Ese verano no fue así.

Uno tras otro, todos los jugadores aparecieron en el gimnasio un día tras otro. La dinámica se prolongó durante cuatro semanas. No fue la ocurrencia de un entrenador o un jugador en particular.

Simplemente, todos llegamos a la misma conclusión: si queríamos derrotar a los Pistons, teníamos que trabajar más duro, y eso quería decir empezar antes de la pretemporada. Empezar ya mismo, justo en ese momento.

La próxima vez que Rodman, Laimbeer o cualquier *bad boy* intentara empujarnos, seríamos demasiado duros para ellos. No era lo mismo que rebajarnos a su estilo de juego. Eso es lo que ellos pretendían. En lugar de eso, nos enfocamos en lo que éramos: el equipo más físico y talentoso de la liga.

En el gimnasio, hicimos algo mucho más importante que levantar pesas: nos mantuvimos unidos, nos convertimos en un auténtico equipo.

Phil intentó crear ese espíritu de equipo con el triángulo ofensivo, la meditación y sus sermones sobre la identidad. Y lo logró hasta cierto punto. Estábamos más unidos que bajo las órdenes de Doug. Sin embargo, solo cuando nosotros, los jugadores, nos comprometimos por nuestra cuenta tras perder el séptimo partido contra los Pistons, empezamos a estar unidos de verdad.

Y con la unión llega la confianza. La seguridad de que tu compañero estará donde debe estar, de que anotará un tiro abierto, de que saldrá en tu ayuda cuando tu hombre te pase por encima, de que lo sacrificará absolutamente todo para lograr el mismo objetivo que tú: ganar un anillo de la NBA.

Antes de darnos cuenta, empezó la temporada 1990-91.

La plantilla era la misma, salvo por dos incorporaciones clave: Cliff Levingston, un ala-pívot de Atlanta, y Dennis Hopson, un pívot de Nueva Jersey. Levingston podía plantar cara a Rodman y Laimbeer; era exactamente lo que necesitábamos. Y Hopson, en su última temporada con los Nets, había promediado casi dieciséis puntos por partido. Ambos eran un gran refuerzo para nuestro banquillo.

En la concentración de pretemporada, hablamos de la importancia de asegurar la ventaja de jugar en casa durante los *playoffs*. Si el séptimo partido hubiera sido en Chicago, y no en Detroit, creo que habríamos llegado a las Finales, por mucho que me doliera la migraña o por muchos tiros que fallaran Hodges y B. J. Nuestros aficionados nos habrían llevado a la victoria.

Estábamos convencidos de que comenzaríamos la temporada como un tiro…, pero no fue así.

Tres derrotas nada más empezar, ante Philadelphia, Washington y Boston. Los partidos contra Boston y Philadelphia fueron en el Chicago Stadium. Los Celtics perdían por once puntos al empezar el último cuarto y acabaron ganando por dos. Fallamos ocho de nuestros últimos once tiros.

No me había recuperado de la migraña. Al menos, mentalmente. Cada vez que me sentaba en el banco temía que la cabeza empezara a dolerme en cualquier momento. Ese miedo me acompañó durante meses.

Pero no era mi única preocupación. También estaba el asunto de mi contrato.

Estaba tan frustrado que me planteé la opción de ausentarme unos días de la concentración. Mi agente me convenció para que no lo hiciera. Estaba muy mal pagado: ganaba setecientos sesenta y cinco mil dólares. Sé que parece mucho dinero, y así es, pero los jugadores de mi nivel ganaban mucho más. El último año de su primer contrato, Reggie Miller ganaba seiscientos cincuenta y cuatro mil dólares y los Pacers le aumentaron el sueldo a tres millones doscientos mil dólares. El difunto Reggie Lewis, de los Celtics, pasó de ganar cuatrocientos mil dólares a tres millones.

Pero yo no. Yo trabajaba para Jerry Reinsdorf. Nunca me dio ni un céntimo de más. Lo más grave es que me pagaba menos que a mi compañero Stacey King, que salía del banquillo y solo llevaba dos temporadas en el equipo. Él ganaba un millón de dólares. «¿Me estás tomando el pelo?» Durante años, recibí muchas críticas por hacer públicos mis problemas con el propietario de la franquicia —es posible que tenga el récord de pedir más revisiones de contrato de la franquicia—, pero las oportunidades de lograr un gran contrato para un jugador de baloncesto profesional son escasas y pueden desaparecer antes de que te des cuenta.

En cualquier caso, a medida que pasaban las semanas, esas tres derrotas iniciales, prácticamente pertenecían a la temporada anterior. A finales de diciembre, teníamos un balance de 20-9, un partido por detrás de los Bucks, y a solo tres y medio de los Celtics, que eran los mejores de la conferencia.

A principios de febrero, nos preparamos para enfrentarnos a los Pistons en Detroit por segunda vez esa temporada.

En diciembre, cuando nos barrieron de la pista, 105-84, estuve tan torpe (dos de dieciséis en tiros de campo, para lograr cuatro puntos) como en el séptimo partido del año anterior. Y esa vez no tuve excusa: podía ver perfectamente dónde estaban mis compañeros y cuántos segundos quedaban en el marcador. Sencillamente, era incapaz de encestar.

Por eso no podía estar más motivado para disputar ese segundo partido en Detroit.

Otra actuación como las dos anteriores y la gente tendría todo el derecho a pensar si realmente me intimidaban los hinchas de Detroit y Dennis Rodman. Además, los Bulls también tenían mucho que demostrar como equipo. Las victorias contra los demás conjuntos no tenían relevancia alguna. Hasta que no ganáramos a «ese» equipo en «ese» campo, muchos dudarían de nuestra capacidad.

Cuando quedaban poco menos de tres minutos, parecía que todas esas dudas amenazaban más que nunca nuestro juego. Los Pistons iban cuatro puntos por delante, pero no tenían a su mejor jugador, Isiah Thomas, que estaba fuera por una lesión en la muñeca. Después de que Michael fallara un tiro en suspensión, Horace capturó el rebote más importante del partido y le devolvió el balón a Michael, que anotó un triple. Luego, en la siguiente posesión anotó dos tiros libres más que nos dieron una ventaja a la que ya no renunciaríamos. El resultado final: 93-95.

Jugué con determinación, sin dudas, y acabé el partido con veinte puntos y ocho rebotes.

¿Quién era Dennis Rodman?

Solo faltaba que la situación de mi contrato se solucionara satisfactoriamente. En octubre, los Bulls me habían prometido que se ocuparían de mí antes de Navidad. Pues bien, la Navidad había pasado y no había dejado nada debajo del árbol, excepto más promesas rotas. Era el segundo mejor jugador de la plantilla, pero solo el sexto mejor pagado. A todas luces, era una falta de respeto.

Justo antes de que acabara el final del periodo de traspasos, dejé claro cuál era mi postura: o me trataban bien, o me buscaban una salida.

Mientras tanto, Jerry Krause iba detrás de Toni Kukoc, un alero croata de dos metros once, como si fuera la reencarnación del mismísimo Larry Bird. El dinero que los Bulls tenían que pagarme, lo estaban ahorrando para traer a Kukoc, al cual habían seleccionado en la segunda ronda del *draft* de 1990. Unos meses después, Toni decidiría seguir jugando en Europa. Al menos, por el momento.

El mismo Jerry de siempre: solo tenía ojos para aquello que no tenía. Era su modo de actuar tanto con los jugadores como con los entrenadores.

La prensa convirtió lo que dije en un gran escándalo, y supongo que lo fue. Podría haber elegido mis palabras con más cuidado, está claro, y probablemente no fue una gran decisión hacerlo público. Pero me sentía frustrado y no sabía qué más hacer.

No quería irme de los Bulls. Nunca quise, ni antes ni después. Solo pretendía que me pagaran lo que me merecía. Es posible que nadie se lo crea, pero lo digo en serio.

Quería a mis compañeros de equipo y amaba Chicago. No había otra ciudad igual ni que se le pareciera un poco. Si realmente hubiera querido irme, creedme, podría haber creado muchos más problemas a la franquicia de lo que hice. Fijaos en que estrellas actuales como James Harden o Anthony Davis ponen a sus respectivos equipos en tales bretes que a los clubs no les queda otra que mandarlos lejos.

De todos modos, el periodo de traspasos llegó a su fin y todo el asunto quedó aparcado. Por el momento.

El 23 de febrero, en una victoria en el Chicago Stadium contra los Charlotte Hornets, realicé la mejor marca de anotación de mi carrera con cuarenta y tres puntos (dieciséis de diecisiete en tiros de campo), además de capturar seis robos y dar seis asistencias. Mi temporada estaba siendo de ensueño, incluso mejor que la anterior.

Entonces, ¿por qué no me habían seleccionado para el All-Star?

Quizás por que los aficionados no me habían perdonado aquella migraña, como si fuera culpa mía que mi cabeza estuviera a punto de reventar. Tal vez por que me penalizaran por empezar la temporada de forma más discreta. En cualquier caso, nunca volví a pensar lo mismo del All-Star después de eso. Para mí, es un concurso de popularidad, nada más.

Recuperando el hilo, la victoria contra los Hornets era la novena consecutiva de una racha que se prolongó hasta las once, después de que los Pacers nos ganaran por veintiún puntos a principios de marzo. Sin Horace, debo añadir.

La derrota no nos afectó demasiado.

Tres días más tarde, con una victoria frente a los Bucks, empezamos otra nueva racha. Esta se prolongó nueve partidos y nos catapultó hasta un balance de 50-15, diez partidos por delante de los Pistons, y un partido y medio por delante de los Celtics. Pronto aseguramos la primera posición y acabamos la temporada regular con un 61-21, la mejor marca en la historia de la franquicia.

Por primera vez, los favoritos en unos *playoffs* eran los Chicago Bulls.

A por ellos.

9

El primer baile

*E*l número mágico era el quince.

Si lográbamos quince victorias, nos convertiríamos en los campeones de la NBA de 1991. Phil escribió ese número en la pizarra del vestuario, para que no lo olvidáramos.

Cada vez que ganábamos un partido, lo borraba y anotaba el nuevo número. Ese era su método de asegurarse de que estábamos centrados en el presente.

Nuestro primer rival en los *playoffs* fueron los New York Knicks, liderados por Patrick Ewing y por mi excompañero Charles Oakley. Nadie afrontaba los retos y las adversidades mejor que Oak. A veces me pregunto cómo se siente por haber dejado los Bulls cuando lo hizo. Igual que Doug Collins. Probablemente, ambos sean demasiado orgullosos para admitirlo, pero en el fondo seguro que se les revuelven las tripas cada vez que piensan en lo que se perdieron. La suma de todos sus anillos es cero.

Los Knicks nunca tuvieron alguna opción.

Ganamos el primer partido por cuarenta y un puntos, y Pat Ewing casi hizo más faltas (cinco) que puntos (seis). Los echamos en tres partidos.

Los siguientes en pasar fueron los Philadelphia 76ers: lo hicieron mejor que los Knicks, pues ganaron un partido, pero nosotros ganamos los otros cuatro.

Ahora el número que aparecía en la pizarra era el ocho. Y el siguiente número que queríamos ver era el cuatro, como cuatro eran las victorias que necesitábamos para ganar a los Bad Boys en la final de la Conferencia Este.

Acabamos la temporada regular con once victorias por delante de ellos. ¿Y qué? Seguirían siendo los campeones hasta que alguien los eliminara.

Y no sería nada fácil, por una sencilla razón: Isiah había vuelto después de estar fuera durante treinta y dos partidos por culpa de una lesión en la muñeca. Junto con Magic Johnson, era el mejor base de la liga.

Cuando estaba en la universidad, era un gran fan de Isiah, verlo jugar resultaba fascinante. Era parecido a Mo Cheeks, un tipo pequeño que penetraba a canasta como Pedro por su casa. En la distancia, me pareció alguien que jugaba al baloncesto tal y como se debía jugar.

¡Madre mía! Qué equivocado estaba.

Una vez que lo tuve cerca, descubrí lo sucio que era, con esa extraña habilidad para hacer los comentarios más inapropiados. Por ejemplo, después del séptimo partido contra los Celtics en las Finales de la Conferencia Este de 1987, reconoció que Larry Bird era un «muy muy buen jugador de baloncesto», pero que, si fuera negro, sería «solo otro buen tipo». Ese «otro buen tipo» está en el Salón de la Fama.

Isiah, que todavía se encontraba en su mejor momento, estaba seguro de que iba a causarnos problemas. Además, también estaban Dumars, Rodman, Laimbeer, así como otro gran jugador, James Edwards, sin olvidarnos de que en su excelente banquillo estaban el escolta Vinnie Johnson y los aleros Mark Aguirre y John Salley. Sin duda, todo apuntaba a una eliminatoria larga.

Eso sí, contábamos con la ventaja de que en esta ocasión el primer y segundo partido se jugarían en Chicago, toda una novedad.

En el primer partido, los Pistons se centraron en detener

a Michael, y lo consiguieron. Solo logró un seis de quince en tiros de campo y perdió seis balones. En los viejos tiempos, una actuación similar nos habría condenado a la derrota.

Pero no éramos el mismo equipo de antaño.

Nuestro banquillo nos echó un cable y anotó treinta puntos en una cómoda victoria por 94-83. B. J., que ya no era *rookie*, logró nueve puntos; Levingston, ocho; y Perdue, seis. Por último, Hodges sumó siete puntos más (tres de seis en tiros de campo), lo que suponía un gran contraste con su actuación en el séptimo partido del año anterior. Y aquí va un dato que sirve como ejemplo de lo mucho que había evolucionado nuestro juego: el triple de Hodges fue nuestro único triple de solo cinco intentos.

Hoy en día, algunos equipos lanzan tantos triples que hay jugadores que apenas huelen la pintura.

Disfruto viendo a los actuales jugadores meter triples como churros, como hace Stephen Curry. En realidad, no hay vuelta atrás. Esos tiempos donde el triple no estaba de moda no volverán. Sería como renunciar al reloj de veinticuatro segundos.

Por otro lado, en la actualidad, los triples se han convertido en una rutina, cosa que es una pena. En mi época, los triples eran como un *knockout*.

En el segundo partido, el equipo hizo otra gran actuación y ganamos por 105-97.

Antes del salto inicial, Michael recibió su segundo trofeo de MVP. Luego demostró que lo merecía: anotó treinta y cinco puntos y repartió siete asistencias. Nuestro banquillo volvió a ser determinante, con una gran defensa y anotando tiros decisivos. En los dos primeros partidos, los Pistons habían ido por delante en el marcador un total de tres minutos y veinte segundos. A eso se le llama tener un control absoluto.

Evidentemente, el *playoff* no había acabado. Los Pistons eran auténticos guerreros y no se rendirían hasta el último aliento. Y ahora jugarían delante de sus hinchas, en el Palace, el escenario de nuestros antiguos fracasos.

Pero no tuvo ningún efecto.

En el tercer partido, Michael estuvo soberbio con treinta y tres puntos, siete asistencias y cinco tapones. Yo no me quedé atrás: veintiséis puntos y diez rebotes. Horace también contribuyó con sus diecisiete puntos y ocho rebotes; menos mal que los Bulls no le habían traspasado, tal y como era su deseo. Finalmente, en el verano de 1990, le habían ofrecido una extensión de contrato de tres años por seis millones de dólares…, y se podía decir que la inversión estaba dando sus frutos.

Ahora sí, el *playoff* parecía sentenciado. Ningún equipo había remontado tres partidos en contra. Dos días más tarde, la cosa fue oficial: 95-115. Habíamos derrocado a los Bad Boys. Los habíamos echado de la mejor manera, con una paliza de las buenas.

Por supuesto, lo que la gente recuerda de ese lunes en el Palace no es el partido en sí mismo. A falta de ocho segundos para el final, algunos jugadores de los Pistons se levantaron del banquillo y pasaron por delante de nosotros en dirección a los vestuarios. Ni siquiera esperaron a que sonara la bocina. Tampoco nos dieron la mano ni nos felicitaron por el trabajo o nos desearon suerte para las Finales.

No mostraron ningún tipo de respeto. Nada.

Era el tipo de comportamiento adolescente que podíamos esperar de un grupo liderado por Isiah Thomas y Laimbeer. No podían aceptar que fuéramos mejores que ellos y que su reinado en la Conferencia Este hubiera acabado. En realidad, tuvieron suerte de que no terminara un año antes.

En *El último baile*, Isiah alegó que su comportamiento no tenía nada de inusual; dijo que los Celtics hicieron lo mismo cuando los Pistons estuvieron a punto de vencerlos en las Finales de la Conferencia Este en 1988. Isiah aseguró: «En esa época, no se actuaba así… Cuando perdías, te ibas de la pista».

No estoy de acuerdo. Sé perfectamente que «no se actuaba así».

Los Celtics abandonaron la pista porque, en Detroit, los aficionados de los Pistons empezaron a invadir la cancha. Los Celtics estaban en territorio enemigo. Los Pistons no. Nadie había saltado a la pista. Después de nuestras derrotas en 1988, 1989 y 1990, saludamos a todos y cada uno de los jugadores y les deseamos la mejor de las suertes.

«Eso es la deportividad —señaló Michael en el documental—, no importa cuánto duele una derrota, y creedme, duele muchísimo.»

Amén.

Desde que dejé de jugar en la NBA, no he vuelto a hablar con Isiah, y así seguirá siendo. Hace algunos años, cuando me encontré con él en un evento en Florida, no le dirigí la palabra.

En la primavera de 2020, mientras se emitía el documental, Isiah tenía la intención de hacer las paces conmigo. Se puso en contacto con B. J. Armstrong, que me llamó.

—¿Quieres hablar con él? —me preguntó B. J.

—¿Estás de coña? Cuando jugaba en la NBA, nunca me trató bien. ¿Por qué debería querer hablar con él ahora?

Isiah no es estúpido. Sabía mejor que nadie que el documental había dejado su imagen por los suelos, con toda la razón. No iba a ponérselo tan fácil.

Con respecto al cuarto partido, en el segundo cuarto íbamos ganando por ocho puntos y Rodman me empujó fuera de la pista con ambas manos después de una entrada a canasta. Eso fue jugar sucio, sin duda, incluso para sus estándares. En la NBA actual, Rodman, que entonces recibió una multa de cinco mil dólares, habría sido expulsado y suspendido por un par de partidos, tal vez más.

Mis compañeros de equipo se acercaron corriendo para asegurarse de que estaba bien. Y lo estaba. El empujón se quedó en un pequeño corte en la barbilla que precisaría de doce puntos de sutura.

Si me hubiera levantado para ir detrás de Rodman, se podría haber desatado una buena pelea. Pero, en lugar de eso, me quedé sentado en el suelo, recuperé la calma y regresé tranquilamente a la pista. Siguiendo mi ejemplo, mis compañeros no armaron ningún alboroto, y salimos beneficiados. Si hubiéramos respondido a la agresión, habríamos caído en su trampa. El partido se habría vuelto más duro, y en ese tipo de partidos siempre ganaban los Pistons.

Como no respondimos a la provocación, no supieron cómo reaccionar. Estaban acabados.

Ese día también fue trascendental para mí.

En esa misma pista, once meses atrás, solo fui capaz de anotar dos puntos. ¡Dos puntos! Con migraña o sin ella, esa mancha en el expediente siempre estaría ahí. Así mismo, tampoco podía hacer nada con la contusión que me dejó fuera del partido el año anterior. Tendré que vivir con esas dos decepciones hasta el día que muera.

Pero, al menos, ahora tenía algo con lo que resarcirme. En el cuarto partido anoté veintitrés puntos, repartí diez asistencias, capturé seis rebotes y robé tres balones.

La celebración en el autobús después del partido es algo que nunca olvidaré…, aunque la imagen de Jerry Krause bailando por el pasillo es algo que me gustaría borrar de mi memoria.

Bromas aparte, ganar a los Pistons fue como ganar la liga. Durante toda la temporada regular, ese era el equipo por batir, no cualquier otro equipo del Oeste.

Nuestros aficionados no podían estar más entusiasmados. El lunes por la tarde, cuando aterrizamos en el aeropuerto de Chicago, la gente se acumulaba detrás de las vallas para animarnos.

Todos estábamos emocionados, pero todavía teníamos mucho trabajo por delante.

Y, por fortuna, contábamos con el mejor entrenador para este tipo de situaciones: Phil Jackson. Él siempre nos recordaba que habíamos empezado un viaje y que no se acabaría hasta que lográramos un anillo de la NBA. Por eso, de vez en cuando, nos mostraba el anillo que ganó con los Knicks en 1973.

—¿Queréis uno de estos? Pues trabajad para ello.

Confiábamos en nosotros mismos, sin duda, pero nunca fuimos arrogantes, y hay una gran diferencia. Habida cuenta del éxito que la franquicia disfrutaría el resto de la década, es fácil pasar por alto que, en junio de 1991, todavía no éramos los Bulls que la gente recordaría durante mucho tiempo. Por aquel entonces, solo éramos otro equipo ambicioso que albergaba la esperanza de cumplir su sueño.

En la pizarra estaba escrito el número cuatro.

Cuando Ronnie Martin y yo nos enfrentábamos en las canchas de Pine Street, en Hamburg, no siempre fingía que era el Dr. J. o Mo Cheeks o Larry Bird o Kareem Abdul-Jabbar.

En ocasiones también me imaginaba que era Earvin, *Magic*, Johnson, aquel base de más de dos metros de los Lakers que, junto con Larry Bird, revolucionó la NBA a principio de los ochenta. Magic era distinto a todos los bases que jamás había visto. Podía ver la jugada antes de que ocurriera. Estudié su forma de actuar durante años. ¿Ser como Michael? Yo quería ser como Magic.

Ahora tendría la oportunidad de estudiarlo de cerca. Los Lakers eran (lo siento por los aficionados de los Celtics) la mejor franquicia de la liga. Habían ganado cinco campeonatos en la década de los ochenta. En los noventa, nosotros aspirábamos a ser lo que ellos fueron en los ochenta.

Se los conocía como Los Angeles Lakers del *Showtime*. Magic subía el balón por la cancha a una velocidad vertiginosa y asistía a James Worthy, Michael Cooper o Byron Scott para que encestaran fácilmente. Cuando no anotaban en un ataque rápido, le pasaban el balón a Kareem, en el poste bajo. Su famoso *skyhook* era imposible de defender.

Sin embargo, estábamos en los noventa. El *Showtime* había acabado.

La versión de los Lakers en los noventa era más bien un

espectáculo nostálgico. Magic tenía treinta y un años, y no se movía por la pista como un veinteañero. Kareem se había retirado, y Cooper se había ido a jugar a Italia.

No obstante, su ataque con Worthy, Scott, Sam Perkins, A. C. Green y Vlade Divac era más que efectivo. Los Lakers ganaron cincuenta y ocho partidos en la temporada 1990-91, solo tres menos que nosotros, y eliminaron a los Blazers (los primeros en la Conferencia Oeste) en seis partidos. Magic estuvo tremendo en esa serie, promedió más de veinte puntos, doce rebotes y ocho robos por partido.

En realidad, tendríamos que enfrentarnos a un señor equipo.

Sin embargo, para la NBC, que retransmitiría las Finales, no se trataba de una final que enfrentaba a los Chicago Bulls contra Los Angeles Lakers. Era una final entre Michael Jordan y Magic Johnson. Cada anuncio ponía el foco de atención en ellos dos. El resto de los Bulls y de los Lakers no existían. Los periódicos compraron el mismo relato. Un titular en el *Chicago Tribune* rezaba: «El destino manifiesto: Michael contra Magic».

No tenía ni pies ni cabeza. El baloncesto, y seguiré diciéndolo hasta mi último aliento, es un deporte de equipo, no un deporte individual. Y esa debe ser la forma de promocionarlo y venderlo.

Además, Michael y Magic no jugaban en la misma posición; Magic nunca defendería a Michael ni en un millón de años.

La fecha que se decidió para disputar el primer partido en el Chicago Stadium fue el 2 de junio de 1991.

La entrada en la pista para el calentamiento me recordó el día que debuté en la NBA. Todo parecía nuevo y asombroso. Los jugadores que han tenido la fortuna de disputar este tipo de partidos saben de lo que hablo. Los que no nunca lo sabrán.

En el primer partido, Michael anotó quince puntos en el primer cuarto. Parecía decidido a demostrar a Magic, y a todo el mundo, quién era el mejor jugador. Sin embargo, nuestra ventaja era irrisoria, 30-29. Michael bien podría haber anotado cincuenta puntos y perder el partido.

Por su parte, Magic... fue mágico.

Cada vez que algún compañero estaba libre de marca, aunque fuera por una fracción de segundo, Magic encontraba la forma de pasarle el balón a tiempo. Lo juro, parecía que tenía ojos en el cogote. También aportó puntos. Sus dos triples que cerraron el tercer cuarto dieron a su equipo una ventaja de 68-75.

Magic era demasiado para Michael. Debería habérselo recordado. Aunque Michael no quería renunciar a la disputa: su orgullo estaba en juego. Al principio del último cuarto, cuando Magic se fue al banco, logramos un parcial de 10-0 y nos pusimos tres puntos por delante en el marcador. Los Lakers tenían problemas cada vez que su estrella se iba al banquillo. Cuando regresó a la pista, el partido siguió ajustado hasta el final.

A falta de veintitrés segundos y medio, los Lakers tenían la posesión e iban dos puntos por debajo. Magic, defendido por Michael, botó en el perímetro y le pasó el balón a Perkins, que estaba abierto detrás de la línea de tres.

¡Bingo!

De golpe, los Lakers iban por delante: 91-92. Quedaban catorce segundos y pedimos tiempo muerto. Todo el mundo sabía quién iba a lanzar el último tiro. Tras anotar ocho puntos en el segundo y tercer cuarto, Michael había logrado catorce en el último.

Le pasé el balón, Michael avanzó hacia el aro; cuando la defensa se le echaba encima, le pasó a Horace el balón por debajo, pero la bola salió rebotada hacia la línea de fondo. Ellos la habían tocado: manteníamos la posesión.

Otro tiempo muerto. Quedaban nueve segundos.

Otra vez, el balón para Michael, que no pudo encontrar una mejor posición para lanzar un tiro desde cinco metros.

Era un tiro similar al que había logrado contra Georgetown para ganar la NCAA.

Parecía un buen tiro cuando el balón salió de sus manos.

Pero no. Rebotó en el aro y salió.

Byron Scott anotó uno de los dos tiros libres que incrementaron su ventaja a dos puntos. Sin la opción de pedir un tiempo muerto, tuvimos que sacar desde el fondo de la pista. Bill Cartwright me pasó el balón un par de metros antes de la línea de media pista. Boté una vez y lancé como pude desde media pista.

Mala suerte. Perdimos el partido.

Igual que perdimos nuestra preciada ventaja de campo. Ahora deberíamos ganar al menos un partido en Los Ángeles.

No había ninguna razón para perder la cabeza. A pesar de lo mal que habíamos jugado, solo habíamos perdido por dos puntos. Si esa era la mejor versión que los Lakers podían ofrecer, todo iría bien. Además, tampoco podíamos merendarnos a esos tipos. Los Lakers tenían experiencia en ese tipo de partidos. Nosotros no: ninguno, salvo Phil, había jugado alguna vez un partido de las Finales.

Michael anotó treinta y seis puntos y yo aporté diecinueve. El problema fue que nadie más del equipo acabó el encuentro con más de seis puntos. Eso no podía volver a ocurrir. Al mismo tiempo, el cuerpo técnico debía hacer algún ajuste para cambiar las dinámicas del partido. Y el mejor ajuste que podían hacer es ponerme a mí encima de Magic.

En el primer partido, Magic había logrado un triple-doble: diecinueve puntos, once asistencias y diez rebotes.

Era el Magic de antaño.

Estaba entusiasmado. Ese era el reto que estaba esperando.

No tenía nada en contra de la defensa de Michael. No obstante, estaba convencido de que yo podía hacerlo mejor. Michael empezaría el segundo partido defendiendo a Magic, pero me dijeron que estuviera preparado.

Otro ajuste fue hacer una doble marca a Worthy y Perkins

en la línea de fondo en lugar de hacerlo con el primer jugador de la parte superior de la zona. Ambos anotaban con facilidad en el poste bajo.

En el segundo partido, no podíamos fallar. Aun así, los Lakers aguantaron bien.

Entonces sucedió.

A falta de cuatro minutos para el final del primer cuarto, y con los Bulls ganando por dos puntos, Michael cometió su segunda falta personal. No podíamos permitirnos que recibiera una tercera con tanto tiempo por delante.

Por fin, Magic era para mí.

Y sabía perfectamente lo que tenía que hacer: impedir que su mano derecha dominara el balón.

Magic era un auténtico maestro con la mano derecha. Podía dar una asistencia desde cualquier lugar, desde media pista, desde la línea de fondo o desde Pasadena, si era necesario. Me quedé en su lado derecho, y cuando botaba con la mano diestra lo apretaba para que se cambiara el balón de mano, como el entrenador Ireland me había enseñado años atrás. Magic no podría usar su mejor mano para pasar el balón. Además, también solía penetrar a canasta botando, así pues, si podía interrumpir su conducción, dejaría de ser tan letal.

En casi todas las posesiones, en cuanto pasaba la línea de media pista iba a por él. Nadie lo hacía así. Pero yo quería que gastara más tiempo y más energía. Si se veía forzado a perder algunos segundos antes de que todo el mundo se posicionara, se reducían las posibilidades de que los Lakers encontraran un tiro con un alto porcentaje de acierto.

No quería que Magic se me acercara a su antojo, como hace LeBron con sus rivales en la actualidad. De ese modo, no lo podría parar.

En su lugar, yo me acercaría a él.

Magic se las arregló para dar diez asistencias. Sin embargo, solo logró cuatro de trece en tiros de campo. Ganamos a domicilio: 86-107. Michael jugó mejor que nunca. Jugó en equipo desde el principio, y en la segunda parte lideró al grupo anotando trece tiros consecutivos. Terminó con treinta y tres puntos y trece asistencias.

En ese partido, Michael hizo una jugada que todo el mundo recuerda, tal vez más que *The Shot*. En el último cuarto, se elevó hacia el aro con el balón en la mano derecha y el brazo totalmente extendido. Iba a machacar. Pero, como Perkins estaba al acecho, se cambió el balón de mano en el aire e hizo una bandeja con la mano izquierda.

Como era su compañero de equipo, pensaba que había visto todo lo que podía hacer ese monstruo. Al parecer, estaba equivocado. Ni el Dr. J. habría firmado esa jugada. Tampoco Pete Maravich o Earl Monroe.

Eso solo podía hacerlo Michael Jordan. Pura coordinación y espectáculo. El estadio enloqueció.

Horace y Pax también completaron un gran partido. Horace anotó veinte puntos, y Pax logró un ocho de ocho en tiros de campo.

En cuanto a mí, estaba bastante satisfecho con la defensa que hice sobre Magic: no dejé que despegara. Magic no era el mismo jugador que había ganado tres MVP y cinco títulos en nueve años.

Gracias a Dios, no tuve que defender a ese Magic.

Por otro lado, tras el segundo partido, firmé la extensión de contrato que la franquicia me había prometido siglos atrás: cinco años por dieciocho millones de dólares. El contrato se prolongaría hasta la temporada 1997-98, cuando tendría treinta y dos años.

Por fin lo había conseguido.

Aunque, ¿por qué tenían tanta prisa para firmar? Los Bulls habían esperado muchos meses. ¿Acaso importaban unos días más?

Decididamente, sí.

Si los dos Jerrys querían aprovechar el dinero que habían reservado originalmente para Toni Kukoc, según las normas de la NBA, debían firmar conmigo antes de la medianoche del último día de las Finales. Y ese día llegaría antes de regresar a Chicago, si los Bulls o los Lakers ganaban los tres partidos en Los Ángeles. Como Toni, de solo veintidós años, se había quedado en Italia, los Bulls podían hacerme un contrato y respetar el tope salarial para pagarle más adelante.

Estaba entusiasmado con la idea de volver a Los Ángeles para jugar en el Forum.

Perdón... en el *Great Western Forum*.

De pequeño, recuerdo haber oído hablar del Forum constantemente y ver todos los partidos de los Lakers en la televisión. El edificio estaba a la altura de su reputación. Con su fachada circular y sus magníficas columnas blancas, albergaba una grandeza inconfundible, como cualquier edificio de la antigua Roma.

Solo faltaban las cuadrigas.

Al Forum asistían ricos y famosos, como Jack Nicholson, Dyan Cannon y Denzel Washington, entre otros, que formaban parte del universo de los Lakers como Magic Johnson y James Worthy.

Una tarde, aparecí como invitado en *The Arsenio Hall Show*. Arsenio era un auténtico genio, aunque estaba a la sombra del gran rey de las noches en televisión, Johnny Carson.

¿Alguien lo recuerda?

De todos modos, volvamos a las estrellas del baloncesto.

En el tercer partido, los Lakers lograron un parcial de 18-2 en el tercer cuarto para tomar una ventaja de trece puntos. El *Showtime* estaba de vuelta. Magic estaba haciendo pases que solo él podía imaginar, mientras que Vlade Divac, en su segunda temporada, estaba jugando un gran partido. El público se vino arriba.

La pregunta era: ¿los Bulls serían capaces de ganar el partido?

Y la respuesta fue un contundente: ¡por supuesto!

Antes de que se acabara el tercer cuarto, logramos un parcial de 0-6 y redujimos la ventaja a seis puntos.

Y solo acabábamos de empezar.

Tras otro parcial de 2-8 en el inicio del último cuarto, el marcador mostraba un empate a setenta y cuatro puntos. El partido podía caer de cualquier lado. El hecho de que siguiéramos en él era una prueba más de que los Bulls estaban lejos de ser un equipo de un solo hombre. Después de anotar once puntos en el primer cuarto, Michael solo logró diez más en los tres cuartos siguientes.

Cuando quedaban once segundos para el final, Vlade anotó desde el poste bajo mientras un servidor le hacía falta. Era la sexta. Para mí, el partido se había acabado. Vlade encestó el tiro libre y puso a los Lakers por delante, 92-90.

Tiempo muerto para los Bulls.

Phil optó por empezar la jugada desde el fondo de la pista, en lugar de sacar desde el lateral. Pensó que así sería más fácil entregarle el balón al número 23. ¿Acaso importaba que esa noche Michael hubiera encestado solo ocho tiros de veinticuatro intentos? Para nada, aunque hubiera fallado todos los tiros, esa pelota le pertenecía por derecho propio. Nadie era tan bueno como él en esas circunstancias.

Pax se la pasó a Michael, que subió por la pista defendido por Byron Scott. Cuando estaba a cuatro metros del aro, lanzó por encima de Vlade. El tiro parecía certero desde que abandonó la palma de su mano, como el último lanzamiento del primer partido.

Pero esta vez entró: 92-92. Todavía quedaban tres segundos y medio para el final.

Después de un tiempo muerto, los Lakers lograron un último tiro: un lanzamiento en suspensión de Scott. Aunque no logró anotar porque lanzó desequilibrado. El partido se iba a la prórroga. Estaba desolado por no poder estar en la pista. Los siguientes cinco minutos resultarían ser los más importantes de toda la serie.

Gracias a Dios, y a Michael, que anotó seis de nuestros últimos doce puntos, ganamos el partido: 96-104. Si hubiéramos perdido, nunca me lo habría perdonado. La victoria garantizaba que el peor escenario posible sería volver a Chicago una victoria por detrás.

¡Qué digo! Nada de regresar a Chicago por detrás de Los Lakers. ¿Por qué no podíamos sentenciar la eliminatoria en Los Ángeles delante de Jack, Dyan y Denzel?

Y esa fue nuestra intención para afrontar el cuarto partido. El resultado: 82-97. Y todos los integrantes del quinteto inicial, empezando por Michael con veintiocho puntos, lograron cifras dobles. Los Lakers estaban tocados, especialmente Worthy, con un esguince en el tobillo izquierdo.

Y en la pizarra del vestuario aparecía un nuevo número: el uno.

Dicen que el partido para cerrar las Finales siempre es el más complicado. Y lo dicen porque es cierto.

En el quinto partido, los Lakers, que jugaron sin Worthy, futuro miembro del Salón de la Fama, dieron el callo: empezamos el último cuarto empatados en el marcador, 80-80. Dos de sus *rookies*, Elden Campbell y Tony Smith, estaban haciendo un gran partido. Durante los primeros seis minutos del cuarto, Michael intentó ganar por su cuenta el partido. Logró un par de canastas, pero no fue suficiente. A falta de cinco minutos, el marcador estaba empatado a noventa y tres puntos.

Phil no estaba satisfecho. Durante un tiempo muerto, le preguntó a Michael quién estaba abierto cuando los Lakers se le echaban encima.

—Paxson —dijo Michael.

—Entonces, ¡pásale el balón! —contestó Phil.

Michael hizo exactamente lo que dijo Phil: de esta forma, demostró una confianza en los otros miembros del equipo como nunca antes. Y ya iba siendo hora. A partir de entonces, es decir, durante los años posteriores, en gran medida, Michael compró lo que Phil y Tex habían estado predicando desde el primer día: «Aprovecha los espacios de la defensa rival. Encuentra al hombre libre».

Paxson fue decisivo en la recta final del partido. La canasta más importante fue una desde casi seis metros que nos puso cuatro puntos por delante a falta de menos de un minuto. Después de que Perkins fallara un lejano tiro en suspensión, capturé el rebote y luego anoté dos tiros libres. Eso fue todo.

El resultado final: Bulls 108, Lakers 101.

El balón estaba en mis manos cuando sonó la bocina..., y no pensaba soltarlo. Algunos aficionados y compañeros de equipo intentaron quitármelo. No sabían lo que hacían. No me deshice de ese preciado tesoro hasta que llegamos a Chicago.

Michael se llevó el MVP, pero yo me llevé el balón del partido. Ahora está guardado en un lugar seguro, junto con mis recuerdos de esa noche, mis números (treinta y dos puntos, trece rebotes, siete asistencias y cinco robos) y todo lo que tuve que pasar para llegar hasta ahí:

La invalidez de mi hermano y mi padre.

La expulsión del equipo en el instituto y el castigo (subir y bajar escalones) que me impuso el entrenador Wayne.

El rechazo de todas las universidades hasta que el entrenador Dyer me dio una oportunidad.

Los agudos dolores de espalda y el terror por si no podía volver a jugar.

La conmoción cerebral, la migraña y los comentarios de los aficionados que me echaban en cara que no destacara en los partidos importantes.

El viaje había sido duro y, a veces, insoportable. Pero todas esas experiencias me hicieron más fuerte. Me convirtieron en un campeón.

Pienso muy a menudo en el título de 1991. Era el primero, éramos muy jóvenes e inocentes.

La temporada no había sido tan plácida como parecía. Siempre hay problemas internos o jugadores descontentos, yo incluido. Todos los equipos pasan por este tipo de situaciones a lo largo de ochenta y dos partidos. Lo que importa es cómo se afrontan, y nadie lo hizo mejor que Phil Jackson.

Él logró que confiáramos en nosotros mismos. Nos mantuvo unidos para que fuéramos un equipo.

10

Otra vez juntos

$\mathcal{A}$ finales de julio, cuando recibí la llamada de C. M. Newton, el director deportivo de la Universidad de Kentucky, todavía tenía la cabeza en las nubes: habíamos ganado un anillo de la NBA.

Pero esa llamada era para doblar la apuesta.

Newton, que pronto se convertiría en el presidente de la USA Basketball, me preguntó si quería ser uno de los doce jugadores que participarían en los Juegos Olímpicos de 1992 en Barcelona.

¿Estaba interesado?

No se trataba de formar parte de un equipo cualquiera. Esos doce jugadores serían conocidos para siempre como el Dream Team, el primer equipo de la NBA que podía participar en unos Juegos Olímpicos.

Otras selecciones nacionales llevaban años confiando en los profesionales de la NBA. ¿Acaso no era lícito?

La gota que había colmado el vaso fue lo que ocurrió en los Juegos Olímpicos de 1988, en Seúl: el equipo de Estados Unidos (entrenado por John Thompson de Georgetown y que contaba con destacados jugadores universitarios como David Robinson, Danny Manning y Stacey Augmon) tuvo que conformarse con la medalla de bronce tras perder contra la Unión Soviética. Los aficionados estaban furiosos. El equipo de baloncesto de los Estados Unidos no pierde en los Juegos Olímpicos. Y, desde luego, no ante los rusos…, a no ser que, como en 1972, suceda algo raro.

Le dije que sí a Newton en un tiempo récord. No quería que cambiara de opinión.

La llamada me pilló por sorpresa. No quiero decir que no me lo mereciera. Todo lo contrario. Era uno de los mejores jugadores de la liga. Sin embargo, solo llevaba cuatro años en la NBA y únicamente había participado una vez en el All-Star. Había otros jugadores con mejores credenciales.

Solo lamentaba que mi padre no estuviera para verlo: él había servido a su país en la Segunda Guerra Mundial, y estaría orgulloso de mí.

Cuando tuve otra vez los pies en el suelo, hablé con Newton sobre todos los detalles. Si los Bulls llegaban a las Finales de nuevo, y era muy probable que eso sucediera, no podría descansar antes de unirme a la concentración en La Jolla, California. Los Juegos Olímpicos empezaban el 25 de julio.

No había problema. No se trataba de un partido amistoso en Peoria. ¡Eran los Juegos Olímpicos! Si hacía falta, iría directamente sin pasar por casa.

Le pregunté a Newton, por varias razones, si Michael Jordan o Isiah Thomas estarían en el equipo.

—Michael tiene un sitio —dijo—. Pero todavía no lo ha decidido.

Newton me pidió que mantuviera en secreto nuestra conversación hasta que el comité pudiera anunciar todo oficialmente.

—No hay problema, no diré una palabra.

Aunque no fue exactamente así. A la única persona que se lo comenté enseguida fue a mi hermano Billy, que lo compartió con toda la familia. Confiaba en ellos al cien por cien.

Sin embargo, poco después, mientras el comité seguía formando el equipo, hablé con Michael sobre la llamada de Newton: no podía quedarme callado ni un momento más.

—¿Estarás en el Dream Team? —le pregunté.

—No lo sé —me contestó—. Todavía me lo estoy pensando.

Una vez le hice la misma pregunta a Michael después de saber que Estados Unidos podría mandar jugadores de la NBA a Barcelona.

—¿Estás de coña? —me dijo—. Yo ya tengo mi medalla de oro. Quiero disfrutar de mis vacaciones.

Él había jugado para Bobby Knight en los Juegos Olímpicos de Los Ángeles, en 1984.

Finalmente, Michael decidió unirse al equipo.

No porque sintiera un repentino sentido del deber, sino para promocionar este deporte en todo el mundo y, seamos francos, también su marca. Dos de sus mayores patrocinadores, McDonald's y Gatorade, también estarían patrocinando los Juegos Olímpicos. Si se hubiera quedado en casa, no habría sido lo mismo.

Con respecto a Isiah, pregunté por él porque, personalmente, prefería que se quedara en casa.

—No, no va a estar en el equipo —me dijo Newton.

Y eso fue todo lo que hablamos sobre este asunto. Nada más.

A finales de septiembre, emitieron el comunicado oficial: el Dream Team iba a Barcelona. El equipo estaba formado por Michael, Patrick Ewing, David Robinson, Larry Bird, Charles Barkley, Magic Johnson, John Stockton, Karl Malone, Chris Mullin y yo. Más adelante se elegirían a otros dos jugadores, uno de la NBA y otro de la liga universitaria. Los elegidos serían Clyde Drexler y un joven de Duke, Christian Laettner.

Estaba de acuerdo con todos y cada uno de los elegidos, excepto con Laettner. No creía que encajara en el equipo, y estaba en lo cierto. El comité debería haber elegido otro jugador de la NBA, y muchos lo merecían. Mi favorito era Dominique Wilkins, también conocido como *The Human Highlight Film*. Dominique solo tenía treinta y un años y se encontraba en la cúspide de su carrera.

Con los años, se han escrito muchas páginas sobre la ausencia de Isiah. Y es cierto, si lo hubieran elegido, muchos de los integrantes del equipo, incluidos Michael y yo, no habríamos participado en los Juegos Olímpicos. Y Newton y los otros miembros del comité lo sabían.

Ni siquiera Chuck Daly, el entrenador del equipo (y el entrenador de Isiah desde 1983), abogó por él. ¿Qué os dice eso?

Si miramos los números, es difícil entender que no estuviera allí con nosotros. Había participado diez veces en el All-Star, había ganado dos anillos y estaría en el Salón de la Fama. Pero crear un equipo de baloncesto va mucho más allá de mirar las estadísticas. Se trata de encontrar la química necesaria entre los jugadores, y con él la química del equipo habría sido terrible.

Me moría de ganas de ir a los Juegos Olímpicos.

Pero antes teníamos toda una temporada por delante… y otro golpe que asimilar.

La noticia llegó desde Los Ángeles un jueves, el 7 de noviembre.

A Magic Johnson le habían diagnosticado el VIH. Dijo que se retiraría inmediatamente.

Apenas cinco meses antes, nos enfrentamos en las Finales de la NBA, y su aspecto era más que saludable.

Ahora se estaba muriendo. Al menos, eso es lo que creíamos.

Yo estaba consternado. Me hubiera gustado hablar con él para asegurarme de que superaría esto, de que todos lo superaríamos. Pero Magic y yo no teníamos ese tipo de relación. Él llegó a la liga ocho años antes que yo. Y ocho años es una generación en la NBA.

Para mí, el hecho de que contrajera el virus era otro recordatorio de lo rápido que puede derrumbarse todo. No es que necesitara mucho más en mi vida, pero tenía que pensar en mi familia.

Nadie demostró un amor tan puro por este deporte, tan genuino y con tanto entusiasmo como Magic Johnson. Ni entonces ni ahora.

A pesar de lo increíble que era en la cancha, lo admiro más por su comportamiento fuera de ella. ¿Era una sentencia de muerte? Difícilmente. No he conocido a nadie con tanta vitalidad como él.

En aquella época apenas sabíamos nada sobre el sida. Irónicamente, una semana antes, Phil había insistido en la importancia de cuidar las relaciones con el sexo opuesto. Algunos chicos hicieron bromas, como suelen hacer los jóvenes en este tipo de conversaciones.

Pero nadie bromeó con esto.

Todo el mundo estaba muy afectado. Como mucha gente, pensaban que solo contraían el virus los homosexuales. Ahora que lo tenía Magic Johnson, el epítome de la heterosexualidad, se dieron cuenta de que el sida podía afectar a cualquiera.

Una semana más tarde, hubo más noticias fuera de la pista. Un nuevo libro, *Las reglas de Jordan*, que relataba la temporada anterior, llegó a las librerías. Aún hoy, no he leído ni una palabra del libro de Sam Smith, y no lo haré. No necesito leerlo. Lo he vivido.

Además, he escuchado tantas veces lo que aparece en el libro que siento como si lo hubiera leído: que Michael se peleó con Will Perdue, que Michael no quería que le pasáramos el balón a Bill Cartwright en los momentos decisivos, que Michael contactó con un milagrero cuando tuvo una mala racha, etc. (Esto último es invención mía.)

El libro lo sacaba todo de contexto. Los problemas que se airearon —entre los jugadores o entre los jugadores y el cuerpo técnico— ocurren en todos los equipos cada temporada.

La única razón por la que este relato tenía un interés periodístico se puede resumir en dos palabras: Michael Jordan.

En cuanto a quiénes fueron las fuentes, un tema sobre el que se ha especulado mucho a lo largo de los años, no me creo ni por un segundo que fuera principalmente Horace, como sugirió Michael en *El último baile*. Sam Smith, que cubría el equipo para el *Chicago Tribune*, recogió sus jugosos testimonios de varios jugadores, entrenadores y personas relacionadas con la franquicia, y, sí, eso incluía a Jerry Krause.

No tiene sentido, ¿verdad?

Jerry era conocido por ocultar información a los periodistas, no al revés. ¿Y qué hay de las noticias que muestran su indignación y donde aseguraba que el contenido del libro era una auténtica falsedad?

Nada de eso cambia mi opinión.

Pensadlo bien: Jerry pasó muchos años formando un equipo de campeones, y ahora que su sueño se había hecho realidad no estaba recibiendo ningún reconocimiento. Michael sí. Jerry era el hombre más inseguro que he conocido. Por eso trabajaba tan duro y se convirtió en un excelente mánager general. Pero eso también le hizo ser mezquino y vengativo.

Por eso decidió manchar la reputación de Michael. Un poco, al menos.

Jerry creía que podía controlar lo que Sam escribía: ese fue su error. Y había trabajado con los medios de comunicación durante mucho tiempo como para no saberlo.

En todo caso, el libro no afectó a Michael. Ni por asomo. Es cierto, no era un santo. ¿Quién lo es? Era el atleta más querido en el mundo, a excepción de Muhammad Ali. Nada de lo que contara un periodista en un libro iba a cambiar eso.

Tampoco afectó al equipo. Todo lo contrario. Y eso fue gracias a Phil.

Phil siempre fue capaz de convencernos de que se trataba de nosotros contra el mundo, especialmente después de conseguir el título. Eso ocurre cuando te conviertes en el mejor. La gente va a por ti. A veces, teníamos la sensación de que luchábamos tanto contra los equipos rivales como con los miembros de nuestra propia franquicia o los medios de comunicación.

Al final, el libro fue una bendición. A partir de entonces, fuimos más cautelosos con nuestros comentarios y con la prensa. De ese modo, evitamos muchas más controversias.

Michael no estaba entusiasmado con lo que contaba el libro. No habló con Sam durante mucho tiempo. No lo culpo. Si yo hubiera estado en su lugar, no habría hablado con él nunca más. Aunque, para ser justos, Sam no era distinto a los demás profesionales del cuarto poder, siempre al acecho de la próxima víctima.

Además, Michael ya había pasado por muchas cosas ese otoño.

A principios de octubre, el equipo visitó la Casa Blanca y nos recibió el presidente George Bush. Fue fantástico. Tengo que admitirlo. Conocer a un líder mundial era algo que nunca hubiera podido imaginar.

Pero hubo una ausencia notable: Michael.

En realidad, eso no era ningún problema hasta que Horace lo convirtió en un problema. Larry Bird se ausentó en una visita similar en 1984, y no recuerdo que fuera el fin del mundo.

—Estoy muy decepcionado porque [estar ahí] era un gran honor para toda la ciudad de Chicago, así como para la franquicia de los Bulls —dijo Horace—. Que el mejor jugador y líder del equipo no estuviera sería lo mismo que enviar a otra persona a Arabia Saudí en lugar de George Bush.

Ahora, al pensar en las palabras de Horace y comprender su punto de vista, entiendo hasta qué punto le molestaba el doble rasero que usaba Doug (y hasta cierto punto Phil) con Michael. Aunque en esa ocasión, y tal vez en otras, debería haberse guardado su opinión para sí mismo. La temporada aún no había empezado y Michael se había ganado el derecho de hacer lo que le viniera en gana con su tiempo. Eso incluía no ir al 1600 de la avenida Pennsylvania.

En poco tiempo, Michael y Horace se reconciliaron y todo el episodio quedó en el olvido. Eso sí, nos sirvió como recordatorio de que, ahora que éramos los campeones, cada pequeño incidente podía convertirse en algo mucho más importante.

Los cambios que afrontamos la temporada 1991-92 fueron asombrosos. Siempre ocurre lo mismo cuando tienes que defender el título. ¿Los jugadores seguirán trabajando duro? ¿Seguirán poniendo por delante el equipo? ¿Se quejarán de sus contratos?

Y lo más importante: ¿las lesiones respetarán a la plantilla?

En la temporada 1990-91, diez jugadores de nuestro equipo participaron en al menos setenta y tres partidos, y cuatro (Michael, Paxson, B. J. y yo) en los ochenta y dos. Fue extraordinario; de hecho, actualmente, eso nunca pasa.

¿Gestión de la carga de trabajo? A principios de los noventa no se sabía qué era eso.

Era más bien cuestión de suerte. Salíamos a la pista e intentábamos evitar demasiados contactos, al menos por nuestra parte. Y cuando alguien se lesionaba, le hacían un vendaje y volvía a la cancha en un abrir y cerrar de ojos.

Phil siempre encaraba cada temporada con un lema. El año anterior había sido el compromiso. Y esta vez era mantenerse unidos.

Unidos.

Aparte de mi extensión de contrato por cinco años, los Bulls habían llegado a un acuerdo con Cartwright y Pax. Ambos tenían más de treinta años, cosa que demostraba que la franquicia apostaba por mantener el núcleo del equipo intacto. A Phil no le gustaban los grandes cambios en la plantilla, porque lograr que las nuevas incorporaciones se adaptaran al triángulo ofensivo requería mucho tiempo.

El único cambio realmente importante ocurrió a principios de noviembre cuando intercambiamos a Dennis Hopson, que nunca había encontrado su lugar en el equipo, por el veterano Bobby Hansen de los Sacramento Kings. Hansen era conocido por su defensa, no por su capacidad anotadora. En realidad, ya teníamos suficientes anotadores.

O eso pensábamos.

Ese mismo día, Craig Hodges se lesionó la rodilla izquierda cuando chocó con Stacey King en el entrenamiento. Hodges se perdería diecinueve partidos. Poco después, Bill se fracturó la mano izquierda, y también estaría de baja unos meses. Supongo que era nuestra cuota de mala suerte.

A principios de esa temporada, me crucé de nuevo con mi amigo Isiah Thomas.

El mismo Isiah de siempre. Sin razón alguna, me dio un empujón por la espalda durante nuestra victoria 110-93 en el Chicago Stadium. Estuvimos a punto de llegar a las manos, pero nuestros compañeros nos sujetaron. Tal vez estaba enfadado por que no lo habían seleccionado para el Dream Team, pero no me molesté en preguntar.

De todas formas, esa victoria era la cuarta consecutiva: logramos encadenar catorce antes de perder por tres puntos contra los Sixers a principios de diciembre. Poco después, a principios de año, logramos otra nueva racha de victorias. Esta vez fueron trece, hasta que los Spurs nos derrotaron 104-109. David Robinson fue un coloso: veintiún puntos, trece rebotes y ocho tapones.

Nuestro balance era de 37-6, y podíamos ser el primer equipo en ganar setenta partidos. Aunque ¿qué habríamos ganado con ese récord? No te dan ninguna medalla por batir el récord de victorias. Lo mejor era ir a nuestro ritmo, y tomar aire de vez en cuando para estar al cien por cien cuando llegaran mayo y junio, es decir, cuando te juegas el título.

Con todo, yo estaba jugando mejor que nunca.

A principios de marzo, era el único jugador de la liga que estaba en el top 15 en anotación, asistencias y robos, y el único que tenía una media de veinte puntos, siete asistencias y siete rebotes por partido. Se decía que podía ganar el MVP. Yo no estaba tan seguro. Podría haber logrado un triple-doble cada noche y, aun así, los periodistas nunca me habrían votado por delante de Michael.

Finalmente, Michael se hizo con el galardón por tercera vez en cinco años; yo acabé en novena posición.

El siguiente reto eran los New York Knicks. No eran los mismos Knicks a los que vapuleamos el año anterior. Su nuevo entrenador era Pat Riley, antiguo jugador de los Lakers del *Showtime* y con cuatro anillos en su haber. Riley, igual que Phil, era un motivador extraordinario. En su primera temporada en Nueva York, los Knicks habían ganado cincuenta y un partidos, una docena más que el año anterior.

Su pívot, Patrik Ewing, era uno de los jugadores más duros a los que me he enfrentado. Podía anotar desde media distancia, así como desde el poste bajo. Y era inmune a las marcas dobles. Su emparejamiento con Oak sería una auténtica batalla. Sabías que iría a por todos los rebotes. Su otro hombre grande, Anthony Mason, en su tercer año, también era una bestia. La verdad es que los Knicks eran los nuevos Pistons. Por fortuna, ahora sabíamos cómo derrotar a los antiguos Pistons.

Por eso afrontábamos el primer partido de los *playoffs* en el Chicago Stadium llenos de confianza.

Tal vez demasiada.

Los Knicks nos ganaron: 89-94. Ewing anotó treinta y cuatro puntos (dieciséis en el último cuarto), capturó dieciséis rebotes y puso seis tapones.

Y si como una derrota en casa no fuera lo suficientemente dolorosa, además me torcí el tobillo. La lesión no me permitió desplegar mi juego durante el resto de la serie. No podía levantarme para lanzar, y la altura de tiro es indispensable en el baloncesto. En el segundo partido, acabé con un dos de doce en tiros de campo. Solo anoté seis puntos. No había jugado tan mal en un partido de *playoff* desde la migraña. Por suerte, ganamos, 86-78, y empatamos la serie.

En el tercer partido, con o sin esguince de tobillo, recuperé sensaciones y anoté veintiséis puntos (doce en el último cuarto). Ganamos en el Garden, 86-94, para recuperar la ventaja de campo. Los Knicks se llevaron el cuarto partido, 93-86, y la serie se igualó de nuevo. Expulsaron a Phil al final del tercer cuarto, después de que los árbitros no hicieran nada cuando los jugadores de los Knicks nos zarandearon a Horace y a mí.

Definitivamente, eran los nuevos Pistons.

Entre el cuarto y el quinto partido, se desató otra batalla: esta se libró en los medios de comunicación, entre los dos entrenadores.

Phil fue el primero en golpear.

En la entrevista posterior al partido del Garden, todavía en caliente, arremetió contra la NBA.

—Creo que en la Quinta Avenida se están frotando las manos —dijo Phil refiriéndose a la sede de la liga en Nueva York—. No me gusta su forma de obrar. Parece descabellado, pero son ellos los que controlan a los árbitros. Si se juegan siete partidos, todo el mundo estará muy contento. Todo el mundo obtendrá los ingresos televisivos y los índices de audiencia que quieren.

Pat Riley respondió al día siguiente. No era un pelele.

—El hecho de que se queje y lloriquee por el arbitraje es una ofensa para nuestro juego y para el entusiasmo que demuestran para ganar.

Qué tiempos aquellos, ¿no?

Los dos equipos nos repartimos los dos siguientes partidos para jugarnos el pase final en el séptimo partido en el Chicago Stadium.

Toda la presión era para nosotros. Después de sufrir solo quince derrotas durante la temporada regular, de pronto estábamos a una de caer eliminados. Los Knicks, por otra parte, habían logrado superar las expectativas.

La presión también recaía en mí.

Hasta entonces, en esa serie había promediado menos de

dieciséis puntos con un acierto del treinta y siete por ciento. Durante la temporada regular, mi media era de veintiún puntos y un cincuenta y un por ciento de acierto.

¿El héroe secundario? Apenas un figurante. Nadie sabía lo que podía esperar de mí en los partidos, yo incluido.

Y hablando de héroes, los Knicks tenían un auténtico villano: un alero pequeño y calvo llamado Xavier McDaniel, conocido como X-Man. Le habíamos dejado repartir leña durante toda la serie.

Pero ya era suficiente.

Cuando quedaban tres minutos para que acabara el primer cuarto del séptimo partido, le pitaron una falta en ataque a McDaniel. Mientras los equipos se organizaban, intercambié algunas palabras con él. No recuerdo la naturaleza de nuestra conversación, pero está claro que no le pregunté por sus planes para el verano.

Michael se encaró con él; literalmente, cara a cara. Si sus frentes no se tocaban, estaban muy cerca de hacerlo. Ambos recibieron una técnica.

Ese gesto fue tan importante como sus cuarenta y dos puntos. Era nuestro máximo anotador, no nuestro guardaespaldas. Carecíamos de esa figura desde la marcha de Oak, y que Michael asumiera ese papel envió un poderoso mensaje a los Knicks: esa era nuestra pista, nuestra casa, y no íbamos a dar un paso atrás, ni por asomo.

Los Knicks tampoco se echaron atrás. Al principio del tercer cuarto, cuando recortaron a tres puntos una desventaja de once, Phil pidió tiempo muerto. No le gustaba pedir tiempos muertos cuando el equipo no estaba compenetrado. Prefería que los jugadores encontraran la solución.

Sin embargo, ese era el séptimo partido. Ya buscaríamos nosotros la solución en otro momento. No recuerdo lo que dijo, pero, fuera lo que fuera, funcionó.

Nos pusimos manos a la obra y al final del tercer cuarto ganábamos por quince puntos. La intensidad de nuestra defensa

SCOTTIE PIPPEN

parecía irrepetible, no concedíamos ni un tiro en suspensión. Que la NBA designara un equipo arbitral veterano también fue de gran ayuda. El resultado final: 110-81.

Los Knicks habían presentado más batalla de la que esperábamos en un principio; fue un alivio apartarlos de nuestro camino una vez más.

Para mí, fue otra reivindicación. Si parece una constante en este libro es porque siempre recibí muchas críticas de mis queridos medios de comunicación. Acabé el partido con un triple-doble: diecisiete puntos, once rebotes y once asistencias. Eso les cerró la boca, al menos por el momento.

En las finales de Conferencia, nos enfrentamos a otro de nuestros rivales preferidos, los Cleveland Cavaliers. El año anterior habían ganado tan solo treinta y tres partidos, pero habían regresado con fuerza y habían logrado convertirse en uno de los mejores equipos de la liga. Todavía tenían a Brad Daugherty en el poste y a Mark Price en la dirección, y acababan de eliminar a los Celtics.

El primer partido fue sencillo: 103-89. Me quedé cerca de otro triple-doble: veintinueve puntos, doce rebotes y nueve asistencias. Quizá lo más reconfortante fue nuestra eficacia desde la línea de tiros libres: diecinueve de diecinueve. Contra los Knicks solo tuvimos un setenta desde la línea de personal.

Una victoria apabullante. Estábamos otra vez en la senda del éxito. Pero, de nuevo, tuvimos que empezar de cero.

No tengo una explicación para lo que pasó en el segundo partido. Tal vez la única es que jugamos fatal. Erramos nuestros primeros trece lanzamientos y solo logramos anotar un catorce por ciento de los tiros en el primer cuarto. Llegados al descanso, los Cavs iban veintiséis puntos por delante. ¡En nuestro campo!

Phil lo expresó perfectamente: «Este equipo merece un buen abucheo».

Por suerte, las dinámicas cambian repentinamente en los

playoffs, y el tercer partido fue nuestro. En un momento del primer cuarto, el marcador era de 26-4 a favor de los Bulls. Además de Michael, Horace (quince puntos, once rebotes, cuatro tapones), Pax (cinco de seis en tiros de campo), Scott Williams (diez puntos y seis rebotes) y yo fuimos determinantes en una victoria por 96-105.

Tras recuperar la ventaja de campo, en el cuarto partido nos propusimos desvanecer cualquier esperanza que los Cavs pudieran albergar.

Qué tontería.

Ellos tuvieron el control absoluto del partido y ganaron por 99-85. Pero lo peor era esa sensación de haber retrocedido en el tiempo. Michael intentó treinta y tres lanzamientos, mientras que los otros cuatro titulares solo sumaron veintinueve. En toda la segunda mitad solo tiré tres veces. No, no es un error tipográfico. Acabé con trece puntos.

Tex quería pegarse un tiro en la cabeza o ejecutarnos a todos directamente.

Como de costumbre, cuando perdíamos un partido importante, todas las críticas fueron para mí. Por mis números y por mi descaro de decir a los periodistas que no había tenido la oportunidad de tirar más.

Ellos creían que estaba criticando al cuerpo técnico, pero se equivocaban de cabo a rabo.

Al día siguiente, evité hacer declaraciones. ¿Por qué tenía que hablar con la prensa? Seguro que encontrarían algo negativo sobre lo que escribir, tanto si hablaba como si no.

De nuevo, la presión era para nosotros. Y para mí.

Y de nuevo, salí adelante.

En el quinto partido, anoté catorce puntos y capturé quince rebotes. Nos impusimos 112-89. Finalmente, en el sexto partido, cerramos la eliminatoria y ganamos a los Cavs por 99-94. Mis números: veintinueve puntos, doce rebotes, cinco asistencias, cuatro robos y cuatro tapones.

Esa temporada parecía que nunca llegaba a su fin:

El diagnóstico de Magic y su retirada.

La polémica generada por la publicación de *Las reglas de Jordan*.

Los partidos con los Knicks, que más bien fueron una batalla campal.

Sin embargo, ahí estábamos, todavía en pie en el mes de junio. No podíamos pedir más.

11

Un sueño detrás de otro

En las Finales de ese año, en lugar de enfrentarnos a los Lakers jugamos contra los Portland Trail Blazers.

No, los Blazers no contaban con una leyenda como Magic Johnson ni un pasado dorado. La franquicia solo podía presumir de un título de la NBA (1976-77) desde su incorporación en 1970 a la liga. Podrían haber ganado alguno más, pero su pívot estrella, Bill Walton, se lesionó el pie en 1978 y nunca volvió a ser el mismo. Poco después, ese equipo que había logrado un balance de 50-10 en la temporada 1977-78 volvió a ser lo que era antes de la llegada de Walton: un conjunto irrelevante.

Y eso era precisamente lo que nosotros queríamos evitar. La lista de campeones de la NBA incluye muchos equipos que solo lograron un anillo y luego se desvanecieron sin dejar rastro.

Los Blazers, que habían derrotado a los Utah Jazz en las Finales de la Conferencia Oeste, eran más físicos que los Lakers y gozaban de una plantilla más amplia, que contaba con el pívot Kevin Duckworth, los bases Terry Porter y Danny Ainge, y los aleros Jerome Kersey, Cliff Robinson y Buck Williams.

Y, por supuesto, también estaba Clyde.

Clyde Drexler, que medía más de dos metros, sería a quien yo tendría que defender. Y, como de costumbre, me moría de ganas de afrontar el desafío.

Había estudiado su juego durante años, como el de Magic. Clyde era un gran penetrador con la diestra al que no le importaba llevar el balón con la mano izquierda. Como decía Phil, nuestro objetivo en cualquier *playoff* consistía en cortar la cabeza de la serpiente del rival. Y en los Blazers, Clyde era el que ocupaba ese lugar. Aquella temporada logró un promedio de veinticinco puntos; acabó segundo en la carrera por el MVP, detrás de Michael. Algunos decían que estaban al mismo nivel.

Como podéis esperaros, a Michael no le gustó que lo compararan con Clyde; no admitía que lo compararan con nadie.

Irónicamente, la única razón por la cual acabó en los Bulls fue porque los Blazers, que tenían un puesto de selección por delante de ellos en 1984, ya habían fichado a Clyde (el año anterior) y pensaron que no necesitaban un jugador de las mismas características.

Una afrenta más.

En cualquier caso, en el primer partido en el Chicago Stadium, Michael no tardó en mostrar sus argumentos. Me quedé boquiabierto al ver cómo se imponía a Clyde anotando un triple detrás de otro. Siempre encontraba la forma de dejarnos sin palabras.

Acabó con treinta y nueve puntos, incluidos seis triples, en nuestra victoria por 122-89. Su actuación, que incluyó ese famoso movimiento de hombros después de encestar el último triple, ensombreció mis números (veinticuatro puntos, diez asistencias y nueve rebotes). Con todo, para mí fue igual de importante dejar a Clyde en dieciséis puntos, con un cinco de catorce en tiros de campo. Teníamos la cabeza de la serpiente.

Pero ¿habíamos acabado con los Blazers?

Tal vez. Aunque Michael hubiera encestado dieciséis triples, no había ninguna excusa para perder un partido de las Finales de la NBA por treinta y tres puntos.

Dos noches más tarde, en el segundo partido, logramos un parcial de 32-16 en el tercer cuarto para ponernos con siete puntos de ventaja. A falta de cuatro minutos y medio, la ventaja era de diez. Clyde había cometido una falta. El partido era nuestro.

¿Seguro?

Una bandeja de Kersey. Un tiro en suspensión de Porter. Dos tiros libres de Porter. Un tiro bajo el aro de Ainge. Y otra bandeja de Kersey.

De pronto, el marcador era 95-95.

El resultado no se movió en los últimos segundos, Michael lanzó un último intento cerca de la línea de tiros libres, pero no entró: prórroga.

Y, para arreglarlo, Portland nos superó con un parcial de 7-18 en los cinco minutos extra. El héroe del partido fue Ainge, que en el tiempo extra anotó la mitad de sus dieciocho puntos.

Parecía que los Blazers estaban acabados, pero entonces anotaron en dieciséis de sus últimas diecisiete posesiones. No recuerdo otro partido donde nos dejáramos remontar una ventaja similar.

Pero no podíamos lamentarnos por la derrota demasiado tiempo. El tercer partido en Portland se celebraba dos días después. El año anterior, teníamos que ganar al menos un partido en la pista de los Lakers para no echar a perder toda la temporada. Ganamos tres. No había ninguna razón para pensar que no podíamos hacerlo otra vez en Portland. Siempre y cuando hiciéramos los ajustes apropiados.

En vez de presionar a sus bases mientras subían el balón, los flotábamos y forzábamos a los Blazers a conformarse con los tiros lejanos. Para nuestra fortuna, no estuvieron demasiado acertados. En el tercer partido, solo llegaron a un treinta y seis por ciento, y únicamente anotaron ochenta y cuatro puntos; nosotros, noventa y cuatro. En sus anteriores diecisiete partidos de *playoffs*, los Blazers habían promediado más de ciento trece puntos por partido.

Dos victorias en el saco. Quedaban dos más, y ahora teníamos el impulso que necesitábamos.

Naturalmente, dada la naturaleza de esos *playoffs*, ese impulso quedó en nada.

Los Blazers ganaron el cuarto partido: 93-88.

Hubo muchos culpables en aquella derrota, y yo fui uno de ellos. Cuando quedaban poco más de cuatro minutos para el final, estaba en la línea de tiros libres con la oportunidad de ampliar nuestra ventaja a cuatro puntos. Fallé los dos tiros libres. A partir de ahí, los Blazers nos pasaron por encima con un parcial de 13-6 y empataron la serie a dos.

Michael y yo acudimos al rescate en el quinto partido, que ganamos por 119-106. Él anotó cuarenta y seis puntos, y yo, veinticuatro, además de lograr once rebotes y nueve asistencias. No estábamos nada contentos porque dejamos que los Blazers tuvieran sus opciones, y cuando juegas enfadado siempre juegas mejor.

Ahora era el momento de sentenciar las Finales.

Como todos, yo estaba entusiasmado con la oportunidad de ganar el título en nuestro campo. Eso es lo único que nos faltó el año anterior. Pero tampoco lo dábamos por sentado. Los Lakers, sin James Worthy, lucharon de principio a fin en las Finales del año pasado anterior, y esperábamos el mismo comportamiento de los Blazers: no nos equivocamos.

Desde el principio, los Blazers estuvieron más cómodos y jugaron con más ímpetu. Al parecer, no se daban por rendidos.

En el descanso, tuvimos suerte de que solo nos aventajaran por seis puntos. El tercer cuarto tampoco mejoró las cosas. Antes de que nos diéramos cuenta, incrementaron la ventaja a más de diez puntos. En el último cuarto íbamos quince puntos por detrás. Los aficionados estaban nerviosos, como nosotros.

Al empezar el último cuarto, Phil me sacó a la pista con la segunda unidad. Los titulares no habían dado la talla, incluido Michael.

Ni por un instante se me pasó por la cabeza que el partido estuviera perdido.

Había jugado un millón de veces con la segunda unidad (B. J. Armstrong, Bobby Hansen, Stacey King, Scott Williams) en los entrenamientos, y era consciente de lo que eran capaces. Cada jugador sabía perfectamente lo que debía hacer para ganar un partido, especialmente en uno como ese: bloqueos, pantallas y mover el balón.

Y, sobre todo, tenían que confiar en sí mismos y en sus compañeros.

Teníamos que minar la confianza de los Blazers. Si lo hacíamos, el público haría el resto. Debíamos afrontar cada posesión como si fuera la última, en ambos extremos de la pista. Siempre que íbamos perdiendo por dos dígitos, enfocábamos el partido de este modo: si teníamos cinco ataques y anotábamos en al menos cuatro de ellos, nos meteríamos de nuevo en el partido.

Nunca fui el mejor en las charlas de motivación. Esa era la responsabilidad de Phil y Michael. Sin embargo, en esa ocasión hice un pequeño comentario:

—Si tenéis opción de tiro, no dudéis.

Y eso es lo que hizo Bobby Hansen. En la primera posesión clavó un triple desde la esquina; luego, robó un balón en el otro lado de la pista. Ese fue el principio de una revolución que tuvo como protagonista a Stacey King.

Stacey, que había sido una estrella en Oklahoma, nunca llegó a ser el jugador que todo el mundo esperaba. Tal vez no contó con los minutos que necesitaba o no se los ganó. Tuvo la mala suerte de llegar justo en el momento en el que Horace se estaba convirtiendo en uno de los mejores ala-pívots de la NBA. No sé qué más podría haber hecho para jugar más minutos.

Fuera cual fuera la razón y llegado ese momento, lo necesitábamos y no nos falló. Fue directamente hacia el aro, Kersey se le cruzó por el camino y los árbitros señalaron una falta flagrante. Stacey fue a la línea de tiros libres y, además, mantuvimos la posesión. El público no cabía en sí de gozo. Después de que Stacey convirtiera uno de los dos tiros libres, yo anoté desde la zona y reduje la ventaja a nueve puntos. Dos posesiones más tarde, volví a anotar desde el interior.

Faltaban menos de diez minutos para el final del partido; si todo hubiese sido normal, Phil habría sacado a la pista a Michael. Pero esta vez no lo hizo. La segunda unidad estaba haciendo su trabajo y no quería sacar a Michael. Todavía no.

No me sorprendió en absoluto. Phil nunca tuvo miedo de tomar decisiones controvertidas.

B. J. encestó un tiro en suspensión; después de que le pitaran una falta en ataque a Buck Williams, Stacey anotó del mismo modo. Los Blazers estaban más que desconcertados. Solo iban tres puntos por delante.

A falta de unos ocho minutos y medio, Michael entró de nuevo en la pista. La segunda unidad había hecho su trabajo; en realidad, había hecho mucho más que eso. Michael, el mejor liquidador de partidos, y yo podíamos seguir a partir de ahí. El resultado final: 97-93. Michael terminó con treinta y tres puntos, doce de ellos en el último cuarto. Yo contribuí con veintiséis, con cinco de cinco en tiros en el último cuarto.

Cuando todo acabó, me dirigí a los vestuarios para que empezara la fiesta. Esta vez no me llevé el balón como recuerdo. Con uno era suficiente.

Ese título tenía mucha importancia para mí. En realidad, todos la tienen, por eso no destaco ninguno por encima de los demás. Cada uno tiene su propia historia, y en ese destaco el papel que desempeñó la segunda unidad durante esos cruciales tres minutos y medio del último cuarto. Si no hubiesen recortado la ventaja de los Blazers, podríamos haber perdido…, y quién sabe lo que podría haber pasado en el séptimo partido. Me alegro de que no tuviéramos que descubrirlo.

En el vestuario, mientras nos refrescábamos de todas las formas posibles, alguien comentó:

—No se van a casa.

Los aficionados no habían abandonado el pabellón.

Solo podíamos hacer una cosa: salir a la pista y celebrar la victoria con ellos. Me subí a la mesa de cronometradores, junto con Horace y Michael, y con los brazos enlazados hicimos un pequeño baile. Nos quedamos allí una media hora, tal vez más. No quería que la noche terminara nunca.

Dos días después, en una hermosa y soleada tarde, se llevó a cabo la celebración oficial en Grant Park, en el centro de Chicago. Parecía que estaba presente todo el estado de Illinois.

Muchos de los jugadores subieron a la tarima y dijeron algunas palabras. Cuando llegó mi turno, dije lo que todo el mundo estaba pensando:

—A por el triplete.

Después de las habituales reuniones de final de temporada con el cuerpo técnico, todos los jugadores, salvo Michael y yo, se fueron de vacaciones. Nosotros solo teníamos una semana de descanso antes de incorporarnos en la concentración de la selección en La Jolla.

Queríamos una medalla de oro.

Recuerdo perfectamente el primer día en la concentración. Mientras miraba las caras de mis nuevos compañeros de equipo —antiguos (y futuros) rivales— no podía creerme la suerte que había tenido. Una cosa era jugar un rato con estos increíbles jugadores, algunos de ellos verdaderas leyendas, durante el fin de semana del All-Star. Pero otra muy distinta era estar con ellos durante seis semanas. En la pista y fuera de ella. Vaya, todo el tiempo.

No conocía a aquellos tipos. Sabía cómo jugaban tan bien como cualquier otra persona. Sabía dónde les gustaba recibir el balón, cómo defendían a su hombre, cuál era su tiro favorito, etc. Lo que no sabía era quiénes eran, cuáles eran sus motivaciones, cómo habían llegado a ser tan buenos y cómo eran como personas.

En algún momento me pregunté si serían capaces de dejar sus egos a un lado.

Pensadlo bien: estábamos pidiendo a los jugadores de baloncesto con más talento del mundo (todos, salvo Laettner, acabarían en el Salón de la Fama por sus logros individuales) que no fueran egoístas, que no hicieran aquello que les impulsó a convertirse en estrellas.

Nada más empezar el primer entrenamiento, dejé de preguntármelo. Todos ellos se mostraron generosos con los demás, y dejaron pasar sus oportunidades de tiro para buscar un compañero mejor posicionado. Eso no se ve muy a menudo, ni siquiera en los entrenamientos. Tex habría estado encantado.

Un par de días más tarde, el entrenador Dylan nos preparó nuestro primer partido de entrenamiento. El rival era un grupo de jugadores universitarios, entre los cuales estaban Bobby Hurley, Grant Hill, Chris Webber, Penny Hardaway, Allan Houston y Jamal Mashburn. Su entrenador era Roy Williams, de la Universidad de Kansas.

Esos muchachos eran buenísimos y tenían un gran futuro por delante. Pero, desde luego, no eran rivales para el Dream Team.

Sin embargo, esos críos nos ganaron por unos diez puntos. Houston encestó desde todas partes, y no recuerdo que nadie de su equipo fallara muchos tiros. Al terminar, estaban realmente orgullosos de sí mismos. Parecía que hubieran ganado la medalla de oro.

Algunos creen, incluido nuestro entrenador asistente, Mike Krzyzewski, de Duke, que el entrenador Daly perdió el partido a propósito, que por eso no sacó a los mejores cinco jugadores, incluido a Michael, cuando el encuentro todavía no estaba decidido. Según esta versión, Daly tendría la oportunidad de lanzar un mensaje: «En un partido, si no jugáis al cien por cien, cualquiera puede ganaros».

Recibimos el mensaje alto y claro. Al día siguiente, en otro partido de preparación, aniquilamos a ese mismo equipo por una diferencia de cincuenta puntos.

No había ninguna duda: no nos iríamos de Barcelona sin la medalla de oro.

Lo sabíamos tan bien como nuestros rivales. Es más, no parecía importarles en absoluto. Eran más nuestros admiradores que nuestros rivales. Muchos de ellos nos pedían autógrafos o fotografías después de los partidos. A veces, incluso antes. Pero eso no impidió que todos los integrantes del Dream Team se tomaran su trabajo en serio. En la NBA, los jugadores, cuando un entrenador analiza al equipo rival, muchas veces no prestan la atención debida, por decirlo suavemente.

Pero eso no fue lo que ocurrió esa vez. Sin importar quién fuera nuestro rival, tratábamos cada encuentro como si fuera el séptimo partido de unas Finales de la NBA.

En cuanto a mí, no me preocupaban los minutos que tendría. Le dije al entrenador Daly y a sus asistentes que, si me necesitaban en los momentos decisivos, estaría preparado, pero que, si me necesitaban para los minutos de la basura, también lo estaría. Tenía veintiséis años, era el jugador más joven aparte de Laettner, me sentí bendecido por formar parte de un grupo tan especial. Estaba en el paraíso.

En nuestro primer partido, cuando Daly alineó a Larry Bird en el quinteto inicial, apoyaba totalmente esa decisión.

Era Larry Bird, uno de los mejores jugadores de todos los tiempos. Al final, acabé jugando unos veintiún minutos por partido, solo por detrás de Michael y Chris Mullin. El entrenador Daly confiaba en mí para la defensa. Teníamos un montón de jugadores que podían meter la pelota en el aro.

A todo el mundo le parecía estupendo no tener que ser la estrella del partido. Lo único que teníamos que hacer era salir y jugar, y antes del primer tiempo muerto, ya iríamos treinta puntos por delante. Obviamente, estoy exagerando, pero no demasiado.

A veces, algún jugador pretendía coger todo el protagonismo. La persona que me viene a la cabeza es Clyde Drexler.

Clyde, todavía dolido por la derrota en las Finales de la NBA, quería demostrar que estaba al mismo nivel que Michael, como si los seis partidos que habíamos jugado no hubieran probado exactamente lo contrario.

Tendría que haberle dicho algo así como: «Clyde, deberías sentirte afortunado. Eres uno de los mejores jugadores de baloncesto del mundo. No eres Michael Jordan y eso no es ningún crimen. Nadie es como él».

Su actitud era horrible. Siempre iba con la cabeza gacha y actuaba como si Michael y yo fuéramos sus adversarios, no sus compañeros de equipo. Clyde no encajaba en el equipo, y fue una pena.

Naturalmente, el Dream Team tenía una jerarquía establecida, como la tiene cualquier equipo. Era esta: Magic y Larry en la cima, y Michael un peldaño justo por debajo.

Michael tuvo parte de mérito en ello. Dejó que Magic y Larry compartieran el honor de capitanear el combinado. Michael era el mejor jugador, pero Magic y Larry habían allanado su camino. La NBA no era muy popular antes de que ellos dos llegaran a la liga en el otoño de 1979. Antes, las Finales solían emitirse en diferido después de las noticias de las once, y hasta que los Lakers no jugaron contra los Sixers en 1982 eso no cambió definitivamente.

Ver a Magic otra vez en la pista, su hábitat natural, fue una buena noticia para todos, pues habíamos llegado a pensar que eso nunca sería posible.

Era el mismo Magic de antes. Animaba a sus compañeros, echaba sapos por la boca y daba esos pases por la espalda que nadie más podía dar.

Se divertía más jugando a este deporte que el resto de los mortales.

Larry, por otro lado, tenía alguna dolencia cada día. A veces, apenas podía moverse. Como yo también había sufrido problemas de espalda, pensé que era un auténtico milagro que estuviera allí. Más adelante, ese mismo verano se retiraría, a la edad de treinta y cinco años.

Como Magic, Larry era un maestro del *trash talking*. Sus pullas solían centrarse en el número de anillos que tenía cada uno. Gracias a Dios, yo tenía un par de ellos, así que no tuve que ser una de sus víctimas. Sin embargo, siete de los once veteranos del Dream Team no tenían, incluido Patrick Ewing.

Fuera como fuera, Larry y Patrick trabaron una buena amistad. Un tipo blanco de Indiana y un negro de Jamaica. Imaginaos. Cada mañana, se sentaban juntos en el comedor del hotel y se reían por cualquier tontería. Los llamábamos «el show de Harry y Larry». No sé de dónde sacó Patrick el nombre de Harry.

Yo también hice un nuevo amigo: Karl Malone.

Ambos teníamos mucho en común. Como yo, Karl era de una pequeña ciudad del sur (Summerfield, Luisiana) y el más pequeño de una familia numerosa (tenía ocho hermanos y hermanas). Además, también fue a una universidad (Louisiana Tech) que no estaba dentro del circuito de la NBA.

Era el mejor pívot de la liga, y no por casualidad. Nunca había visto a un ser humano con un cuerpo como el suyo, parecía de mármol. Como pasaba tantas horas en el gimnasio con él, me di cuenta de que nadie trabajaba tan duro como yo. No podía estar mejor preparado.

Además, el hecho de haber participado recientemente en las Finales también jugaba a mi favor. Llegué al equipo en un estado de forma excelente.

Y así tenía que ser. Como C. M. Newton me explicó un día:

—Larry y Magic ya tienen una edad. Así que vamos a depender de gente como tú, Michael o Charles para que el equipo se mueva.

—Ningún problema, señor Newton, estaremos preparados.

No obstante, por muy en serio que nos lo tomáramos, siempre buscábamos pasárnoslo bien.

Muchos días, después de entrenar, Charles, Michael, Magic y yo pedíamos comida a domicilio e íbamos a la habitación de Magic a jugar al *tonk*. Nos pasábamos muchas horas allí, a veces hasta las cinco de la mañana, con partidas donde se apostaban hasta quinientos dólares. No hice mucho dinero, pero tampoco perdí demasiado. A pesar de lo selecto que era este grupo, nunca me sentí fuera de lugar. Merecía estar allí tanto como ellos.

Tras pasar unos días en el sur de California, nos dirigimos a Portland para jugar seis partidos que algunos llamaban el Campeonato FIBA Américas. Los equipos tenían que lograr un buen resultado para clasificarse para los Juegos Olímpicos.

Nuestro primer oponente fue Cuba: ganamos por setenta y nueve puntos.

Mentiría si dijera que no me lo esperaba. Éramos mucho mejores que los demás equipos. Al día siguiente, nos enfrentamos a Canadá. El resultado fue más ajustado. Solo ganamos por cuarenta y cuatro puntos. Al final de la primera mitad solo ganábamos por nueve puntos... ¿Qué nos pasaba? Luego, les metimos un parcial de 13-5 y ampliamos la ventaja a diecisiete puntos. Al principio de la segunda parte, nos distanciamos más de los canadienses en el marcador. En los cuatro partidos siguientes, contra Panamá, Argentina, Puerto Rico y Venezuela, el margen promedio de victoria fue de cuarenta y seis puntos. Al ganar los seis partidos, obtuvimos el billete para ir a Barcelona.

Pero lo más asombroso es que todavía estábamos aprendiendo a compenetrarnos. Imaginaos cómo habríamos jugado si hubiéramos gozado de una semana o dos más para entrenar.

En La Joya, Portland, ya me consideraba un auténtico atleta olímpico, como Carl Lewis o el mismo Óscar de la Hoya. No obstante, hasta que no abandoné el país no me di cuenta de la envergadura de todo este asunto del Dream Team. No estaba jugando para los Chicago Bulls, ahora representaba a Estados Unidos.

Adonde quiera que fuéramos, la gente aguardaba durante horas para alcanzar a ver un momento a esos famosos atletas estadounidenses. No me sentía como un jugador de baloncesto, sino como una estrella de rock.

Una noche, en Montecarlo, el equipo fue a una cena que organizaba el príncipe Rainiero, quien había estado casado con la difunta Grace Kelly. Sin duda, conocer a un miembro de la realeza no era algo que le ocurriera cada día a un niño de Hamburg, Arkansas.

Los chicos pasaban mucho tiempo jugando al *blackjack* en el casino o divirtiéndose en la playa. Yo nunca había estado en la playa. No podía creerme lo hermosas que eran las mujeres y la cantidad que iban sin la parte superior del bañador.

Con todo, siempre que pienso en Montecarlo, no me acuerdo del príncipe, del casino o, incluso, de las mujeres, sino de un partido de entrenamiento que enfrentó al equipo azul, liderado por Magic (que contaba con Barkley, Mullin, Robinson y Laettner), contra el equipo blanco, liderado por Michael. Ese partido tuvo un nivel superior a todos los demás.

El último baile lo plasmó a la perfección: las discusiones entre Magic y Michael, y cómo el equipo de Michael, en el que yo estaba (los otros tres jugadores eran Larry, Karl y Patrick), volvió a ganar. Sin embargo, lo que el documental no pudo captar —ninguna cámara podría haberlo registrado— fue lo que significaba que los mejores jugadores del mundo pusieran todo su corazón en un partido que no significaba nada, y, a la vez, todo.

Fue como regresar al pasado, a esa época donde todavía éramos unos críos y jugábamos en una pista como la de Pine Street por puro amor a un deporte que nos había ofrecido una vida más sorprendente de la que jamás hubiéramos imaginado.

Desde Montecarlo, nos dirigimos a Barcelona, y nunca olvidaré lo que vimos nada más llegar.

El plan era entrar en la ciudad desde una ubicación remota para evitar a las multitudes. Desde el primer día, como podéis imaginaros, la seguridad era la máxima prioridad, y eso que los Juegos Olímpicos se celebraron antes del 11-S. Ninguno de nosotros podía moverse por la ciudad sin escolta.

Pero el plan no funcionó.

Cuando llegamos al aeropuerto, más o menos a media hora de la ciudad, la gente estaba por todas partes. La policía había estimado que se acercarían unos cuatro mil aficionados, pero se quedaron cortos.

Tomamos un autobús para ir a la villa olímpica, escoltados

por media docena de coches de policía y un helicóptero. Después de bajar del autobús, fuimos a recoger nuestras credenciales. Aunque fuéramos el Dream Team, teníamos que respetar el mismo protocolo que cualquier otro atleta olímpico. No lo habría querido de otro modo.

Barcelona fue una auténtica pasada. Algunas noches, íbamos con Charles a pasear por Las Ramblas, una conocida calle peatonal con árboles, en la parte central de la ciudad, que estaba repleta de lugareños y turistas. En Chicago, nunca paseaba por la ciudad.

El 26 de julio, jugamos nuestro primer partido. El rival era Angola, un país del sur de África ubicado en la costa oeste. Cada vez que pienso en lo que dijo Charles me parto de risa:

—No sé nada sobre Angola —dijo en la conferencia de prensa—. Pero sí sé que, ahora, Angola tiene un problema.

Un gran problema.

Dream Team 116, Angola 48. Y eso incluyó un parcial de 46-1. Básicamente, nosotros éramos increíbles y Angola, al fin y al cabo, era Angola. En ese partido, Charles golpeó con el codo el pecho de un jugador de ochenta kilos, Herlander Coimbra, y recibió muchas críticas por ello, pero creo que todo el asunto se sacó de contexto. No le golpeó tan fuerte.

Nuestro siguiente rival fue Croacia.

Estaba esperando este partido desde que se había sorteado el calendario a principios de julio. Croacia era el equipo donde jugaba Toni Kukoc, ya sabéis, ese muchacho del que Jerry estaba enamorado.

Del mismo modo que el asunto de Isiah Thomas, esta es otra subtrama del Dream Team que recibió mucha cobertura por parte de los medios, casi tanta como los propios Juegos Olímpicos.

Y todo lo que se ha publicado es absolutamente cierto. Es decir, que Michael y yo nos propusimos ponerle las cosas difíciles a Toni apretándolo cada vez que recibía el balón. Kukoc acabó con solo cuatro puntos, con un dos de once en tiro de campo y siete pérdidas de balón. Otra paliza de Estados Unidos: 103-70.

No obstante, no se trataba de un problema personal entre Toni y yo. ¿Por qué debería serlo? No lo conocía. Cuando en 1993 nos convertimos en compañeros nos llevamos bastante bien. La gente nunca se dio cuenta de lo bueno que era. No habríamos ganado nuestros últimos tres anillos sin él.

Más bien se trataba de un asunto personal entre Jerry y yo. Muy personal.

Yo todavía estaba enfadado porque Jerry se había ido a Europa en busca de Toni mientras dejaba mi situación contractual en el aire. Al parecer, Jerry siempre encontraba nuevas formas de faltarme al respeto, a mí y a Michael. Nosotros éramos los que nos dejábamos la piel noche tras noche, año tras año, jugando para los Chicago Bulls. No Toni Kukoc.

Los siguientes cinco partidos —contra Alemania, Brasil, España, Puerto Rico y Lituania— fueron tan desiguales como los demás. Solo Puerto Rico se quedó a menos de cuarenta puntos.

Finalmente, llegó el gran día. Lo único que se interponía entre nosotros y la medalla de oro era, de nuevo, Croacia.

Y de nuevo no tuvimos rival: 117-85.

Hay que reconocer el mérito de Toni. Olvidó su embarazosa actuación de la primera fase y logró acabar el partido con dieciséis puntos y nueve asistencias. En nuestro equipo, Michael fue el mejor con veintidós puntos, mientras que Patrick anotó quince, y capturó seis rebotes. Por mi parte, terminé con doce puntos, cuatro asistencias y dos robos.

Antes de darme cuenta, me encontraba en el podio con mis compañeros de equipo, escuchando el himno de Estados Unidos y con una medalla de oro alrededor de mi cuello. Durante años, había visto a muchos atletas, tanto masculinos como femeninos, en esa misma situación y siempre me había preguntado cómo se sentirían.

Ahora ya lo sabía: no hay nada parecido, ni ganar un anillo de la NBA.

Estoy muy orgulloso del papel que desempeñé en el Dream Team. Fui el mejor en asistencias (seis por partido) y mi defensa fue muy intensa. Quería callar muchas bocas, no solo imponerme a Toni.

Sin embargo, de lo que estoy más orgulloso es de lo que aquel equipo hizo por fomentar nuestro deporte en todo el mundo. Más que las medallas que nos llevamos a casa, ese es nuestro legado. Muchos de los jugadores internacionales que llegaron a la NBA a finales de los noventa y más adelante se enamoraron de nuestro deporte al vernos en los Juegos Olímpicos del 92.

En la actualidad, treinta años más tarde, cuando me encuentro con los otros miembros del Dream Team siempre recordamos aquellos días.

El show de Harry y Larry. Las partidas de *tonk* en la habitación de Magic. El partido de entrenamiento en Montecarlo.

La noche que ganamos el oro.

A pesar de que estuvimos muy poco tiempo juntos, siento que todos ellos son mis compañeros de equipo.

La vida puede ser maravillosa.

12

A la tercera va la vencida

*E*n el camino hacia la conquista de la medalla de oro en Barcelona, también sucedió algo inesperado: me gané el respeto de una persona que hasta el momento no me lo había demostrado.

Me gané el respeto de Michael Jordan.

Michael llegó a la conclusión de que yo era el jugador más completo que tenía a su alrededor, y que, en ocasiones, incluso jugaba mejor. Nunca me lo dijo en persona. No hubiera sido propio de él. Pero se lo dijo a Phil durante la pretemporada de 1992, aunque yo no me enteré hasta unos años más tarde. De todas formas, ese es un gran elogio de alguien que ha ganado tres MVP, y para mí, ahora mismo, significa mucho.

Al mismo tiempo, no puedo dejar de repetir que tampoco es lo más importante.

Cuando llegué a los Bulls en 1987, me prometí convertirme en el mejor jugador de baloncesto que pudiera llegar a ser. No me prometí ganar la aprobación de Michael ni la de nadie más. Y eso no había cambiado en el Dream Team.

Había sido dos veces All-Star y tenía dos anillos: eso era suficiente para estar satisfecho durante el resto de mi vida.

Sin cuestionar la afirmación de Michael, una cosa era cierta: mi desempeño en Barcelona me permitió ganar muchísima confianza en ambos extremos de la pista, y esperaba que esa confianza diera sus frutos en la temporada 1992-93.

Aunque no tenía ninguna prisa.

La última temporada regular, como cualquier otra, había resultado agotadora. Y si además le sumamos las cuatro series de *playoff* (es decir, veintidós partidos más), y las seis semanas con el Dream Team (con una sola entre medio para descansar), podéis entender que estaba exhausto. Ese es el único inconveniente de jugar hasta mediados de junio.

En octubre, no tenía otra opción: la NBA nunca espera a nadie.

Al menos, gracias a Phil, Michael y yo no tuvimos que trabajar tan duro durante la concentración de la pretemporada; solo participábamos en las sesiones matutinas de algunos entrenamientos.

Nuestro entrenador tenía la suficiente experiencia como para saber que los minutos de juego acumulados y los viajes acaban pasando factura a cualquiera, aunque se encuentre en un estado de forma excelente. Y se dio cuenta de que, si los Bulls querían conquistar el tercer anillo consecutivo, algo que ningún equipo había logrado desde que los Celtics de Bill Russel ganaron ocho anillos seguidos en los cincuenta y los sesenta, Michael y yo deberíamos coger el ritmo durante la temporada.

De lo contrario, nos derrumbaríamos a mitad de camino.

Además, en esta ocasión, Phil tampoco impuso como una gran prioridad ganar la ventaja de campo, y esa fue otra gran decisión por su parte. Habíamos demostrado que podíamos ganar partidos de *playoffs* a domicilio. En las Finales, el equipo había logrado cinco victorias lejos de casa en los dos últimos años, y solo tres en nuestro campo. A veces, el equipo estaba más concentrado cuando jugaba lejos de Chicago.

Fuera de tu ciudad, no tenías que preocuparte por conseguir entradas para amigos y familiares de los que no habías tenido noticias desde hacía años. Cuando juegas fuera de casa solo tienes que lidiar con la tarea que tienes por delante: ganar un anillo.

Durante la pretemporada me di cuenta de que a los demás jugadores no les gustaba que Michael y yo tuviéramos un trato distinto. No los culpo. Yo habría sentido lo mismo.

De todas formas, todos ellos se mordieron la lengua.

Todos, salvo Horace.

Al parecer, ese trato preferencial hacia Michael del que siempre se quejaba ahora también se me aplicaba a mí. No me sorprendió que lo entendiera de esa manera. Nos habíamos distanciado mucho. No estábamos en 1987, era 1992.

Pero se equivocaba. Horace no tuvo en cuenta en ningún momento todo lo que Michael y yo habíamos dado por el equipo y por nuestro país durante la temporada anterior. Él pudo disfrutar de unas vacaciones normales. Nosotros no. Y eso no quiere decir que me arrepienta de nada: habría sacrificado diez veranos solo para tener la oportunidad de jugar en el Dream Team.

Con Horace, nunca hablamos de eso. Sabía lo testarudo que era.

Muchas noches, desde mi primer año, tuve que escucharlo hablar una y otra vez sobre una falta de respeto u otra, y no quería oírlo más. Ese otoño, creo que llegó a la conclusión de que, por mucho dinero que le ofrecieran los Bulls, no renovaría su contrato cuando este acabara en la temporada 1993-94. No podía aguantar más desaires.

Cierto día, se largó del entrenamiento después de participar en lo que era conocido como el «ejercicio Hiawatha»; en él, los jugadores corren en una sola fila; cuando suena el silbato, el último tiene que pasar al frente para encabezar el grupo hasta el siguiente tramo. Ese día, Michael y yo no participamos, y sospecho que eso fue lo que lo sacó de quicio.

En un abrir y cerrar de ojos, la temporada 1992-93 estaba en marcha.

Después de conseguir una victoria en la noche del estreno en Cleveland, volamos a Chicago para recibir nuestros anillos de campeones antes de un partido contra los Atlanta Hawks.

Esperaba esa noche más que cualquier otra de la temporada regular. Para mí la entrega de los anillos era más significativa que la celebración en Grant Park. No tengo nada en contra de Grant Park, me encantaba mirar la masa de gente que parecía extenderse hasta el horizonte. Pero esa noche se trataba de recibir un anillo, un objeto que podía tocar y mirar siempre que quisiera, que materializaba lo que habíamos logrado, un recordatorio de los sacrificios que cada uno de nosotros había hecho, grandes o pequeños.

Lástima que esa noche tuviera una pequeña nota amarga por la derrota: 99-100.

Los Hawks iban veintidós puntos por delante antes de que en el último cuarto nos recuperáramos para ponernos un punto por delante en el marcador cuando anoté un tiro en suspensión a falta de un minuto y medio para el final del partido. No pude encestar más. Las veinte pérdidas (seis de Michael y cinco mías) resultaron decisivas. Si seguíamos jugando así, el año siguiente no habría entrega de anillos.

Una semana después, recibí malas noticias de mi casa: mi abuela había muerto.

No podía creérmelo. Esa mujer era invencible, no tenía miedo a nada, ni a la propia muerte.

En el cementerio en Hamburg, tenía la esperanza de que se levantara de su ataúd con una severa advertencia a todos los que le presentaban sus respetos: «¡Fuera de mi tumba!».

Seis victorias consecutivas en noviembre y siete seguidas entre diciembre y principios de enero. Estábamos acostumbrados a rachas como esas. A pesar de eso, nuestro balance a finales de enero era de 28-15. No era un mal registro para cualquier otro equipo de la NBA, pero los Chicago Bulls no eran un equipo cualquiera. Éramos los campeones que solo habían perdido quince partidos en toda la temporada anterior. Las lesiones tuvieron su parte de culpa. En la temporada 1992-93, once jugadores se perdieron un total de ciento diecinueve partidos. El año anterior, solo hubo ocho jugadores lesionados que se perdieron un total de cuarenta y cinco partidos.

Paxson y Cartwright, ambos veteranos de la liga, estaban lidiando con problemas de rodilla que habían requerido cirugía durante el verano. Ese año se perderían veintitrés y diecinueve partidos respectivamente. B. J. entró en el quinteto titular en lugar de Pax, mientras que Will y Stacey lo hicieron en lugar de Bill.

Además, yo tampoco estaba en mi mejor estado de forma.

La lesión de tobillo que sufrí contra los Knicks en el *playoff* del año anterior ahora se había convertido en una tendinitis crónica, había perdido la explosividad cuando penetraba a canasta, y eso era una parte fundamental de mi juego.

Por suerte, a medida que nos acercábamos a los *playoffs*, el equipo empezó a recuperarse y logramos quince victorias en dieciocho partidos. A falta de dos encuentros, contra los Hornets y los Knicks, nuestro registro era de 57-23; si los ganábamos, seríamos los primeros de la Conferencia Este por tercer año consecutivo. Desgraciadamente, no fue así. Los Hornets nos derrotaron, 104-103, tras remontar cuatro puntos de ventaja en el último minuto. Y dos noches más tarde, caímos ante los Knicks, 89-84.

El partido de Nueva York no era muy trascendente para la clasificación, pero Phil estaba lo suficientemente preocupado como para que Michael sintiera que tenía que tranquilizarlo:

—No te preocupes. Los *playoffs* serán otra cosa.

¿Seguro? Yo no estaba tan convencido.

En la primera serie nos enfrentamos a los Atlanta Hawks. El primer partido fue el viernes, y la eliminatoria estaba cerrada el martes siguiente. Tal vez, Michael sabía algo que los demás ignorábamos.

Nuestro siguiente rival fueron los Cleveland Cavaliers. Supongo que debían de preguntarse: ¿no podemos jugar con-

una ventaja de doce puntos, el árbitro Bill Oakes indicó que había cometido dobles. Era una decisión absurda y así se lo hice saber. Hasta ahí bien..., pero cuando le pasé el balón con demasiada fuerza..., eso sí que fue un problema.

Le impactó en la barbilla. El partido había acabado para mí.

La expulsión le fue bien al equipo, ya que conseguimos un parcial de 12-3 y recortamos la diferencia a tres puntos: el resultado estaba en el aire. Cuando quedaban cincuenta segundos para el final, Starks encontró una grieta en la defensa y machacó el aro con autoridad frente a Horace y Michael. El Garden estalló de emoción: sus aficionados estaban sedientos de títulos. Llevaban veinte años esperando, y eso es mucho tiempo.

Aun así, no había ninguna razón para perder la esperanza. La serie estaba lejos de estar sentenciada. Salvo un colapso total en Chicago, tendríamos otra oportunidad para ganar a esos tipos en Nueva York. Probablemente dos.

No obstante, primero tuvimos que lidiar con el asunto de Atlantic City.

El *New York Times* publicó que, según una fuente anónima, antes del segundo partido habían visto a Michael apostando en el Bally's Grand Casino hasta las dos y media de la mañana. Él dijo que la información no era correcta, que se fue de Atlantic City alrededor de las once de la noche y que a la una estaba en la cama.

En mi opinión, el error en el horario no cambiaba nada. No me habría importado en absoluto que Michael hubiera estado en las mesas toda la noche. Es un ser humano, por el amor de Dios. Si tomar una limusina a Atlantic City para apostar durante unas horas era lo que necesitaba para desahogarse, ¿quién era yo o cualquiera, especialmente la prensa, para echárselo en cara? Nadie podía entender la presión que soportaba cada noche, año tras año.

Además, a la mañana siguiente, Michael llegó a tiempo para nuestro entrenamiento, y tan concentrado como siempre. Eso era lo que importaba.

Es verdad que en ese segundo partido no hizo su mejor actuación; solo encestó doce tiros de treinta y dos intentos. ¿Y qué? No era la primera vez que su porcentaje era tan pobre en unos *playoffs*, y tampoco sería la última. Además, esa no fue la única razón de nuestra derrota. Horace anotó dos puntos, capturó dos rebotes y cometió cuatro faltas; y yo fallé cuatro de mis siete tiros libres. Y la lista de errores no termina ahí.

De todas formas, después de que se publicara aquella noticia, todos los otros medios de comunicación del país parecían interesados en esta historia. Nadie hablaba de otra cosa.

La controversia fue parecida a lo que ocurrió dos años antes con la publicación de *Las reglas de Jordan*. Estábamos en la cima y alguien intentaba echarnos de ahí. Pero fracasaron entonces y fracasarían ahora. En todo caso, como ocurrió la primera vez, la polémica unió más al equipo. Cuando Michael boicoteó a los medios de comunicación, los demás hicieron lo mismo durante un tiempo. La verdad es que yo no creía que ignorar a los periodistas fuera un sacrificio, sino más bien una bendición.

En el tercer partido parecíamos otro equipo. Nuestra presión en toda la pista y los dos contra uno forzaron más de veinte pérdidas de los Knicks. El resultado final: 103-83.

Michael estuvo espectacular, aunque no de la forma que nos tenía acostumbrados. Su porcentaje de tiro no mejoró (tres de dieciocho), pero logró que jugáramos como un gran equipo y dio once asistencias. Por mi parte, aquel día tuvo una buena noche: diez de doce en tiros de campo y veintinueve puntos. Dos noches más tarde, nuestra victoria 105-95 igualó la serie: dos partidos por equipo. Michael recuperó su juego, y eso apenas es un eufemismo. Logró meter seis triples de nueve intentos (dieciocho de treinta en tiros de campo) y acabó el partido con cincuenta y cuatro puntos.

Aquella victoria fue alucinante, como las declaraciones que hizo Ewing después del partido:

—No tenemos que ganar en Chicago —dijo a la prensa.

Pensadlo bien: si dices eso, admites que no vas a ganar ningún partido en el campo de tu rival. Y eso es una forma de meter presión a tu equipo para que gane en su campo.

Tras esas palabras, pensamos: «Ya los tenemos».

El quinto partido en el Garden fue intenso de principio a fin. Y menudo final de partido.

Con los Knicks perdiendo por un punto a falta de trece segundos, Charles Smith recibió un pase de Ewing a pocos metros del aro. Cuando intentó encestar, Horace le colocó un tapón impresionante. Smith la recuperó y volvió a intentarlo. Esta vez, Michael le quitó el balón. Smith lo recuperó por tercera vez. Ahora era mi turno, otro tapón. Y, por cuarta vez, otro tapón.

Finalmente, Michael salió del embrollo con el balón y anotamos: 94-97. Tres victorias a dos a favor nuestro.

Esa jugada, más que ninguna otra, encarnó lo que eran los Chicago Bulls, no solo durante esa serie de *playoff* o esa temporada. Eso es lo que fuimos durante todo nuestro reinado en los años noventa.

Cuando necesitábamos desesperadamente detener a un jugador, lo conseguíamos. La clave para hacer una gran defensa es no rendirse nunca. Jamás. No teníamos un verdadero taponador como Hakeem Olajuwon o Dikembe Mutombo, pero contábamos con algo igual de efectivo: un grupo de jugadores que luchaban en la pintura como si sus vidas estuvieran en juego. Johnny Bach decía que Horace, Michael y yo éramos como perros de presa, y eso es exactamente lo que éramos.

Cuando el equipo se dirigía a los vestuarios, escuché algo que nunca había oído en el Madison Square Garden: silencio. Era música para mis oídos.

Acabamos con los Knicks dos días más tarde en Chicago: 96-88. Hasta otra. Terminé con veinticuatro puntos (nueve de dieciocho en tiros de campo), siete asistencias y seis rebotes. La temporada 1992-93 no fue la mejor de mi carrera. Por primera vez, mi media anotadora bajó de 21 puntos a 18,6. Tal vez era por el tobillo, por la fatiga acumulada o por alguna otra razón.

No obstante, siempre que mis compañeros de equipo me necesitaron, ahí estuve para ellos. Y la temporada todavía no había acabado.

Estaba encantado de volver a jugar unas Finales de la NBA.

A pesar de tener en el equipo a Michael Jordan, nunca puedes dar por hecho que estarás en unas Finales otra vez y, ni mucho menos, que llegarás durante tres años consecutivos. Chris Paul, miembro del Salón de la Fama por derecho propio, no alcanzó unas Finales hasta su decimosexta temporada.

Nuestro rival serían los Phoenix Suns, que habían llegado a las Finales después de derrotar a los Lakers, los Spurs y los SuperSonics.

La estrella de los Suns, que habían ganado sesenta y dos partidos en la temporada regular (la mejor marca de ese año), era Charles Barkley, mi compañero en los Juegos Olímpicos. Charles fue el MVP de esa temporada, con una media de 25,6 puntos y 12,2 rebotes por partido. Cuando llegué a la NBA, no había nadie capaz de defender a Charles. Era tan rápido que podía driblarte o sacar un tiro sin oposición. Nuestra estrategia consistió en alejarlo hacia el perímetro, donde el marcador podía defenderlo sin ayudas.

Más tarde, en las postrimerías del partido, con la presión alta, intentaríamos hacer un dos contra uno, para cambiar un poco.

Por otro lado, también necesitábamos contener a Kevin Johnson, un base rapidísimo con vocación anotadora, y a sus dos aleros, Dan Majerle y Richard Dumas. ¡Qué ganas teníamos de hacerle una encerrona a Majerle! Como ocurría con Toni Kukoc, Jerry Krause estaba enamorado de él. Y como a cualquier jugador del que Jerry estaba enamorado, queríamos someterlo tanto como fuera posible.

Los Suns eran los máximos anotadores de la NBA: 113,4 puntos por partido.

Ningún problema. Era un alivio jugar contra un equipo que favorecía un juego con menos contactos y con altibajos. La batalla con los Knicks había pasado factura. Contra los Suns, sabíamos que podíamos penetrar a canasta sin recibir un codazo en el pecho.

Estaba ansioso por empezar la serie.

Para jugar al baloncesto y para que todo el mundo dejara de hablar de Jordan y sus apuestas, que parecía lo único importante.

Según el nuevo libro de Richard Esquinas, un hombre de negocios de San Diego, Michael le debía más de un millón de dólares por las apuestas que hacían en el campo de golf. Michael nunca negó que perdiera dinero con ese tipo, aunque la cantidad que alegaba, según él, era «absurda».

Para mí, aquello no era nada distinto al episodio del casino en Atlantic City. No me importaban los detalles. Si hubiera perdido diez millones de dólares tampoco me hubiera importado en absoluto. No era ilegal hacer apuestas en un campo de golf, y no olvidemos que, en cualquier caso, era su dinero.

Charles no podría haberlo dicho mejor: «No es una apuesta si no puedes permitirte perder dinero».

Finalmente, la historia quedó en el olvido y el foco de atención regresó al baloncesto. Nuestro objetivo era irnos de Phoenix con al menos una victoria.

Misión cumplida. En el primer partido, ganamos 92-102.

En el segundo cuarto, logramos una ventaja de veinte puntos. Los Suns se recuperaron y redujeron la diferencia a tres puntos, pero eso fue todo. El partido se puede resumir con los números de las estrellas de cada equipo: Charles acabó con nueve de veinticinco en tiros de campo, mientras que Michael hizo catorce de veintiocho: treinta y un puntos, siete rebotes, cinco asistencias y cinco robos.

Ahora que habíamos asegurado una victoria, queríamos más.

En el segundo partido, los Suns todavía seguían con vida a mitad del último cuarto. Hasta que Michael decidió que ya había tenido suficiente. Anotó diez puntos y nos dio una ventaja de ocho puntos a falta de un minuto y medio para acabar el partido. Ganamos por tres puntos. Michael acabó con cuarenta y dos puntos, doce rebotes y nueve asistencias. Yo logré un triple-doble: quince puntos, doce rebotes y doce asistencias.

Volvíamos a Chicago, donde todo el mundo pensaba que sentenciaríamos las Finales.

Todos excepto los Suns.

En el tercer partido, nos tumbaron en la tercera prórroga por 121-129. Majerle jugó como nunca y metió seis triples. Charles y Kevin Johnson también dieron un paso adelante. Tener una actuación de ese calibre tras perder los dos primeros partidos en su propio estadio demostraba que tenían mucho carácter.

Nos resarcimos en el cuarto partido y ganamos 111-105, gracias a los cincuenta y cinco puntos de Michael, y los diecisiete puntos, dieciséis rebotes y tres tapones de Horace.

El champán estaba en la cubitera; el comisionado, listo para entregar el título; y el público, listo para celebrarlo.

Todo estaba en su sitio.

Bueno, todo no.

Teníamos la cabeza en otro lugar: estábamos pensando en qué sitio ocuparíamos en la historia y en la fiesta que nos esperaba. No en el partido. Y eso se notó.

Los Suns ganaron el quinto partido, 98-108. Dumas logró un doce de catorce en tiros de campo y anotó veinticinco puntos, mientras que Johnson (veinticinco puntos y ocho asistencias) y Charles (veinticuatro puntos, seis asistencias y seis rebotes) también tuvieron una buena noche. Eso quería decir que teníamos que regresar a Phoenix para jugar un partido o dos más, un viaje que pensábamos que podríamos habernos ahorrado.

Michael, aun así, se mostraba optimista. Cuando subió al

avión en O'Hare, tenía un puro en la boca y la caja entera bajo el brazo; habló de ellos como cigarros de la victoria y dijo que solo traía un traje para el viaje.

Traducción: no habría un séptimo partido.

Yo no lo tenía tan claro.

Y todavía lo vi menos claro cuando estaba a punto de terminar el sexto partido. A falta de cincuenta segundos para el final, los Suns tenían la posesión e iban cuatro puntos por delante. Habíamos anotado la ridícula cifra de siete puntos (todos de Michael) en todo el último cuarto.

¿Qué decías, Michael? ¿Cuántos trajes llevabas en la maleta?

Después de que el escolta Frank Johnson fallara un tiro en suspensión, Michael se hizo con el rebote y cruzó toda la pista para anotar. Los Suns seguían dos puntos por delante. Todavía no estábamos muertos.

En la siguiente posesión, Phoenix movió muy bien el balón, que acabó en manos de Majerle, abierto en la línea de fondo, a unos cinco metros de la canasta.

Majerle tenía un sesenta por ciento de acierto desde esa posición.

Pero falló.

Ni siquiera rozó el aro. Los árbitros señalaron que los Suns habían agotado los veinticuatro segundos de posesión. Tiempo muerto para los Bulls y 14,1 segundos para el final del partido.

Los Suns asumieron que Michael tendría el último lanzamiento. ¿Acaso podía ser de otra forma?

El árbitro le dio el balón a Michael para que sacara de banda. Se lo pasó a B. J., que se lo devolvió rápidamente.

M. J. botó hasta la mitad de la pista con Kevin Johnson encima de él. Me pasó el balón unos metros por detrás de la línea de tiro libre. Pasé por delante de Charles y le mandé el balón a Horace, que tenía espacio para intentar un tiro desde la línea de fondo. No lanzó: en lugar de eso, le pasó el balón a Paxson, que estaba justo detrás de la línea de tres puntos.

Luego, todo ocurrió a cámara lenta. En ese momento y todas las veces que lo recuerdo.

Pax recibe el balón, salta marcando bien los tiempos y lanza a canasta.

¡Bingo! Íbamos dos puntos por debajo y ahora ganábamos por un punto a falta de 3,9 segundos.

De los miles de lanzamientos que hicimos a lo largo de nuestra fantástica carrera, ese fue el mejor de todos ellos.

Y fue así porque no lo había hecho Michael Jordan, que logró una media de cuarenta y un puntos por partido en las Finales de 1993, sino que lo encestó un tipo que solo había anotado treinta y cinco puntos en toda la serie. En esa posesión de apenas diez segundos, todos tocamos el balón. Jugadores en movimiento. Balón en movimiento. Y tiro abierto.

Así lo explicó Tex en otoño de 1989 y así lo siguió explicando hasta que todo el mundo lo entendió.

Aun así, los Suns todavía tenían una última posesión.

Después del tiempo muerto, Kevin Johnson le pasó el balón a su pívot Oliver Miller, que se lo devolvió inmediatamente. Johnson botó hasta la línea de tiros libres y lanzó.

Horace taponó el lanzamiento y la bocina sonó: 98-99. Lo habíamos logrado. Habíamos ganado el campeonato por tercer año consecutivo.

¡Qué actuación de Horace Grant! Las dos jugadas (el pase a Paxson y el tapón) probablemente marcaron la diferencia entre ganar y perder (y evitar un séptimo partido). Y esto ocurrió después de que en el quinto encuentro solo anotara un punto en treinta y ocho minutos. Eso sí que es redimirse. Horace nunca ha recibido el reconocimiento que merece por nuestros primeros tres títulos. Sin él, no habríamos ganado ninguno de ellos. Yo lo sé. Los chicos lo saben. Y Michael también lo sabe.

Todo lo que sucedió durante esos últimos cincuenta segundos del sexto partido fue perfecto. Para ganar, todo tenía que salir bien. Y así fue.

Después de descorchar el champán en el vestuario, volvimos al hotel. El plan era pasar la noche en Phoenix —nos alo-jábamos en el Ritz— y volar a Chicago por la mañana.

Pero lo cambiamos. ¿Por qué teníamos que quedarnos en Phoenix? Habíamos hecho el trabajo: hicimos las maletas y nos dirigimos al aeropuerto. Todavía podíamos oler el champán.

En poco tiempo, ya estábamos en el aire celebrando el título como nunca. Para variar, no estábamos rodeados por gente que no conocíamos y que intentaba formar parte de la fiesta. En el avión solo estábamos los jugadores y el cuerpo técnico, algo tan apropiado como maravilloso.

Solo nosotros sabíamos lo que había hecho falta para ganar. Nadie más.

Muchas veces, en un avión, en un autobús o en un hotel, el equipo se divide en grupos más pequeños. No todo el mundo está cerca de los demás. Eso sucede en todos los equipos, y no hay nada de malo en ello. Venimos de entornos diferentes y tenemos intereses distintos. A diferencia de lo que sucede en la universidad, donde todo el mundo tiene más o menos los mismos años, la edad de los jugadores de la NBA oscila entre los veinte y los treinta. La diferencia en la forma de verse a sí mismos, a los demás y al mundo es enorme.

Sin embargo, en esa ocasión, nadie rompió el grupo. Celebramos el título de la misma forma que lo ganamos. Como un equipo.

El tercer título fue distinto a los dos primeros: no había-mos ganado un anillo más, sino que nos habíamos ganado un lugar en la historia.

13

1,8 segundos

*E*l verano de 1993 no pudo empezar mejor. Durante unas semanas, me fui a Hamburg de vacaciones con mi familia y mis amigos.

Estuve divirtiéndome con mi hermano, pasando el rato con Ronnie Martin y asegurándome de que mi madre no necesitaba nada.

Por mucho que me gustara vivir en la gran ciudad, no había nada como volver a casa. Me sentía aliviado por alejarme de esa sensación que tenía de que siempre me estaban juzgando de forma severa, y que lo hacía gente que no sabía de lo que hablaba.

También pude reflexionar sobre lo que había logrado durante los últimos doce meses.

La victoria contra los Blazers. La medalla de oro. La victoria contra los Suns. Nunca tenía un momento para reflexionar y pensar en ello.

Pero en agosto llegó un recordatorio más de lo frágil que puede ser la vida.

Habían encontrado el cuerpo del padre de Michael, James Jordan, en un pantano en Carolina del Sur. Todo el mundo se temía lo peor cuando, unas semanas antes, había desaparecido en Carolina del Norte. Aun así, todavía albergaban la esperanza de que apareciera. Finalmente, esa esperanza se desvaneció.

Le habían pegado un tiro mientras dormía en su coche en una carretera interestatal. Tenía cincuenta y seis años.

James Jordan era el alma más bondadosa que uno podía encontrarse. Pasaba mucho tiempo con el equipo, en casa y cuando nos desplazábamos por carretera, incluso cuando Michael no estaba. Creo que no se perdió ningún partido de *playoff*. Y no sería descabellado afirmar que me relacionaba más con él que con su propio hijo.

Él no tenía prisa constantemente y no necesitaba ser el centro de atención.

Para Michael fue una bendición tener un padre como él. Era su persona de confianza en un mundo donde todos querían algo de él. Su tiempo, su dinero, su aprobación. Todo el mundo quería algo de Michael Jordan, la lista era interminable. Después de los partidos, casi siempre estaban juntos en el hotel, comiendo o bromeando. Michael era feliz con su padre. Era su mejor amigo.

Tan pronto como recibí la noticia, me puse en contacto con Tim Hallam, el encargado de las relaciones públicas de los Bulls. Tenía la esperanza de que Tim pudiera hacerle saber a Michael cuánto lo sentía por él y por su familia. No pude llamarlo directamente: no tenía su número. Además, contaba con un fuerte grupo de apoyo a su alrededor. Poco podían ayudarle mis palabras. ¿Qué podía decirle yo que no pudieran decirle los demás?

Tim me dijo que nadie de la franquicia había podido contactar con Michael. Sé que entonces debería haber intentado ponerme en contacto con él por otra vía. Conocía a mucha gente que podría haberle dado mi pésame sin problemas.

Sin embargo, en lugar de eso, me convencí de que había obrado bien porque ya había intentado ponerme en contacto con él. Ya le daría mis condolencias la próxima vez que nos viéramos en la pista de entrenamiento, en octubre.

Mirando hacia atrás, me gustaría poder decir que mi juventud podía excusar haber tenido un comportamiento tan insensible. Pero no puedo. No hay excusa. Un amigo mío perdió a su padre y no le dije ni una palabra. Tendré que vivir con eso por el resto de mi vida.

¿Por qué no puse más empeño en contactar con él?

Tal vez no quería lidiar con el dolor de Michael, del mismo modo que evité hacerlo con el mío cuando mi padre falleció tres años antes. Siempre he sido bueno huyendo de ese tipo de dolor. Demasiado bueno.

Cuando por fin llegó octubre, esperé el momento adecuado para hablar con Michael.

Pero ese momento jamás se presentó.

El martes 5 de octubre de 1993, iba de camino al palco privado del Comiskey Park para ver a los Chicago White Sox enfrentarse a los Toronto Blue Jays, en el primer partido de la Serie de Campeonato de la Liga Americana. El alboroto en el South Side era tremendo. Los White Sox no habían jugado unos *playoffs* desde hacía diez años.

Los periodistas me preguntaron si sabía algo sobre el rumor que decía que Michael quería retirarse.

—Claro, por supuesto —respondí.

«Y yo voy a jugar con los White Sox esta noche», pensé.

Me dijeron que no era broma, que todo el estadio hablaba de eso. Todavía no me lo creía, pero, aun así, a pesar de todo, quise hablar con Michael. Él estaba en otro palco privado y había hecho el saque de honor al principio del partido. Nunca es un mal momento para reírse un poco. Siempre nos divertíamos con los rumores descabellados que soltaba la gente.

Pero no se trataba de un rumor.

—Es verdad —dijo Michael—. Mañana lo haré público.

Me quedé patidifuso. No pude prestar atención al partido durante toda la noche. Mi cabeza estaba muy lejos de ahí.

Como los otros compañeros de equipo, sabía que durante la temporada anterior Michael había sufrido un enorme desgaste, tanto por los partidos como por las noticias de las apuestas. Y eso era antes de que su padre falleciera. Algunos periodistas tuvieron el valor de sugerir que el asesinato de su padre estaba relacionado con ellas. Justo cuando yo creía que los medios de comunicación no podían caer más bajo, me demostraron lo contrario.

Sin embargo, durante la temporada regular y los *playoffs*, nunca observé el más leve indicio de que estuviera pensando en dejarlo. La competición lo era todo para él, y todos pensábamos que ganaríamos muchos más anillos juntos.

A la mañana siguiente, hicimos una reunión de equipo antes de que Michael hablara con la prensa. Phil creía que era necesario que todo el mundo tuviera la oportunidad de decirle a Michael lo que sentía. Yo le agradecí que con su dedicación me hubiera enseñado a no bajar nunca los brazos.

La conferencia de prensa se celebró en el Berto Center, en Deerfield, nuestro centro de entrenamiento durante la temporada anterior.

El edificio estaba abarrotado. Su retirada era una gran noticia e iba a retransmitirse en directo por la televisión nacional. La NBC mandó a su presentador del telediario nocturno, Tom Brokaw. Ningún otro atleta habría generado ese tipo de cobertura.

Michael se sentó enfrente de la mesa con su mujer, Juanita, y con Phil, Jerry Krause, Jerry Reinsdorf y el comisionado David Stern. Yo estaba detrás con muchos de mis compañeros, llevaba unas gafas de sol. Tenía la sensación de que podía derramar algunas lágrimas antes de que terminara el día.

¿Y qué si Michael y yo no estábamos tan unidos fuera de la cancha como la gente suponía? Siempre estaríamos juntos en una franquicia que había ganado tres campeonatos consecutivos. Me invadió un profundo sentimiento de pérdida mientras escuchaba sus motivos. En realidad, una parte de mí también se iba.

Ese día, me percaté de que Michael estaba distinto. Era

feliz. Lo había visto feliz otras veces, por supuesto. Pero no de esa manera: era como si se hubiera quitado una gran carga de encima.

Se acabaron los entrenamientos, las ruedas de prensa o los viajes en avión de un extremo a otro del país. Ahora podía disfrutar de su tiempo y riqueza como se le antojara.

Podía compartir ese sentimiento. Evidentemente, no las exigencias a las que se enfrentaba Michael cada día ni a la obligación de ser increíble en cada partido, de ser Michael Jordan.

Supongo que esa fatiga mental y física podría asemejarse a lo que un jugador de la NFL soporta a lo largo de todos sus años: todos los golpes se acumulan, hasta que llega un punto en el cual tu cuerpo dice basta. Y tu cuerpo nunca miente.

Por fortuna, esa temporada había conseguido descansar un poco al retrasar la operación del tobillo derecho y la muñeca izquierda. Era el mismo tobillo que me daba problemas desde los *playoffs* contra los Knicks en 1992. Esperé hasta finales de agosto, porque creía que era la hora de tomar una decisión por mí mismo, sin tener en cuenta a los Bulls. Ya les había dado bastante. La cirugía habría supuesto otro verano perdido y llevar muletas durante semanas.

Y eso no es descansar, sino seguir luchando.

Además, estaba seguro de que estaría listo para el primer partido de la temporada, el 5 de noviembre. El equipo (incluido a Michael) podría arreglárselas sin mí mientras tanto.

Pero esa no fue la única razón del retraso. Tenía un compromiso con Nike para promocionar por todo el mundo unas zapatillas que llegarían a las tiendas la temporada siguiente. Y no podía hacerlo con una escayola en el pie. El dinero del acuerdo con Nike era una oportunidad única, dado lo mal pagado que estaba en mi trabajo.

Tan pronto como me di cuenta de que Michael no iba a volver, empecé a reflexionar sobre qué significaría esa retirada para mí y para el equipo.

No os mentiré. Por mucho que echara de menos a Michael,

una parte de mí estaba deseando ver cómo sería la vida sin él. Incluso antes de que se retirara, había llegado a la conclusión de que yo era el jugador más valioso del equipo.

Antes de saltarme a la yugular, permitidme una explicación.

Me refiero al mejor jugador de equipo, no al máximo anotador. Hay una gran diferencia en eso. Yo era el dinamizador del ataque y el pilar en la defensa, ese tipo que hace mejores a sus compañeros. Como Magic en Los Lakers. El buen ambiente, el respeto, la solidaridad: esa era la cultura de equipo que yo creé y fomenté, no Michael. Y esa es la cultura que nos hizo campeones. Aunque también es cierto que nunca hubiéramos alcanzado tantos éxitos sin su heroísmo.

No era el único que veía el lado bueno de la retirada de Michael. Jerry Krause pensaba igual que yo.

Jerry nunca lo hubiera admitido. Lo habrían echado de la ciudad. Pensadlo bien, sin Michael, que ya estaba en el equipo cuando Jerry se convirtió en director general, por fin sería capaz de llevarse todo el mérito de la confección de la plantilla. De este modo, si hacíamos una buena temporada y llegábamos a las Finales, recibiría por primera vez todo el reconocimiento.

Por otro lado, Phil me habló sin tapujos y me explicó lo que esperaba de mí como nuevo líder del equipo. Compartí la capitanía con Bill Cartwright y me adjudicaron la taquilla de Michael.

Sin embargo, siempre tuve la sensación de que Phil no confiaba en mí. Al menos, no de la misma forma en que se fiaba de Michael.

Diseñaba jugadas para los demás jugadores, y pocas veces se preocupaba por mí. Este era su razonamiento: «El balón siempre está en tus manos. Tú diriges el ataque. Puedes elegir el camino que quieras». Pues eso. Sin embargo, me habría gustado que diseñara alguna jugada específica para mí más a menudo, no solo una vez cada dos o tres partidos. Como muestra de respeto, nada más.

Lo dejé pasar. En realidad, dejé pasar muchas cosas (y sé que me estoy adelantando al relato) hasta la fatídica posesión contra los Knicks. Pero eso no podía dejarlo pasar.

No obstante, era optimista con las posibilidades del equipo.

Aparte de Horace, Paxson y yo, ahora teníamos a Toni Kukoc, que finalmente había decidido abandonar Europa. Además, también estaba Steve Kerr, un base con un buen tiro; Bill Wellington, un pívot; y mi amigo de Arkansas Pete Myers, que había reemplazado a Michael —si eso es posible— en el quinteto titular.

Todos ellos eran excelentes incorporaciones y grandes compañeros de vestuario. Steve era uno de los mejores tiradores de la liga. Bill podía aportar mucho en ambos extremos de la pista. Pete, por su parte, siguió sorprendiendo a todo el mundo. Llevaba tres años lejos de la NBA y durante los últimos años había jugado en el Scavolini Pesaro, un equipo de Italia. Si eso no es perseverancia, no sé lo que puede ser.

¿Éramos candidatos al título?

Probablemente no. No puedes perder a un jugador del calibre de Michael y esperar que el nivel de juego se mantenga. Por otro lado, el equipo sabía lo que era ser campeón de la NBA, y eso seguro que servía para algo.

Toni y yo hablamos desde el principio sobre lo que pasó en Barcelona. Fue muy positivo sacarlo a la luz. No había ningún problema personal entre nosotros, y me sentí aliviado. Ahora estábamos en el mismo bando.

Probablemente, presioné más a Toni en los entrenamientos que a cualquier otro jugador. Eso lo aprendí de Michael, que me machacaba todos los días. A su favor, tengo que decir que nunca me lo echó en cara. Él estaba bajo una gran presión. Jerry llevaba mucho tiempo detrás de él, y ahora debía demostrar su valía.

¿Estaría a la altura de las circunstancias?

Habría que verlo.

ϒ

La noche de la entrega del anillo, el 6 de noviembre de 1993, fue muy diferente a las dos anteriores.

¿Cómo no iba a serlo? El hombre que había sido el MVP de las Finales llevaba traje en lugar del uniforme del equipo. Yo había pensado mucho en las razones que dio Michael para retirarse, y parecían tener sentido.

Sin embargo, no pude evitar preguntarme si había algo más detrás de su retirada.

Nunca me he atrevido a preguntárselo directamente. Y no, no me creo esos rumores que dicen que la liga estaba planeando suspenderlo por el asunto de las apuestas. En serio, ¿por qué la NBA echaría a su mejor activo?

De todas formas, la entrega de los anillos, como siempre, fue un momento especial. Ganar este campeonato resultó tan difícil, sino más, que los otros dos.

A partir de ese momento, la noche fue cuesta abajo y sin frenos.

Los Miami Heat nos aplastaron: 71-95. En el segundo cuarto, anotamos seis puntos, el récord más bajo de la franquicia, y en la primera mitad solo logramos veinticinco puntos; también el peor registro de la franquicia. Muchos aficionados abandonaron el pabellón en el tercer cuarto. Me hubiera gustado ayudar más al equipo. Si el resultado no era lo bastante humillante, además, algunos jugadores de los Heat se burlaron de nosotros… «Los Chicago Bulls. Los tres veces campeones de la NBA.»

—Eres un vago, Pippen —me dijo Grant Long, que ni siquiera llevaba el uniforme.

Y John Salley, antiguo jugador de los Pistons añadió:

—Se acabó Michael Jordan, chicos.

Pero, incluso sin Michael, no teníamos excusa.

No obstante, perder contra los Heat era el menor de nuestros problemas. Dos días más tarde, me incluyeron en la lista de lesionados. Me perdería un total de diez partidos. La opinión general era que no me había recuperado correctamente. Mi tobillo todavía no estaba bien. Además, me lastimé el pie cuando Scott Williams me pisó accidentalmente en el primer partido de la temporada, en Charlotte. El equipo perdió seis de los diez partidos que estuve de baja.

Volví a jugar el 30 de noviembre en el Chicago Stadium contra los Suns, que seguramente buscaban una pequeña revancha por su derrota en las Finales.

Tendrían que esperar.

Los Bulls se impusieron por 132-113. El pabellón se entusiasmó por primera vez tras la marcha de Michael. Anoté veintinueve puntos, capturé once rebotes y entregué seis asistencias.

Apenas habíamos empezado a carburar.

En el mes siguiente, solo perdimos uno de los trece partidos, en Filadelfia y en la prórroga. La victoria contra los New Jersey Nets a finales de diciembre era la décima consecutiva. Nuestra racha más larga de la temporada anterior solo se prolongó durante siete partidos.

¿Michael?

Para mí no era ninguna sorpresa. Estábamos jugando bien porque movíamos el balón mejor que nunca hasta que encontrábamos la mejor opción de tiro.

A diferencia del año anterior, en cada partido —incluso en cada posesión—, los rivales no sabían de quién tenían que preocuparse. Los jugadores nuevos eran veteranos e inteligentes, y aprendieron los matices del triángulo ofensivo más rápidamente que los que estaban en el equipo en 1989. El hecho de que solo cuatro o cinco chicos tuvieran que aprender un nuevo sistema también resultó de gran ayuda.

Nunca me lo había pasado tan bien en la pista. Sin Michael juzgando cada uno de nuestros movimientos, nadie tenía miedo de cometer algún error. El cambio más radical fue el de Horace. Jugaba con mucha más confianza. No recuerdo que tuviera ningún problema ese año, de ningún tipo. Aun así, su intención de convertirse en agente libre a final de temporada seguía intacta. Su relación con la franquicia era irrecuperable, y Jerry Krause no iba a marcharse.

Mi objetivo nunca fue reemplazar a Michael como anotador. Tiré a canasta menos que la temporada anterior. Mi objetivo, como siempre, era ser el dinamizador del juego, subir el balón por la pista para facilitar las canastas después de una transición.

Los equipos no podían pararnos. Tex no tenía ningún reparo.

El equipo se apoyaba en ambos lados de la pista. Por ejemplo, Steve Kerr, que tenía dañada la rodilla izquierda, no podía defender a los bases más rápidos como Kevin Johnson o Gary Payton. Así que los otros cuatro jugadores de la pista estaban a sus órdenes para defender: «Arrincónalo hacia la derecha. Necesito una ayuda».

Nuestros aficionados también desempeñaron un papel importante en nuestro éxito. Siempre nos habían mostrado su apoyo. Pero esa era nuestra última temporada en el Chicago Stadium —en otoño nos mudaríamos a un nuevo pabellón, el United Center— y se dieron cuenta de que, sin Michael en la cancha, tendrían que apoyar al equipo más que nunca. Si acaso eso era posible.

En enero, empecé a creer en nuestras posibilidades para revalidar el título. Solo necesitábamos retocar una o dos piezas. No era necesario traer a una estrella. Solo teníamos que hacer lo mismo que los Knicks, que habían recuperado a Derek Harper, un veterano base, de los Dallas Mavericks.

Pero, lamentablemente, los días pasaban y Jerry era incapaz de cerrar ningún acuerdo. Resultaba frustrante, pero me mordí la lengua hasta que no pude más:

—Si la gente espera que los Bulls luchen por el anillo —dije a la prensa—, necesitamos algún refuerzo.

Además, también expresé mi malestar por que Jerry viajara con el equipo en los desplazamientos por carretera; un malestar, que, por otro lado, compartía todo el vestuario.

—Lo necesitamos en los teléfonos, no en los vestuarios.

Nada de lo que dije sirvió para algo. A finales de febrero, mientras los otros equipos se esforzaban para mejorar sus plantillas, los Bulls no movieron un dedo. Yo estaba convencido de que aquello se volvería en nuestra contra. El único movimiento que hicimos fue cambiar a Stacey King por el pívot Luc Longley, de dos metros y dieciocho centímetros.

Ese invierno, sin querer, dejé escapar algún titular más.

Una noche, después de ganar a los Washington Bullets en el Chicago Stadium, fui al P. J. Clarke's, un restaurante del norte de la ciudad, para pasar un buen rato con unos amigos. Hacia la medianoche, alguien me dijo que me reclamaban en el exterior del local.

Un agente de policía me había puesto una multa porque mi Range Rover estaba mal aparcado. La grúa tenía que llevárselo. Sin embargo, como estaba cerrado y no podían sacarlo, me pidió las llaves para moverlo y se las di. Luego aseguró que había encontrado una pistola semiautomática del calibre 38 entre el asiento y el salpicadero.

Me arrestaron y me llevaron a comisaría, donde me acusaron de un delito menor: posesión ilegal de armas. El hecho de que estuviera registrado para poseer un arma no significaba que tuviera licencia para llevarla. La pena máxima era de un año de cárcel y una multa de mil dólares. Después de pagar la fianza en efectivo, me dejaron ir.

Durante unos días, mi arresto fue la gran noticia en Chicago. Incluso el alcalde, Richard Daley, entró al trapo. Creo que todo el mundo habló demasiado.

En primer lugar, compré el arma para mi protección. Como era una figura pública, tenía esa necesidad. Solo habían pasado seis meses desde el asesinato del padre de Michael, y yo vivía en una ciudad donde asesinaban a gente todos los días.

En segundo lugar, el arma no estaba donde el agente dijo que la encontró, sino escondida dentro de la guantera, por razones obvias.

La acusación se retiró un mes después, cuando un juez dictaminó que la policía no tenía jurisdicción para registrar mi coche. El juez me devolvió la fe en el sistema.

Hasta cierto punto.

Más que nada, ese incidente me recordó que el racismo era un gran problema en Chicago; de hecho, lo sigue siendo.

Nunca me hubieran tratado de ese modo —me llevaron esposado— si hubiera sido blanco. Además, cuando salí del restaurante, el agente me soltó un insulto racista. No respondí a la provocación. ¿De qué habría servido? No era la primera vez que me insultaban. Vengo del sur. No era nada nuevo.

Otro recordatorio llegó a finales de febrero, cuando los Cavs nos ganaron en el Chicago Stadium, 81-89.

Los aficionados empezaron a abuchearnos. Me enfadé tanto que, durante un tiempo muerto del tercer cuarto, con los Cavs ganando por dieciocho puntos, mandé a paseo a uno de los aficionados que estaba detrás del banquillo. ¿Cómo podían tratarnos de ese modo? ¿No se daban cuenta del esfuerzo que hacíamos cada noche? Nuestro balance era de treinta y siete victorias y dieciocho derrotas, la segunda mejor marca de la Conferencia Este. En mi opinión, después de perder a un tres veces MVP, no estaba tan mal.

Sí, tuvimos una mala noche. ¿Y qué? Todos los equipos tienen derecho a sufrir una mala noche. Además, habíamos ganado tres anillos consecutivos, ¿no era suficiente?

Parece que no.

Más tarde, cuando la prensa me preguntó si estaba triste por los abucheos, no me contuve:

—Personalmente, estoy triste porque durante estas siete temporadas que llevo aquí, nunca he visto que los aficionados abucheen a un jugador blanco... Toni, por lo que sea, no estuvo bien esta noche y nadie se le ha echado encima.

Toni no encestó ninguno de sus nueve intentos, y además perdió cuatro balones.

No me arrepiento de lo que dije en ese momento. En realidad, debería haber alzado la voz mucho antes.

Los Bulls, como era de esperar, no estaban muy contentos. No les preocupaba lo más mínimo si mis palabras eran ciertas o no. Todo lo que les importaba era calmar la situación lo antes posible.

Jerry Krause redactó una disculpa pública, que, en parte, decía:

> En mis declaraciones tras el partido no quise insinuar que hubiera racismo. Esa pequeña minoría abucheó a todos los jugadores de los Bulls por igual. En años anteriores, han abucheado a jugadores de ambas razas.

Había muchos aspectos de la declaración con los que no estaba de acuerdo. De todos modos, la firmé. Tenía tantas ganas como Jerry de acabar con ese asunto. Mi trabajo no era hablar de racismo, sino ayudar a los Chicago Bulls a ganar partidos de baloncesto.

Algo que, por cierto, no estábamos haciendo últimamente.

Desde el descanso del All-Star hasta la segunda semana de marzo, el equipo perdió nueve de los trece partidos que disputó. Yo tenía razón. La ausencia de refuerzos en enero nos empezaba a pasar factura. Pudimos haber fichado a Ron Harper de los Clippers o a Jeff Hornacek de Philadelphia, dos buenos jugadores que no comprometían la integridad del grupo. Buen trabajo, Jerry.

Siendo generosos, nuestro ataque estaba pasando por un mal momento. En esa mala racha de trece partidos, anotamos menos de noventa puntos en seis partidos, incluido el partido de los Knicks, que acabó 86-68. Perdimos por diecinueve puntos contra los Blazers, por veinticinco contra los Nuggets y por treinta y uno contra los Hawks.

Yo era una parte del problema. Estas fueron mis cifras: siete de veinticuatro contra los Heat; cinco de diecinueve contra los Nuggets; tres de diez contra los Cavs.

No podía entender el porqué. Antes de nuestra horrible racha, estaba jugando tan bien como siempre. En el All-Star de febrero, fui el MVP con veintinueve puntos y once rebotes, y encesté cinco triples de nueve intentos en la victoria del Este sobre el Oeste en Mineápolis, 127-118.

Por una vez, fue bonito ganar un premio individual, en lugar de ver a Michael con otro trofeo.

Fue un día de locos. Antes del partido, estaba en el hotel pasando el rato con un amigo, Michael Clarke, un antiguo compañero de Pete Myers de la Universidad de Arkansas, en Little Rock. Estábamos jugando al *tonk*, y el que perdía una partida tenía que beber un chupito. Estuvimos jugando durante horas. Como mínimo me tomé el equivalente a tres cervezas.

Sin darme cuenta, llegó la hora de ir hacia el estadio.

Estaba un poco achispado. ¿Cuál era el problema? Tampoco pretendía poner todo mi empeño en un partido que no era más que una exhibición. Y como recordaréis, desde que pasaron de mí en 1991, el All-Star no me decía mucho.

Entonces ocurrió algo de lo más extraño. Cuando entré en la pista para calentar, mi nivel de concentración se disparó: anoté todo lanzamiento que intenté, triples incluidos. Solo recuerdo una experiencia similar en mi carrera. Una vez, antes de un partido de pretemporada, me tomé un par de cervezas con Michael. Ambos estábamos hartos de esos partidos que, a fin de cuentas, tenían muy poco sentido. Pero ese día tampoco fui capaz de fallar un tiro.

Afortunadamente, a mediados de marzo, el equipo recuperó el equilibrio y logramos un parcial de diecisiete victorias y cinco derrotas, que incluyó una racha de diez partidos ganados de forma consecutiva. Acabamos la temporada regular con un balance de cincuenta y cinco victorias y veintisiete derrotas. Nadie creía que íbamos a ganar tantos partidos. Ni siquiera Phil.

Pero perder los dos últimos partidos fue una verdadera lástima.

La derrota en casa ante los Celtics —un equipo que también se disputaba los primeros puestos para los *playoffs*— en un partido con dos prórrogas dañó seriamente nuestras opciones de asegurar el primer puesto de la Conferencia Este. En la primera prórroga, cuando apenas faltaban treinta segundos para el final, fallé dos tiros libres y luego un lanzamiento en suspensión sobre la bocina. Esa noche solo logré once de treinta y uno en tiros de campo.

Esa derrota, y la que sufrimos dos días más tarde contra los Knicks, nos dejaron en el tercer puesto de la clasificación.

En los *playoffs*, echaríamos mucho de menos al número 23.

No tanto en la primera serie, contra los Cavaliers de Cleveland, a quienes barrimos en tres partidos: ese equipo que Magic dijo que estaba destinado a dominar la década de los noventa no llegaría a unas Finales de la NBA hasta 2007.

Pero lo echamos mucho de menos en la siguiente ronda, cuando nos enfrentamos a Patrick Ewing y los Knicks.

Los Knicks estaban más motivados que nunca; habían perdido contra nosotros en 1991, 1992 y en 1993; en esta última ocasión, después de ir dos victorias por delante. Nosotros éramos ese equipo que siempre se interponía en su camino, como los Pistons hicieron con nosotros durante lo que pareció… una eternidad.

Después de ganar los dos partidos en el Garden, los Knicks volvían a tener una gran oportunidad para llevarse la serie.

La fecha: 13 de mayo de 1994. El lugar: el Chicago Stadium.

Suena como si estuviera preparando la escena de crimen. Y, para muchos, eso fue exactamente lo que ocurrió.

Avancemos hasta los últimos compases de ese tercer partido. Teníamos el balón, ganábamos por dos puntos (102-100) y apenas quedaban dieciocho segundos para el final del partido. Nuestra máxima ventaja había sido de veintidós puntos al final del tercer cuarto.

Tiempo muerto para los Bulls.

Esperaba que, para variar un poco, la jugada fuera para mí. Todos los demás dejarían libre el lado derecho de la pista para que yo hiciera un tiro en suspensión o entrara a canasta. Sin embargo, Toni se quedó en el mismo lado de la pista que yo, cerca de la esquina. Le hice un gesto para que se fuera, pero no se movió. Por eso, al final tuve que hacer un tiro forzado que no tocó ni el aro. Nos penalizaron por haber agotado el tiempo de posesión.

Los Knicks pidieron tiempo muerto: quedaban cinco segundos y medio para el final.

Toni había metido la pata hasta el fondo. Y como las desgracias nunca vienen solas, Ewing anotó un gancho para empatar el partido. Otro tiempo muerto: 1,8 segundos para el final.

1,8. 1,8. 1,8... He recordado tantas veces esos 1,8 en los últimos veintisiete años que estoy casi convencido de que me acompañarán, literalmente, hasta la tumba:

SCOTTIE MAURICE PIPPEN
AMADO ESPOSO Y PADRE
1965 – ¿?
Siete veces All-Star de la NBA.
Seis veces campeón de la NBA.
No jugó en los últimos 1,8 segundos de un partido de *playoffs* entre los Chicago Bulls y los New York Knicks.

Pues bien, permitidme que, de una vez para siempre, aclare el asunto.

Para empezar, no lo considero el peor momento de mi carrera.

Lo considero uno de los mejores. No me importa lo que creáis o no.

Durante el tiempo muerto, por si no lo sabéis, Phil pidió a Toni que hiciera el último tiro. El mismo Toni que había jodido la jugada anterior. Yo tenía que pasarle el balón desde la banda.

Estaba furioso y así se lo hice saber a Phil.

—Solo haz lo que he dicho —exclamó.

—¡Que te jodan! —le dije.

Después de decidir que no regresaría a la pista para disputar esos 1,8 segundos finales, Bill Cartwright y Johnny Bach intentaron hacerme cambiar de opinión. De ninguna manera. Phil puso a Pete Myers para sacar de banda.

El resto, como dicen, es historia. Toni anotó un tiro desde casi seis metros por encima de Anthony Mason. Bulls, 104-Knicks, 102.

El vestuario parecía un funeral. Nadie hubiera dicho que ese equipo acababa de ganar un partido crucial para remontar la serie. Según mis compañeros de equipo y los entrenadores —y, sospecho, los aficionados al baloncesto de todo el mundo—, cometí uno de los peores pecados que puede cometer un deportista profesional.

Dejé tirado a mi equipo.

Cartwright, el otro capitán, tenía lágrimas en los ojos cuando dijo unas palabras en el vestuario:

—Esta es nuestra oportunidad para alcanzar el éxito por nuestra cuenta, sin Michael. Y tú casi la jodes por culpa de tu egoísmo. Nunca he estado tan decepcionado en toda mi vida.

Me sentía fatal. Y no era por negarme a volver a la pista en la última jugada. Nunca me he arrepentido de eso. Era por la reacción de mis compañeros. Había trabajado durante muchos años para ganarme su confianza y, ahora, esa confianza se había esfumado.

Solo podía hacer una cosa: disculparme.

Sentía que, como equipo, necesitábamos pasar página tan rápido como fuera posible. El cuarto partido se jugaba al cabo de menos de cuarenta y ocho horas, y no podíamos permitirnos el lujo de ir abajo 3-1 con la serie camino del Garden. No estaba enfadado con Bill ni con ninguno de los otros jugadores. Si hubiera estado en su lugar, me habría sentido del mismo modo.

Pero sí que estaba enfadado con una persona: Phil Jackson.

Michael no estaba. Ahora, ese era mi equipo, mi oportunidad de ser el héroe, y Phil le dio esa oportunidad a... ¿Toni Kukoc? ¿En serio? Toni era un *rookie* que no había ganado ningún anillo, y ese era mi séptimo año en la NBA y tenía tres anillos. Y, además, en la carrera para ser el MVP había acabado en tercer lugar, por detrás de Hakeem Olajuwon y David Robinson.

No obstante, lo más humillante era que Phil me había pedido que sacara de banda. Al menos, si estás en la pista, puedes ser un señuelo para el equipo contrario. Los Knicks habrían puesto a dos hombres sobre mí, y alguien estaría libre de marca.

Al negarme a volver a la pista, no solo hice lo correcto para mí o mi orgullo, sino que también serviría de ejemplo para aquellos que llegaran después de mí y que algún día podían encontrarse en la misma situación.

Hablé con Phil sobre este asunto al día siguiente: me dijo que yo era el mejor pasador del equipo y que Toni había logrado tres lanzamientos ganadores durante la temporada regular.

Nada de lo que dijo cambió mi forma de pensar.

—¿Me estás diciendo que, si Michael hubiera estado en la pista, no le habrías dado el balón porque Toni había metido esos tres lanzamientos ganadores durante la temporada?

No recuerdo qué me respondió. Todo lo que recuerdo es que mi relación con Phil había acabado.

O, al menos, había cambiado por completo.

Durante el resto de mis días en Chicago, mi compromiso sería el mismo y haría lo que me pidiera. Seguía teniendo una obligación con mis compañeros y con los aficionados. Pero nuestra relación nunca volvería a ser la misma, independientemente de los triunfos que nos esperaran. Cuando llegó la hora de la verdad, me había dejado tirado. ¿Qué le impedía hacerlo de nuevo?

Además, aunque hubiera fallado el tiro final, no habríamos perdido el partido. El partido estaba empatado: lo peor era que habríamos jugado una prórroga.

¿Qué habría pasado si Toni hubiera fallado? ¿Phil me habría sacado para jugar la prórroga? ¿Yo habría estado en condiciones de jugarla? ¿Y qué habría pasado si los Knicks hubieran ganado el partido? ¿Qué habría pasado entonces?

No tengo ninguna duda: los aficionados de Chicago habrían pedido que me traspasaran lo antes posible, y Jerry Krause se habría visto felizmente obligado a hacerlo. Siempre quiso desprenderse de mí.

A veces pienso que un intercambio ese verano habría sido lo mejor para mí a largo plazo. Simplemente, para alejarme de los dos Jerrys y de Phil. Alejarme de esos medios de comunicación que me detestaban por una sola razón: yo no era Michael Jordan.

Por cierto, hablando de Michael, el día después del partido, se puso en contacto con Phil:

—No estoy seguro de que Scottie vaya a superar esto —le dijo.

No estoy molesto porque Michael llamara a Phil. Sin embargo, habría sido todo un detalle que también me hubiera llamado a mí. Yo era el que estaba siendo vilipendiado en la televisión y en los periódicos. No Phil. Yo era el que necesitaba su apoyo.

De todas formas, tampoco esperaba la llamada de Michael. No habría sido propio de él. Yo tampoco lo habría llamado.

La gente que vio *El último baile* se sorprendió cuando, al referirme al episodio de los 1,8 segundos, dije:

—Si tuviera la oportunidad de volver a hacerlo de nuevo, probablemente no cambiaría nada.

Me gustaría matizar esta afirmación.

Definitivamente, no cambiaría nada. Simplemente, me defendí. Y nunca me habría perdonado no haberlo hecho.

En junio, mucha gente se sorprendió cuando, durante una entrevista, sugerí que Phil era racista y que, por esa razón, le había dado la oportunidad de hacer el último lanzamiento a Toni.

Nada más lejos de la realidad.

Cuando Phil eligió a Toni en mi lugar, me dolió tanto que necesité inventar una explicación para justificar ese rechazo. Al fin y al cabo, después de todo lo que les había dado a los Chicago Bulls, Phil no me permitió tener mi momento. Así que, en aquel instante, me dije a mí mismo que su decisión estaba relacionada con el color de mi piel, y me creí esa mentira durante casi treinta años. Solo cuando vi mis palabras impresas me di cuenta de lo equivocado que estaba.

En cualquier caso, todavía teníamos que jugar el cuarto partido. Eso es lo más maravilloso de la NBA. Siempre hay otro partido. Hasta que te eliminan.

Fue una suerte que la NBA sancionara con dos partidos a Derek Harper, el base de los Knicks, por pelearse con uno de nuestros suplentes, Jo Jo English, en el tercer partido. Y cuando la fortuna te sonríe, no mires hacia otro lado.

En el cuarto partido, para demostrar que el tercer partido era agua pasada, anoté los ocho primeros puntos del equipo y acabé con veinticinco puntos. Además, capturé ocho rebotes y entregué seis asistencias. Ganamos 95-83. La afición me apoyó desde el primer momento. Eso significó mucho para mí. No sabía cómo iban a reaccionar.

De vuelta al Garden para disputar el quinto partido: otro quinto partido para recordar, desgraciadamente.

A falta de diez segundos para que finalizara el partido, y con los Bulls un punto por encima en el marcador (86-85), B. J. falló un tiro en suspensión desde la parte alta de la zona. Los Knicks pidieron tiempo muerto. Un tiempo muerto más. Eso era todo lo que necesitábamos.

Mason le pasó el balón a Starks, que atrajo a algunos defensas antes de pasárselo a Hubert Davis, que estaba abierto en la parte superior de la zona. Intenté taponar el tiro y Davis no acertó a meterla.

Lo que ocurrió a continuación fue una auténtica locura. Entonces y ahora.

El árbitro Hue Hollins señaló falta. Dijo que había golpeado a Davis en el antebrazo derecho: dos tiros libres.

No se puede tomar una decisión tan mala en un momento peor. Contra mí o contra cualquier otra persona.

Sí, hubo contacto, pero se produjo después de que Davis soltara el balón. En definitiva: no afectó al lanzamiento en absoluto. Técnicamente, un jugador no acaba de lanzar hasta que sus pies vuelven a tocar el suelo, pero, en aquella época, casi nunca se pitaba una falta si el balón no estaba en las manos del lanzador.

Y, mucho menos, en un partido de esa envergadura.

Davis anotó ambos tiros libres cuando apenas quedaban dos segundos; los Knicks se pusieron un punto arriba: 87-86. Ese sería el marcador final. Todos los integrantes del equipo sentíamos que nos habían robado el partido. Un par de meses más tarde, Darell Garretson, otro de los árbitros del partido, admitió que Hollins había metido la pata.

—Todo lo que puedo decir es que fue una decisión terrible —dijo Garretson.

No podíamos quejarnos mucho del arbitraje. Al cabo de dos días jugábamos el sexto partido, en Chicago. En ese encuentro nos jugábamos toda la temporada.

La temporada estaba a salvo: Bulls, 93-Knicks, 79. B. J. fue el mejor del partido con veinte puntos, mientras que Horace anotó dieciséis y se hizo con doce rebotes.

La gente recuerda el partido por mi impresionante mate a una mano sobre Ewing a mediados del tercer cuarto, así como por la técnica que me señalaron después porque se creyeron que me burlaba de él cuando pasé por encima de su cuerpo, tendido en el suelo. No merecía una técnica. No me estaba burlando de él. Estaba excitado. Si no estás excitado en un partido como este, no tienes sangre en las venas.

Luego me enzarcé con el fan número uno de los Knicks, Spike Lee, que estaba sentado en la primera fila con una camiseta de John Starks. No hice nada malo. Fue Spike quien lo empezó todo.

—No levantes el culo del asiento —le dije.

Está bien, tal vez le dije algo más.

Pero, de nuevo, de vuelta al Garden, por última vez.

Los Knicks tenían toda la presión. Sus fans nunca les perdonarían perder por cuarto año consecutivo contra los Bulls. Especialmente, si el número 23 estaba fuera del estadio jugando al béisbol.

En el séptimo partido, tuvimos nuestras oportunidades. Cuando quedaban dos minutos y medio para acabar el tercer cuarto, íbamos ganando, 59-63. Sin embargo, los Knicks lograron un parcial de ocho a cero y se pusieron cuatro puntos por delante antes de disputar los doce minutos del último cuarto.

Doce minutos que me gustaría olvidar para siempre.

Solo logramos anotar catorce puntos. El mérito es de los Knicks, que nos pasaron por encima: 87-77. Ewing, que no anotó en la primera parte, terminó con dieciocho puntos y diecisiete rebotes, mientras que Oakley sumó diecisiete puntos y veinte rebotes.

Casi había olvidado lo que se sentía al perder.

Finalmente, el dolor desapareció, sustituido por el orgullo.

Nadie pensaba que llegaríamos tan lejos como lo hicimos. Si Hollins no hubiera tomado esa decisión y hubiéramos ganado esa serie, creo que habríamos ganado a los Pacers en la final de la conferencia. Esa temporada los habíamos ganado cuatro veces.

Los Rockets habrían sido nuestro rival en las Finales, y creo que también los habríamos derrotado.

¿No habría significado algo ganar un campeonato sin Michael Jordan? Ahora me pregunto cómo habría afectado a su legado. Y al mío.

14

¡Ha vuelto!

*¿C*ómo me recompensaron los Bulls por ser candidato al MVP de la temporada 1993-94? De la única forma que sabían: con la misma falta de respeto que habían demostrado desde que aterricé en Chicago.

Intentaron echarme del equipo.

Pero lo más grave fue que no tuvieron las agallas de decírmelo a la cara. Tuve que enterarme de cuáles eran sus planes por mis amigos de la prensa.

Cuando le pedí una explicación a Jerry Krause, negó rotundamente que los Bulls buscaran activamente mi traspaso. Pero eso no era lo importante. El hecho de escuchar ofertas ya era un acto reprobable. Las franquicias no negocian para traspasar a sus estrellas. Y si deciden hacerlo, por la razón que sea, al menos tienen la decencia de comunicárselo en persona.

Los Bulls, según varias notas de prensa, esperaban enviarme a los Seattle SuperSonics a cambio del alero Shawn Kemp y el pívot Ricky Pierce. También pensaban incluir en la operación sus puestos de elección en el *draft*. Todo parecía estar listo, hasta que el propietario de Seattle, Barry Ackerley, se echó atrás.

Según dicen, los aficionados del noroeste del Pacífico no estaban muy satisfechos con la idea de renunciar a Kemp, que solo tenía veinticuatro años; yo estaba a punto de cumplir veintinueve, en septiembre.

Que aquel intercambio de cromos fracasase no cambiaba nada para mí: el daño ya estaba hecho.

Durante los meses siguientes, fui yo quien esperó un acuerdo para cambiar de aires. No me importaba dónde, solo quería ir a un sitio en el que me apreciaran. Y, obviamente, Chicago no era ese lugar.

Cada día surgía un rumor diferente. Yo mismo empecé uno: quería ir a los Suns a cambio de Dan Majerle, el *rookie* Wesley Person y alguna elección en el *draft*. La noticia corrió como la pólvora.

No tenía ninguna duda de que fuera de los Bulls también podía ser feliz.

Solo tenía que fijarme en Horace, que en julio de 1994 firmó un contrato de seis años con los Orlando Magic por 22,3 millones de dólares. Me alegré por él. Por fin se había ganado el respeto que se merecía. La gente me preguntaba si había intentado convencerlo para que se quedara en Chicago: por supuesto que no. Nunca me interpondría en el camino de un jugador que buscaba ganar lo que se merecía.

John Paxson, Bill Cartwright y Scott Williams también abandonaron el equipo ese verano. Pax se retiró, Bill firmó como agente libre por los Sonics y Scott se fue a los Sixers.

Habían desmantelado a la antigua banda. Los únicos jugadores que quedaban del equipo que ganó los tres anillos éramos B. J., Will Perdue y yo.

Se fue incluso Johnny Bach. Aunque no por decisión propia. Phil lo despidió. Nunca me enteré de toda la historia. Johnny y Jerry no se llevaban bien desde hacía años, todo el mundo lo sabía. Estoy bastante seguro de que el libro de Sam Smith tuvo algo que ver. Jerry creía que Johnny era una de las fuentes de Sam. Vaya hipócrita.

Perder a tanta gente de la plantilla solo significaba una cosa: teníamos que traer un montón de jugadores nuevos.

Entre ellos estaban los aleros Larry Krystkowiak, Jud Buechler y Dickey Simpkins, un *rookie* de Providence, y, el más importante, el hombre que la franquicia quería traer el año anterior: Ron Harper. Harp firmó como agente libre por cinco años por 19,2 millones de dólares. No era el mismo director de juego que era cuando se rompió el ligamento cruzado anterior en 1990. Pero eso no lo hacía menos valioso.

Sin embargo, no estaba tan entusiasmado con otros de los movimientos de los Bulls.

Firmaron un nuevo contrato con Toni de veintiséis millones de dólares por seis años, el contrato más largo en la historia de la franquicia. Me lo esperaba. Racaneaban conmigo, y luego le pagaban una fortuna a Toni. Primero, ese último tiro, y ahora, esto.

La prensa —a las órdenes de Jerry Krause— se frotaba las manos esperando mi reacción. Sabían que no solía quedarme callado.

Sin embargo, esta vez, no les di lo que querían. Sabía que nada de lo que dijera serviría. A estas alturas, estaba convencido de que, como Horace, algún día lograría mi gran contrato, si no con los Bulls, con cualquier otro equipo.

Por otro lado, antes de que acabaran las vacaciones de verano, debíamos atender otro asunto importante: la despedida del Chicago Stadium, que derrumbarían en 1995. Me encantaba ese edificio. Cómo sonaba, cómo olía. Era más un gimnasio que un gran pabellón. Era un lugar con muchísima historia, y no solo en los deportes. Allí fue donde el Partido Demócrata nominó por primera vez a Franklin Delano Roosevelt en 1932. En definitiva, un lugar que gozó de una buena vida.

El 9 de septiembre, jugamos el último partido que se disputó en el Chicago Stadium, el Scottie Pippen All-Star Classic. B. J., Horace, Toni y otros jugadores de la NBA me ayudaron a recaudar más de ciento cincuenta mil dólares para obras benéficas. No había ni una butaca vacía.

Vaya, casi me olvido de mencionar otra de las personalidades que acudió al partido: Michael Jordan.

Me alegré de que apareciera. En realidad, hizo mucho más

que eso. Anotó cincuenta y dos puntos en la victoria de su equipo por 187-150. Mates. *Fadeaways*. Entradas a aro pasado. Todo el repertorio. Los aficionados disfrutaron de ese viaje en el tiempo. Yo también.

Tras el partido, nos abrazamos y Michael besó el emblema de los Bulls en medio de la pista.

Pronto se iría de nuevo, para alcanzar el nuevo sueño de jugar en los Birmingham Barons, un filial de los White Sox en las ligas menores.

Mientras tanto, el equipo que había dejado atrás se enfrentaba a un futuro incierto.

Los primeros partidos de la temporada 1994-95 resultaron reveladores.

En dos noches consecutivas en el United Center, nuestro nuevo hogar, nos enfrentamos a dos equipos, los Charlotte Hornets y los Washington Bullets, que no habían disputado los *playoffs* el año anterior.

Contra los Hornets, perdimos veintisiete balones, seis fueron culpa mía. Por suerte, los Hornets perdieron veintitrés, y nos dejaron llevarnos la victoria: 89-83. En cambio, los Bullets nos ganaron por un punto en la prórroga. Esa derrota fue dolorosa. Fallé el último lanzamiento sobre la bocina. Me golpearon en el brazo, pero esta vez nadie pitó falta. No era extraño. Por lo común, los árbitros no pitaban tales contactos en las últimas jugadas de un partido. Salvo si te llamabas Hue Hollins.

Durante el mes de noviembre nada cambió. Nuestra mejor racha de victorias fue de dos partidos. Aun así, cada día me presentaba en el entrenamiento con una actitud positiva. Eso no quería decir que hubiera cambiado de opinión respecto a Phil Jackson. Además, lo que ocurrió el 19 de noviembre, cuando nos enfrentamos a los Mavericks en Dallas, desde luego, no sirvió para arreglar las cosas.

Un poco de contexto: una semana antes, Jamal Mashburn,

el alero titular de los Mavs, nos había metido cincuenta puntos en Chicago. Me lo tomé como algo personal, lo cual no era frecuente.

Así pues, antes de jugar contra ellos de nuevo, le dije a todo el equipo que iba a por los cincuenta puntos.

Lo dije en el avión a Dallas. Lo dije en el vestuario antes de la charla. Solo me olvidé de tatuármelo en la frente.

Phil no podría haberlo pasado por alto.

Todo iba según lo previsto.

Bueno, casi todo. Al descanso llevaba diecisiete puntos, en el tercer cuarto, treinta y seis (junto con catorce rebotes). Poco a poco me acercaba al objetivo...

Y, entonces, al banquillo.

Phil me dejaría allí durante todo el último cuarto. Sí, lo entiendo. Estábamos pasando por encima de los Mavs. Phil no me necesitaba en la cancha.

Pero yo sí que tenía un motivo. Necesitaba pagarle con la misma moneda a Mashburn, punto por punto. Estoy convencido de que, si Michael se hubiera encontrado en esa misma situación, Phil lo hubiera dejado en pista hasta lograr cincuenta puntos o, incluso, sesenta. Era lo mismo que ocurrió cuando eligió a Toni para que se jugara aquel último lanzamiento. Phil no me dejaba aprovechar mis momentos.

Diciembre no fue mejor que noviembre.

Hay dos partidos que destacan por encima de los demás, ambos en el United Center, y es difícil elegir cuál fue más humillante.

El 19 de diciembre, los Cavs nos derrotaron por 63-77, uno de los peores registros anotadores de la franquicia. Yo fui el máximo anotador con catorce puntos. Al menos los Cavs eran un buen equipo en racha; de hecho, lograron once victorias consecutivas. Pero una semana después los Clippers de Los Ángeles nos ganaron 92-95.

¡Los Clippers!

Los Clippers (con un balance de cuatro victorias y veintitrés derrotas) no habían ganado en Chicago desde 1979, cuando estaban afincados en San Diego. En el segundo cuarto, me pitaron mi segunda técnica por una discusión con un colegiado después de que me señalara una falta en ataque. La primera técnica fue por una burla. El partido había terminado para mí.

Todos sabíamos por qué estábamos jugando tan mal: echábamos de menos a Horace casi tanto como a Michael. Horace controlaba los tableros y era capaz de enfrentarse a los mejores pívots de la liga.

Esa derrota nos dejó con un balance de trece victorias y trece derrotas, y con un humor de perros. No estaba acostumbrado a tal mediocridad: ni en el instituto ni en la universidad ni en la NBA. Eso explica que, al día siguiente, cargara contra Jerry.

—Todo lo que dice es mentira —declaré a los periodistas—. Yo no perdería el tiempo hablando con él.

Me refería al incidente sobre mi intercambio fallido con Seattle. También estaba molesto porque no había movido ni un dedo para retener a Horace. No digo que todo hubiese sido distinto de haberlo hecho, aunque nunca se sabe.

De todos modos, no solo estaba indignado por las mentiras o las derrotas, sino que todavía estaba enfadado porque mi contrato era una basura. Toni, B. J. y Harp cobraban más que yo.

Como siempre, no dejé que mis sentimientos interfirieran en mi rendimiento sobre la pista. Lideraba al equipo en los cinco aspectos más determinantes del juego: puntos, rebotes, asistencias, tapones y robos. Ningún jugador había logrado tal hazaña desde Dave Cowens, un pívot de los Celtics de finales de los setenta.

Pero todo lo que se movía a mi alrededor me estaba afectando, y estaba condenado a sufrir las consecuencias.

El 24 de enero, nos enfrentamos a los San Antonio Spurs en el United Center.

Al final de la primera parte, Dennis Rodman, ahora en los Spurs, golpeó a Luc Longley. Me pareció una locura que no pitaran falta. Se lo hice saber a Joey Crawford, uno de los árbitros del partido, que no estuvo de acuerdo con mi punto de vista y me sancionó con una técnica. Ahora sí que estaba realmente furioso. Total, que me cayó la segunda.

Antes de abandonar la pista, me aseguré de dejar constancia de mi enfado.

Cuando pasaba por delante del banquillo, agarré una silla y la lancé hacia la pista, como hizo el entrenador de Indiana Bobby Knight en su famoso incidente de 1985. Nunca me gustó Joey Crawford. Era uno de esos árbitros, y no eran pocos, que usaban el silbato para demostrar el poder que tenían.

Mirando atrás, me arrepiento de haber arrojado la silla: alguien podría haber resultado herido.

Aun así, no me disculpé entonces y no pienso hacerlo ahora. Es verdad, se me fue de las manos. Pero Crawford tampoco estuvo afortunado y no recuerdo que se disculpara jamás.

Al poco tiempo, se abrió otra vez la ventana de traspasos y me quedé exactamente en el mismo lugar, Chicago. Los últimos rumores me colocaban en los Clippers. ¿Quién sabe cómo habría ido la cosa?

Por cierto, hablando de no ir a ningún lado: el balance de los Bulls en febrero fue de cinco victorias y ocho derrotas, el peor desde abril de 1989, cuando Doug Collins estaba al cargo del equipo. El guion era el mismo cada noche: nos poníamos por delante en el marcador y luego, en la segunda mitad, nos desmoronábamos.

A principios de marzo, el equipo tenía un balance de veintiocho victorias y treinta derrotas, ocho partidos y medio por detrás de los Hornets en nuestra división, y a años luz de los Orlando Magic (cuarenta y cuatro a trece), que tenían los mejores números de la Conferencia Este.

Los Magic contaban con dos de los jóvenes talentos más prometedores de la NBA: Shaquille O'Neal, un pívot de dos metros dieciséis y más de ciento cuarenta kilos, y Penny Hardaway, un escolta que superaba los dos metros. Shaq siempre estará ligado a Kobe Bryant, y con razón, pero Penny fue su primer gran compañero. Penny podía lanzar desde lejos y era un pasador excelente.

Todo indicaba que Horace ganaría otro anillo antes que yo, que no sabía cuándo volvería a tener siquiera la posibilidad de conseguir otro.

Cuando se presentó a los entrenamientos en el Berto Center el 7 de marzo, no parecía nada del otro mundo. Michael había entrenado con el equipo varias veces desde su retirada. Seguía amando el juego, y eso nunca iba a cambiar. Pero esta vez había algo diferente. Trabajó con la segunda unidad y participó en una sesión de vídeos. Incluso dio unas vueltas a la pista después del entrenamiento.

Los chicos empezaron con los rumores: ¿de verdad piensa volver?

Las especulaciones se prolongaron durante unos días. Nadie sabía nada. La televisión local y la prensa estuvieron atentos a la noticia desde el principio. El Berto Center no había reunido a tantos periodistas desde la conferencia donde Michael anunció su retirada en 1993: parecía que habían pasado siglos.

Como de costumbre, Michael no me dijo nada, y yo tampoco se lo pregunté. Sabía hasta dónde llegaba nuestra relación. Nada había cambiado entre nosotros. Para todos, salvo para su gran amigo J. B., la decisión era un secreto.

Sin embargo, con cada día que pasaba, el regreso de Michael parecía más cercano, especialmente porque la andadura en el béisbol parecía no tener mucho recorrido. En agosto del año anterior, los jugadores de béisbol declararon una huelga y se canceló el resto de la temporada de 1994. Casi un año después, parecía que la solución al conflicto todavía estaba lejos. Algunos estaban dispuestos a saltarse la huelga y jugar con los jugadores de reemplazo en las ligas menores. Pero Michael no.

El 18 de marzo, anunció oficialmente su regreso con aquel famoso fax: *I'm back.*

Yo estaba encantado, y creo que mucha gente se sorprendió por ello. No sé, tal vez creían que no querría volver a ser el número dos del equipo. Que prefería ser Batman a Robin. No voy a mentir. Disfruté siendo la estrella de los Bulls, pues pude demostrar a mis críticos que era capaz de llevar mi juego a otro nivel si no tenía que estar pendiente de Michael.

Por otro lado, Jerry Krause tenía mucho más que perder. Ganar cincuenta y cinco partidos en la temporada 1993-94 no había sido suficiente. No es de extrañar que no estuviera emocionado por tener a Michael de vuelta.

—Scottie y Horace son tus niños —solía decirle Michael a Jerry—. Tú no me elegiste en el *draft.*

Esas palabras sacaban de quicio a Jerry. Por eso, Michael no dejaba de repetirlo. Michael siempre supo cuáles eran los puntos débiles de Jerry, y los de mucha otra gente.

En realidad, Michael no podía curar todos los males de los Chicago Bulls. Sin ir más lejos, no era Horace Grant: no podía enfrentarse a los hombres grandes en el poste bajo; no cabía duda de que necesitábamos más refuerzos en esa posición.

Además, no tenía el tono físico que un jugador alcanza durante la temporada.

No importa cómo te llames: no puedes aparecer en cuatro o cinco entrenamientos y esperar que tu rendimiento se parezca al de antaño. Tu cuerpo no te deja. No se trata de los partidos. Lo que te permite alcanzar un buen rendimiento son los entrenamientos, los viajes y el compromiso diario. Y Michael no había estado bajo este régimen desde que derrotamos a los Suns en las Finales de 1993, hacía casi dos años.

Por su parte, el equipo también tenía que hacer algunos ajustes. Principalmente, aquellos jugadores que no habían jugado con él. No solo debían aprender dónde le gustaba recibir el balón o cómo colocarse cuando penetraba a canasta. Jugar con Michael también implicaba acostumbrarse a la atención que generaba en los aficionados, los periodistas, los fotógrafos, los famosos. Con él en la pista, las expectativas eran mayores que nunca.

Los chicos estaban impresionados, lo trataban como a una celebridad. Bueno, supongo que, al fin y al cabo, lo era. Y estoy hablando de hombres adultos que habían jugado en la NBA durante años. No sabían cómo acercarse a él. En muchos casos, no se molestaron. Era mejor mantener la distancia que decir algo incorrecto y caerle mal.

No podéis creeros cuántas veces se me acercó un compañero para preguntarme:

—Oye, ¿crees que puedo pedirle a Michael que me firme esto?

Y cada vez que me lo preguntaban, tanto si se trataba de una camiseta para su hermano pequeño como la entrada de un partido en el que Michael anotó cincuenta puntos, les echaba la misma mirada y decía:

—Buena suerte.

Pero nadie estaba más intimidado que Toni, que siempre había querido jugar con Michael; de hecho, su retirada le afectó mucho.

Cuidado con lo que deseas. Toni todavía estaba acostumbrándose a lidiar con Phil, que constantemente le echaba en cara que no defendiera correctamente. Ahora también estaría Michael, que, para decirlo con suavidad, no era un especialista en hablar con tacto.

El primer partido que disputó Michael cuando regresó fue el 19 de marzo contra los Pacers en Indianápolis. Pero parecía más un partido de *playoff*. Al menos, por parte de los aficionados que se congregaron en el Market Square Arena, así como por la cantidad de medios de comunicación que acudieron.

Ese día, en lugar del dorsal 23, llevó el número 45, el primer número que usó en el instituto. No fue su mejor partido. Estaba un poco oxidado, como era de esperar. Solo acertó siete de sus veintiocho tiros, y perdimos en la prórroga por 103-96.

Tras vencer a los Celtics en el siguiente partido, nos enfrentamos a los Orlando Magic en el United Center. Era una gran prueba para nosotros, pues los Magic eran los claros favoritos de la conferencia Este.

Perdimos. Fallamos. Michael no tenía ritmo de partido (siete de veintitrés en tiros de campo); Orlando se impuso por 99-106.

No había ninguna razón para estar preocupados. Era Michael Jordan. Recuperaría el ritmo más pronto que tarde.

Tal vez en el siguiente partido.

A falta de 5,9 segundos para el final y un punto por debajo de los Hawks, Michael recibió un pase desde la línea de fondo, cruzó toda la pista y anotó un tiro ganador sobre la bocina, un lanzamiento que hizo desde su casa. Victoria para los Bulls. Michael acabó con treinta y dos puntos. No estaba mal para alguien que se había pasado casi dos años intentando darle a una pelota con un bate.

Entonces, vino la noche en el Garden. La noche que nadie esperaba.

Michael encestó seis de sus primeros siete tiros para acabar el primer cuarto con veinte puntos. Sumó quince más en el segundo, y catorce en el tercero. Terminó el partido con cincuenta y cinco puntos, la mejor marca de anotación de la temporada. Además, asistió a Bill Wennington para que hiciera el mate ganador; derrotamos a los Knicks, 111-113. Ese partido sería recordado como el «Double Nikel Game».

El fax había advertido al mundo que había vuelto.

La actuación en el Garden lo hizo oficial.

Michael disputó diecisiete partidos antes de que empezaran los *playoffs*, a finales de abril. Ganamos trece de ellos y acabamos la temporada con un balance de cuarenta y siete victorias y treinta y cinco derrotas, cosa que nos sirvió para lograr el quinto lugar en la Conferencia Este.

Volvíamos a ser los Bulls. Todo era posible.

ϒ

Nuestro rival en la primera ronda, al mejor de cinco, serían los Hornets. El primer partido se jugaría en Charlotte. La última vez que empezamos unos *playoffs* fuera de casa fue en 1989.

Los Hornets habían ganado cincuenta partidos esa temporada; en su plantilla, un futuro miembro del Salón de la Fama, Alonzo Mourning, el alero Larry Johnson y un base veloz como un rayo que me hizo recordar esa maravillosa semana que me cambió la vida en el torneo previo al *draft* en Portsmouth, Virginia: Muggsy Bogues. Nunca podré agradecérselo lo suficiente a Muggsy.

Como se trataba de una serie corta, el primer partido cobró más importancia de lo habitual. Nos llevamos el partido en la prórroga: Hornets, 100-Bulls, 108.

El mérito fue de Michael, que anotó cuarenta y ocho puntos, de los cuales diez fueron en la prórroga. Los Hornets se rehicieron y se llevaron el segundo partido por 89-106, con Mourning a la cabeza con veintitrés puntos y veinte rebotes. En el tercer partido, lo mantuvimos a raya (solo trece puntos y siete rebotes) en un convincente triunfo por 103-80.

Una victoria más y estaríamos en la siguiente ronda.

Fue más fácil decirlo que hacerlo. Básicamente, porque Michael tuvo una mala noche.

Durante un tramo de dieciséis minutos en los dos últimos cuartos del partido, no anotó ni un solo punto. Parecía imposible que tal cosa pasara. Toni y yo nos encargamos de remediarlo, y terminamos con veintiún puntos y once rebotes. Aun así, los Hornets casi se llevan el partido: a falta de unos pocos segundos y con un punto por debajo en el marcador, Johnson lanzó a la altura del tiro libre: *air ball.*

Los Magic, primeros cabezas de serie, fueron los siguientes. Nadie dudaba de su talento. La cuestión era si estaban preparados para superar el siguiente obstáculo. Se necesita tiempo para batir a los campeones, como descubrimos contra los Pistons, y nosotros, con la vuelta de M.J., sentíamos que todavía éramos los campeones.

Era como si la temporada 1993-94 no hubiera existido.

Nuestro reto más difícil sería contener a Shaq. Era una bestia. Esa temporada, la tercera para él, promedió 29,3 puntos y 10,8 rebotes. No teníamos a nadie que pudiera defenderlo directamente. Aunque tenía una debilidad, los tiros libres: solo metía el cincuenta y tres por ciento. Nunca entendí por qué no trabajaba más esa parte de su juego. Con lo dominante que era, podría haber resultado aún más imparable.

Por suerte, al contar con tres buenos jugadores interiores —Bill Wennington, Luc Longley y Will Perdue— podíamos ser agresivos con Shaq. Teníamos un margen de dieciocho faltas (seis por jugador). Se los conocía como el «monstruo de tres cabezas».

Tampoco podíamos hacer nada más. Shaq no tenía más puntos débiles.

En el primer partido, hizo un doce de dieciséis en tiros libres, y acabó con veintiséis puntos y doce rebotes. Con todo, seguimos en el partido hasta el final, gracias a otra actuación estelar de Toni (diecisiete puntos y nueve rebotes).

Cuando faltaban dieciocho segundos para el final, íbamos por delante, 90-91. Michael llevaba el balón perseguido por el base Nick Anderson. Los Magic tenían que hacer una falta.

¿O no?

Anderson le quitó el balón a Michael y Penny recuperó el balón suelto. Corrió por la cancha y asistió a Horace, que machacó el aro. Ahora, los Magic iban un punto por delante, 92-91.

Decir que Michael estaba sorprendido —que todo el mundo del baloncesto estaba con la boca abierta— sería quedarse corto. Nadie le roba el balón a Michael Jordan en los momentos decisivos.

Sin embargo, ese no era el Michael de antes. Este era el Michael que había estado alejado de las pistas durante casi dos años.

Tiempo muerto para los Chicago Bulls a 6,2 segundos para el final.

El partido no había acabado. Michael tendría la oportunidad de redimirse. Cogió el balón cerca de la mitad de la cancha y botó hacia la línea de tiro libre. Saltó y, en el aire, en lugar de tirar, me pasó el balón. No lo esperaba. Nadie lo esperaba. El balón me pasó por detrás, porque estaba buscando una posición para hacerme con el rebote. Los Magic ganaron 94-91.

Un cuarto de siglo después, la gente recuerda ese robo de Anderson como la prueba de que Michael era humano. Bueno, eso ya se lo podría haber dicho yo mucho antes. Lo que probablemente no recuerdan es que Michael anotó treinta y ocho puntos (diecisiete de treinta en tiros de campo) en el segundo partido, en el que empatamos la serie: 94-104. Aunque fuera humano, seguía siendo Michael Jordan. En ese partido, volvió a usar el número 23. El número 45 no le había dado buenos resultados.

Regresamos a Chicago en una situación favorable y con la moral alta.

Desgraciadamente, no duró demasiado.

En el tercer partido, los Magic nos ganaron, 101-110. Shaq anotó veintiocho puntos, con un ocho de diez desde la línea de tiros libres. «¿Quién era ese tipo grande que se hacía pasar por Shaquille O'Neal?»

Recuperamos el tono en el cuarto partido, 106-95, e igualamos la serie. Pero los Magic ganaron el quinto partido, 103-95. Shaq anotó veintitrés puntos, capturó veintidós rebotes y puso cinco tapones. Una bestia, repito. Horace también estuvo genial: veinticuatro puntos y once rebotes. Aun así, si ganábamos en Chicago, la presión sería para los Magic, que se encontrarían en una situación totalmente nueva para ellos: un séptimo partido.

Dicho y hecho. A falta de más de tres minutos para el final del sexto partido, B. J. clavó un triple desde la esquina para darnos una ventaja de ocho puntos. El ambiente en el United Center era impresionante. Parecía el Chicago Stadium.

Tiempo muerto para los Magic.

Dos posesiones más tarde, Shaq anotó desde la pintura y redujo la ventaja a seis. Tras una pérdida de balón de los Bulls, Anderson metió un triple. Luego tampoco pudimos anotar. Era nuestro tercer ataque consecutivo sin anotar. No era un buen momento para perder la puntería. Los Magic aprovecharon la ocasión y Brian Shaw encestó dos tiros libres. La ventaja de ocho puntos se había desvanecido.

Después de que Michael lanzara y el balón no tocara ni el aro, Anderson encestó otro tiro en suspensión. Ahora sí que estábamos por detrás. Los Magic iban un punto por delante.

Phil pidió tiempo muerto cuando faltaban 42,8 segundos para el final.

Esto no podía estar pasando.

No a los Chicago Bulls, la franquicia con tres anillos en los últimos cuatro años. No podía pasar en nuestra casa y con Michael Jordan en la pista.

En la recta final, tuvimos dos oportunidades de empatar o ponernos por delante.

Primero, Luc falló un tiro fácil, después de una asistencia perfecta de Michael. Luego Dennis Scott anotó un tiro libre para dar a los Magic una ventaja de dos puntos, y Michael volvió a encestar. Eso fue todo. Al final, 102-108. En los últimos tres minutos, Orlando nos metió un parcial de 0-14.

La fiesta de los de Orlando se desató: sus jugadores levantaron sobre sus hombros a Horace, el hijo pródigo, mientras él agitaba una toalla blanca. Odio perder, obviamente, aunque a una pequeña parte de mí no le importaba presenciar cómo Horace le restregaba por la cara su éxito a Jerry Krause, el hombre que lo había traspasado.

¿Quién sabe? Tal vez yo tendría la misma oportunidad algún día. Si los Bulls se hubieran salido con la suya, me habría ido mucho antes. Se pusieron en contacto con varios equipos poco después de que cayéramos eliminados para ver si había algún interés en un intercambio. Solo porque Michael estuviera de vuelta no significaba que yo me fuera a quedar en el equipo.

Lo creáis o no, yo quería seguir. Ya, ya lo sé: ¿acaso no quería irme al principio de esa temporada? Sí, así es. Pero habían cambiado muchas cosas desde entonces, la más importante de todas el regreso de Michael.

Nuestro reinado, aunque interrumpido, no había acabado.

Tipos como Steve Kerr, Bill Wennington, Ron Harper, Toni Kukoc y Luc Longley ya sabían cómo jugar con Michael y cómo lidiar con la expectación que siempre lo rodeaba. Los dos últimos meses de la temporada 1994-95 fueron un ensayo general perfecto.

Solo necesitábamos un reboteador y un gran defensor que sustituyera a Horace.

Nunca hubiera imaginado quién sería ese jugador.

15

Dos anillos más

La primera vez que oí su nombre fue durante mi primer año en Central Arkansas.

Él me dio esperanzas. Me di cuenta de que no tenía que estar en una de las grandes universidades para poder ser seleccionado para la NBA. Siempre que uno tuviera el talento y la dedicación, el sueño era posible. Dennis Rodman, cuya improbable trayectoria lo llevó de un barrio pobre de Dallas, Texas, a Southeastern Oklahoma State, y de ahí al Salón de la Fama del baloncesto, tenía mucho de ambas cosas.

Yo llegué a la liga un año después que Dennis. Fuimos rivales y luego enemigos. Odiábamos a los Bad Boys, y ellos nos detestaban a nosotros. En realidad, ellos odiaban a todo el mundo. Incluso mientras los Pistons seguían ganando a los Bulls en los *playoffs*, yo admiraba su capacidad para defender y capturar rebotes. Él sabía hacia dónde iría la pelota en el momento en que salía de las manos del lanzador, y era capaz de luchar y llevarse los rebotes ante jugadores que le sacaban trece centímetros y más de veinte kilos.

Aquello no sucedía por azar.

Él estudiaba las tendencias de sus oponentes y sus compañeros de equipo, y se colocaba en la posición perfecta para atrapar el rebote, incluso antes de que los demás estuvieran en posición de lanzamiento. Dennis contaba con una increíble inteligencia baloncestística. Podía influir enormemente en un partido sin anotar ni un solo punto. ¿De cuántos jugadores puede decirse lo mismo?

Por muy fundamentales que fueran Isiah Thomas, Bill Laimbeer y Joe Dumars para su éxito, los Pistons no habrían ganado sus dos campeonatos sin Dennis.

Para empezar, cómo logró llegar a la NBA es toda una historia.

Su padre se marchó cuando Dennis tenía solo tres años, y estuvo cuarenta y dos años sin volver a verlo. Su madre tenía varios trabajos para poder mantener a flote a la familia. Tras graduarse del instituto, Dennis hizo de conserje en el aeropuerto de Dallas y las cámaras lo pillaron robando relojes de una tienda de regalos. Tuvo suerte de que retiraran los cargos. De lo contrario, la historia podría haber terminado en ese mismo momento.

Luego sucedió un milagro. Dennis creció y creció... y creció.

Pasó de 1,75 a 2,03 en un año (y yo que creía que mi estirón había sido único). Probó con el baloncesto una segunda vez. La primera vez, en el instituto, no salió bien. En esta ocasión entró en el equipo de una pequeña escuela universitaria en Gainesville, Texas. De ahí fue a Southeastern Oklahoma State. Estaba en camino.

Así pues, en el verano de 1995, cuando Phil me preguntó qué me parecía la posibilidad de que los Bulls ficharan a Dennis, que en aquel momento tenía treinta y cuatro años, no puse objeción alguna. Michael tampoco. Y no es que no hubiera nada de que preocuparse. Por supuesto que lo había. La reacción de Michael fue algo así como:

—¿Dennis Rodman...? ¿En serio?

Sí, en serio. Y tenía mucho sentido.

El año anterior, Phil había hecho pruebas en la posición de ala-pívot con Toni, Larry Krystkowiak, Dickey Simpkins y Greg Foster. Era su cuarto equipo en cinco años. En los *playoffs* contra los Magic, yo asumí ese papel. Ninguno de nosotros estuvo a la altura como sustituto de Horace.

El ala-pívot es una posición clave en el baloncesto, donde se ganan o se pierden muchos partidos. Necesitábamos a alguien capaz de capturar unos diez rebotes por partido, que hiciera algunos tapones y lidiara con matones como Karl Malone, Charles Barkley, Charles Oakley, etc.

Nadie estaba más cualificado para la tarea que Dennis Rodman.

Creedme, mi idea de lo que aquel hombre era capaz de hacer resultaba bastante aproximada. Tanto dentro como fuera de la pista.

Yo era el tipo al que Dennis empujó fuera de la pista en el cuarto partido de las finales de la Conferencia Este de 1991: ¡me tuvieron que poner seis puntos en la barbilla! Esto no es algo que se suela olvidar.

Phil nos aseguró a Michael y a mí que sería capaz de deshacerse de Dennis si acababa siendo una distracción: lo incluirían de forma explícita en el contrato. «Es bueno saberlo.» Nunca vi que las cosas llegaran a ese punto. Fue gracias a esa habilidad que tenía Phil para lidiar con un gran abanico de personalidades distintas, incluida la de un servidor. Y gracias a veteranos como Michael y como yo, que le insistíamos a Dennis para que se esforzara y estuviera preparado para jugar noche tras noche.

Por otro lado, yo también era realista: estamos hablando del maldito Dennis Rodman; ya sabes, el tipo del pelo de colores raros y que anda tatuado de la cabeza a los pies; el que se sacaba la camiseta después de los partidos y la lanzaba al público; el que salió con Madonna.

Todo era posible.

Solo hay que preguntar a los San Antonio Spurs: estaban desesperados por deshacerse de Dennis; no les había traído más que problemas desde que lo ficharon de los Pistons en otoño de 1993. No sé cuál era el récord de multas y suspensiones en una temporada, pero estoy seguro de que él no andaría muy lejos.

A principios de octubre, el acuerdo se hizo oficial: Rodman iría a los Bulls a cambio de Will Perdue. Estoy seguro de que no pocos aficionados en Chicago se preguntaron: «¿En qué lío nos estamos metiendo?».

Una cosa estaba clara: no habría ni un momento de aburrimiento.

El primer partido de pretemporada contra los Cavs, en el Carver Arena de Peoria, fue un ejemplo de ello.

Antes del salto inicial, cuando Dennis apareció en la pista con el pelo rojo, el público lo aclamó como si fuera Elvis. La reacción sería la misma durante toda la temporada. Teniendo en cuenta lo mucho que lo odiaban los aficionados de Chicago cuando jugaba con los Bad Boys, creo que a Dennis esa reacción lo cogió por sorpresa. Aquella noche terminó con siete puntos y diez rebotes, y tuvo un pequeño enfrentamiento con uno de los jugadores de Cleveland. Cómo no.

Durante los ocho partidos de pretemporada, le pitaron cinco faltas técnicas. Repito: «pretemporada». ¿Qué sucedería cuando los partidos empezaran a contar de verdad?

A medida que pasaban los días, me sorprendió lo reservado que era. Hay un Dennis Rodman que es una estrella del espectáculo; luego está el otro, el Dennis Rodman hombre. Son completamente distintos. Dennis se mantuvo aislado la mayor parte del tiempo en el campus de pretemporada, trabajando en su preparación física y en su técnica. Muchas veces era el primero en llegar al gimnasio y el último en marcharse. Jamás vi a nadie aprender el triángulo ofensivo tan rápido como él. ¿Aprenderlo? No, no, dominarlo.

Todo el mundo estaba pendiente de él, esperando la más mínima señal de conflicto. Y él lo sabía.

Otra cosa destacable de la pretemporada fue lo fino que estaba Michael. Era el antiguo Michael, no el que dejaba que Nick Anderson le robara el balón.

La derrota ante los Magic le enfadó. Y, en general, no es una buena idea hacer enfadar a Michael Jordan.

Tal vez también se había dado cuenta, tras veintiún meses sin jugar, de lo afortunado que era y de que su bendita carrera no duraría para siempre. Pensaba aprovechar al máximo el tiempo que le quedaba. Tenía treinta y dos años. Son muchos para un jugador de baloncesto.

El verano anterior, mientras estaba en Los Ángeles para rodar *Space Jam*, Michael se entrenaba con otros jugadores de la NBA en un gimnasio que el estudio construyó específicamente para él.

Luego, de vuelta en Chicago, Ron Harper y yo nos encontrábamos todas las mañanas hacia las siete en punto en casa de Michael para levantar pesas en su sótano. Al cabo de aproximadamente una hora, disfrutábamos de un desayuno cocinado por su chef, que incluía *pancakes*, avena, sémola de maíz, huevos fritos, zumo de naranja recién exprimido, etc. De ahí el apodo del grupo: el *Breakfast Club*.

La idea fue de Harp: lo veía como una forma de crear un vínculo dentro del equipo. No daba crédito cuando le dije que Michael y yo básicamente no teníamos ninguna relación fuera de la pista. Como todo el mundo que llegaba a los Bulls, él daba por hecho que éramos íntimos.

Me encantaba levantar pesas. Sigo haciéndolo casi todos los días. Realmente, es irónico, teniendo en cuenta cómo me sentía al respecto en el instituto y cómo casi termina con mi carrera.

Cuando salíamos de casa de Michael, nos dirigíamos al Berto Center para entrenar, donde trabajábamos la defensa y el triángulo. Los nuevos tenían mucho que aprender. No era necesaria una segunda sesión de pesas, pero yo participaba de todos modos. No quería que Al Vermeil, el preparador físico, pensara que no estaba cumpliendo con mi parte.

Con Dennis, M.J. y yo en plena forma, no parecía haber límite.

B. J. se había marchado, al ficharlo los Toronto Raptors en el *draft* de expansión. Me dio pena verle marchar. Igual que a Will Perdue y a Pete Myers, que fichó por los Hornets y fue traspasado al cabo de un mes a los Heat. El lado bueno fue que hicimos algunas buenas incorporaciones a nuestro banquillo:

el base Randy Brown; el expívot de Detroit James Edwards (que seguía siendo competente con treinta y nueve años); y el ala-pívot Jason Caffey, un prometedor *rookie* de Alabama.

Cuando eché un vistazo al calendario a principios de esa temporada, les dije a los chicos:

—No creo que perdamos ni un partido en tres meses.

No me equivoqué demasiado.

La primera semana de diciembre teníamos un balance de trece victorias y dos derrotas, el mejor inicio de temporada en la historia de la franquicia. Lo conseguimos ganando seis de siete partidos en nuestro primer viaje largo por carretera; solo perdimos contra los Sonics: 97-92. Nuestra defensa era más intensa que nunca. Durante aquel viaje, solo Portland y Dallas consiguieron anotar más de cien puntos. La otra derrota que sufrimos fue contra los Magic, en Orlando.

Aunque parezca increíble, no estábamos jugando a nuestro máximo nivel, y no teníamos a Dennis, que se perdió doce partidos por una lesión de gemelo. Volvió el 6 de diciembre contra los Knicks en el United Center. Consiguió veinte rebotes en treinta y ocho minutos. Los Knicks consiguieron un total de treinta y nueve.

Desde aquel momento, y durante el resto de la temporada, «sí», jugamos a nuestro máximo nivel. Al máximo nivel que haya jugado jamás ningún equipo.

En diciembre conseguimos un balance de trece victorias y una derrota. Esta llegó en una visita a los Pacers el día después de Navidad: 103-97. En cierto modo, el equipo se sintió aliviado, pues intentar mantener intacta una racha de victorias (había llegado a trece) añade una gran cantidad de presión, y ya teníamos suficiente.

Tres días después, iniciamos otra racha derrotando a los Pacers en Chicago por 120-93.

Se prolongó dieciocho partidos y no terminó hasta que los

Denver Nuggets nos ganaron por 105-99 el 4 de febrero de 1996. Esto son cuarenta días entre derrota y derrota. En la era moderna de la NBA (después de 1950), solo los Lakers de 1971-72 (treinta y tres partidos, con Wilt) y los Bucks de 1970-71 (veinte, con Kareem) habían conseguido rachas más duraderas.

Nuestro balance tras la derrota ante Denver era de cuarenta y una victorias y cuatro derrotas. La gente se hacía una pregunta lógica: ¿pueden los Bulls ser el primer equipo en ganar setenta partidos?

¿Por qué no? Michael y Dennis no eran los únicos que jugaban a un nivel alto. También lo hacían Harp y Toni. Muchas noches, Harp no dejaba jugar al máximo anotador del equipo rival, y Toni nos proporcionaba un gran refuerzo desde el banquillo. Lo llegaron a nombrar «sexto hombre del año».

Yo también estaba en mi mejor momento.

En diciembre, fui el «jugador del mes» por segunda vez. La primera fue en abril de la temporada 1993-94. En catorce partidos conseguí una media de veinticinco puntos y medio, siete rebotes, seis asistencias y 2,36 recuperaciones. Logré un cincuenta y cuatro por ciento de acierto en tiros de campo, y un cuarenta y ocho (treinta y nueve de ochenta) en triples. Son cifras de MVP.

Todo iba bien. Demasiado bien. La temporada es larga. Era imposible que nada saliera mal, especialmente si tienes a Dennis Rodman en tu equipo. Tarde o temprano perderá el control. La pregunta es cuándo. Y si será grave.

Lo fue.

Sucedió el 16 de marzo de 1996. Jugábamos contra los Nets en Nueva Jersey. Cuando quedaba un minuto y medio del primer cuarto, a Dennis le pitaron una falta sobre Rick Mahorn. Para expresar su indignación, se llevó las manos a los pantalones: no hace falta decir que fue una falta de respeto, tanto hacia el árbitro como hacia el propio juego.

El árbitro, Ted Bernhardt, le pitó una técnica, la segunda del partido: la noche de Dennis había terminado.

Bueno, no del todo; estamos hablando de Dennis.

Tuvo un berrinche. No pasa nada. Los jugadores tienen berrinches constantemente. Desde luego, yo también tuve los míos (véase mi relación con mi silla plegable favorita). Solo que Dennis hizo algo que era todo menos aceptable: le propinó un cabezazo a Bernhardt y la liga lo suspendió por seis partidos.

Su sanción no nos afectó demasiado (conseguimos cinco victorias y solo sumamos una derrota), aunque sin duda era un motivo de preocupación.

Phil y Michael sintieron que había decepcionado al equipo; no podía más que estar de acuerdo con ellos. Hasta su colapso en Nueva Jersey, aunque le pitaban muchas faltas técnicas (terminaría la temporada encabezando la liga con veintiocho), había sido, por lo general, un ciudadano modélico, y tenía que seguir siéndolo para que pudiéramos competir para ganar otro título.

Cuando Dennis volvió al equipo a principios de abril, llevábamos sesenta y dos victorias y ocho derrotas. Si de los últimos doce partidos ganábamos ocho, alcanzaríamos la mágica cifra de setenta.

El equipo cogió un autobús a solo ciento cuarenta kilómetros de Chicago. Aquel viaje fue distinto a cualquier otro que hubiéramos hecho. Helicópteros de las cadenas de televisión nos siguieron durante varios kilómetros y había seguidores con pancartas de apoyo a lo largo de la autopista. Nos trataban más como soldados que partieran hacia el campo de batalla que como deportistas que iban a jugar un partido de baloncesto.

A lo largo de nuestro camino hacia la historia, los Chicago Bulls fuimos el acontecimiento más atractivo del deporte. La gente no estaba a nuestro favor ni en contra; simplemente, estaban ávidos por estar «cerca» de nosotros.

Hicimos nuestro trabajo, 86-80, con Michael a la cabeza con veintidós puntos y nueve rebotes. ¿Una obra de arte? Seguramente no. Pero ¿qué más da? El récord era nuestro. Terminamos la temporada con un balance de setenta y dos victorias y diez derrotas. El récord anterior lo tenían los Lakers de 1971-72 con sesenta y nueve victorias y trece derrotas.

Estoy orgulloso de lo que conseguimos. Aunque ganar setenta partidos no era algo que nos obsesionara.

Solo hay que ver lo que les pasó a los Golden State Warriors en la temporada 2015-16: consiguieron terminar con setenta y tres victorias y nueve derrotas, y luego perdieron en las Finales contra LeBron y los Cavaliers. Los Warriors habían puesto demasiada energía en superar nuestro récord.

Harp lo expresó a la perfección antes de que empezaran los *playoffs*:

—Setenta y dos victorias no sirven de nada sin el anillo.

La primera serie de los *playoffs* contra los Miami Heat, entrenados por Pat Riley, fue un emparejamiento desigual. Los arrasamos en tres partidos y no hubo ningún margen de victoria que bajara de los diecisiete puntos.

La siguiente fue contra el antiguo equipo de Riley, los Knicks, entrenados por aquel entonces por Jeff Van Gundy: seguían teniendo a Ewing, Mason, Starks, Oakley y Harper.

Esta serie prometía ser mucho más competitiva. Y lo fue.

Tras perder los primeros dos partidos en Chicago, los Knicks sobrevivieron ganando por 102-99 en el tiempo añadido en el Garden, y lograron otra oportunidad.

Después, en el cuarto partido, cuando quedaban unos treinta segundos para el final, los Knicks tenían el balón y solo perdían de uno.

Ewing lanzó un tiro en suspensión desde la línea de fondo. Falló. El rebote estaba asegurado gracias a, quién si no, Dennis Rodman, que sumó el decimonoveno de la noche. Ganamos, 91-94, y nos llevamos la serie en cinco partidos, lo que nos condujo a la final de la Conferencia Este por primera vez desde 1993. Nuestro rival: los Orlando Magic.

Los Magic habían ganado sesenta partidos aquella temporada. La única razón por la que no recibieron más atención fue porque nosotros habíamos ganado setenta y dos.

Indudablemente, que los Rockets los arrasaran en las Finales de la NBA del año anterior había sido muy duro para ellos. No obstante, la derrota los ayudaría a crecer, como nos ayudaron nuestras derrotas contra los Pistons.

Desde el primer día en la concentración de pretemporada, este era el equipo al que los chicos querían enfrentarse. Los jugadores de los Magic festejando en nuestro edificio y llevando a Horace sobre los hombros era una imagen que no podíamos quitarnos de la cabeza. La única forma era conseguir una revancha.

Empezamos muy bien, ganando el primer partido por 121-83 en Chicago. Dennis estaba en plena forma: trece puntos y veintiún rebotes. Luc también destacó con catorce puntos (siete de nueve en tiros de campo) en solo trece minutos.

El partido no fue lo único que perdieron los Magic.

Hacia el final del tercer cuarto, Horace chocó con Shaq; si hay una persona en el planeta Tierra con quien uno no querría chocarse, ese es Shaquille O'Neal. Horace sufrió una hiperextensión del codo izquierdo y quedó fuera para el resto de la serie.

En el segundo partido consiguieron arreglárselas sin él; por lo menos, durante la primera mitad.

Los Magic iban por delante, 38-53, con Shaq dominando como de costumbre, con veintiséis puntos. En el tercer cuarto, Shaq, que tenía una doble-doble, hizo solo tres lanzamientos, lo que nos permitió volver a meternos en el partido. Al entrar en el último cuarto, perdíamos por solo dos puntos.

Cuando quedaban menos de tres minutos, Steve Kerr metió un tiro en suspensión que nos puso por delante, 83-81. No volvimos a ir por detrás en el marcador. Resultado final: 93-88.

Los Magic estaban acabados, lo reconocieran o no. En Orlando nos hicimos con el tercer partido por 67-86 y con el cuarto por 101-106. En el decisivo, Michael fue el máximo anotador con cuarenta y cinco puntos.

En un año cambian mucho las cosas. No apareció ningún Nick Anderson robando el balón ni sacaron a hombros a Horace Grant. Los Bulls volvían a estar en el sitio que les correspondía, en las Finales de la NBA, donde se enfrentarían a los Seattle SuperSonics.

Seattle había ganado sesenta y cuatro partidos en la temporada regular. Los Sonics también sufrieron las comparaciones con un equipo que había ganado setenta y dos. Y asimismo se parecían a los Magic porque estaban liderados por dos singulares estrellas: Shawn Kemp y Gary Payton.

Sin duda, los aficionados del noroeste del Pacífico se sintieron aliviados de que su propietario hubiera cambiado de opinión sobre mandar a Kemp, de 2,08 y 104 kilos, a los Bulls en el verano de 1994. En cada una de las dos temporadas posteriores, había conseguido una media de poco menos de veinte puntos y unos once rebotes. Una vez que Kemp entraba en la zona, resultaba casi imposible detenerlo.

Payton, el base, era capaz de todo.

Podía anotar veinte puntos. Podía meter el lanzamiento decisivo. Podía hacer llegar el balón a sus compañeros de equipo en sus lugares favoritos. Y luego estaba su defensa. Eso era lo que verdaderamente lo hacía destacar respecto a sus coetáneos. Conocido como *The Glove* (el Guante), Payton fue elegido mejor defensor en la temporada 1995-96.

Sin embargo, los Sonics eran mucho más que un equipo de dos. Hersey Hawkins, su escolta, era indomable, igual que su alero, Detlef Schrempf. Su banquillo también tenía recursos: el escolta Vincent Askew, el base Nate McMillan y el ala-pívot Sam Perkins. Su entrenador, George Karl, era uno de los más brillantes del mundo del baloncesto.

En resumidas cuentas, los Sonics no tenían nada que perder. La presión recaía sobre nosotros, el equipo que había hecho historia. Si fracasábamos, los Bulls de la temporada 1995-96 serían recordados por haber perdido las Finales. No por haber ganado setenta y dos partidos.

Una posible preocupación: llegar oxidados.

El 5 de junio, cuando pisamos la pista para jugar el primer partido en el United Center, hacía nueve días que no jugábamos. Los entrenamientos no contaban. No hay nada comparable a la energía de un partido de verdad.

Los Sonics, que habían necesitado los siete partidos para acabar con los Utah Jazz, solo habían descansado dos días. Aquello podía marcar la diferencia.

O no.

En el primer partido, los aplastamos por 107-90. M.J. fue nuestro máximo anotador con veintiocho puntos. Muchos de los chicos contribuyeron a la victoria, incluido Toni, que aportó dieciocho, y Harp, que terminó con quince puntos, siete asistencias y cinco rebotes. Luc sumó catorce y cuatro tapones.

Dos noches más tarde, nos impusimos por 92-88. Dennis fue… Dennis. Con veinte rebotes igualó el récord de rebotes defensivos en unas Finales. La única nota amarga fue que Harp volvió a lesionarse la rodilla izquierda. Estuvo treinta y tres minutos sobre la pista, pero su estado físico solo le permitiría jugar quince más en los tres partidos siguientes.

Tuvimos suerte de no necesitarlo en el tercer encuentro, en Seattle.

La victoria no llegó a peligrar. Llevábamos una ventaja de veinticuatro puntos en el descanso. Lo más cerca que estuvieron los Sonics en la segunda mitad fueron doce puntos. Resultado final: 86-108. Toni fue un buen sustituto de Harp, mientras que Luc realizó otro gran esfuerzo con diecinueve puntos metiendo ocho de trece tiros de campo.

«Poned el champán en la cubitera, aseguraos de que el avión tiene combustible y preparad el desfile en Grant Park. Lo tenemos en el bolsillo. Chicago, tus queridos Bulls vuelven a casa para celebrarlo por primera vez en tres largos años.»

Bueno, no tan deprisa.

Seattle se llevó los dos partidos siguientes.

«Lo siento, Chicago, tendrás que esperar un poco más.»

En los primeros tres partidos, los Sonics habían decidido no poner a Payton, su mejor defensa, a marcar a Michael, porque querían reservar su energía para que pudiera ser una mayor amenaza en el campo ofensivo. Michael anotó un total de noventa y tres puntos. Con 3-0 en contra, cambiaron de opinión.

La jugada les salió bien.

En el cuarto partido, que Seattle ganó por 107-86, el Guante mantuvo a Michael en veintitrés puntos (solo encestó seis tiros de campo de diecinueve), mientras que Payton anotó veintiuno y repartió once asistencias. Yo tampoco acerté a encontrar el aro y solo encesté cuatro lanzamientos de diecisiete intentos. Dos noches después, mi mala racha continuó (cinco de veinte en tiros de campo) y los Sonics se impusieron por 89-78. No fui el único con malos porcentajes. En un tramo del partido fallamos veinte triples consecutivos.

Hay que darle su mérito al otro equipo: durante la temporada regular, habíamos conseguido una media récord en la liga de 105,2 puntos y no habíamos perdido dos partidos consecutivos desde febrero. No tener a Harp no nos ayudó. Cuando regresó, prácticamente se fue de nuevo. Su rodilla le daba demasiados problemas.

Y hacia Chicago nos fuimos. No había ido como habíamos pensado, pero volvíamos a casa.

El sexto partido estaba programado para el Día del Padre. Michael tendría muchas emociones con las que lidiar. Lo lamentaba por él. Era Michael Jordan, pero también era un hijo que echaba de menos a su padre.

Supuso una gran ayuda que Harp, todavía con dolor, entrara en la cancha para el salto inicial. Yo anoté la primera canasta (un tiro de cuchara) y terminé el cuarto con siete puntos y dos recuperaciones. Nuestra ventaja era de 24-18.

A partir de aquel momento, tuvimos el control. Toni encestó un par de triples. Dennis se hacía con cada rebote. Michael y yo éramos agresivos en ambos extremos. Y Ron Harper, bendito sea, lo dio todo, anotando diez puntos y evitando que Payton hiciera un gran partido. Harp fue uno de nuestros héroes olvidados, en aquella temporada y en las dos que siguieron.

Bulls 87, Sonics 75.

Los Chicago Bulls eran el mejor equipo de baloncesto del mundo. Dios, echaba de menos decir esto.

Los aficionados estaban eufóricos. Estaban viendo algo que muchos pensaban que no volverían a ver cuando Michael se retiró. Harper y yo subimos a la mesa de arbitraje de un salto. Otros nos siguieron, replicando una escena similar a la del Chicago Stadium en 1992, cuando derrotamos a los Blazers en el sexto partido.

Durante la celebración, Michael se marchó al vestuario. Ya no podía contener más sus emociones. Se tumbó en el suelo, al lado de las mesas, con un balón acunado entre sus brazos y sollozando. Era el primer título que no podía compartir con su padre.

Olvidémonos del récord de setenta y dos victorias. Ganar este título fue, en cierto modo, más difícil que ganar los otros.

Tengamos en cuenta dónde se encontraba el equipo cuando Michael volvió en marzo de 1995. Tuvo que intentar generar la química adecuada con tipos que no habían estado ahí en los primeros tres campeonatos. El primer grupo tardó años en encontrar esa química. Además, respecto a uno de los nuevos jugadores (ya sabéis quién)..., bueno, tuvimos que aprender a sacar lo mejor de él, sin que, también, saliera lo peor.

Varios días después, durante la celebración en Grant Park, Dennis dijo algo que me dejó pasmado:

—Me gustaría de verdad darle las gracias a una persona de este equipo que me ha aceptado y no tenía por qué hacerlo. Y pido perdón por lo que pasó hace cinco años.

Se refería al empujón durante el cuarto partido de los *playoffs* de 1991.

Disculpas aceptadas.

Al poco tiempo, me vi de vuelta en el gimnasio, listo para representar a mi país de nuevo en los Juegos Olímpicos de 1996 en Atlanta.

Al principio no me convencía la idea. Mi cabeza y mi cuerpo necesitaban descanso. Y me estaba haciendo mayor. Además, nada podía compararse con el Dream Team original. En mi opinión, el único Dream Team.

Los encargados de formar el equipo del 1996 insistieron, explicándome cómo los chicos más jóvenes podían beneficiarse de mi liderazgo. Al final, no pude decir que no.

Gracias a Dios que no lo hice.

Es cierto que jugar en Atlanta no fue como jugar en Barcelona. Pero, aun así, la experiencia valió la pena desde un punto de vista totalmente distinto.

Yo era una de las estrellas más veteranas, como Larry y Magic lo fueron en 1992. Jugadores como Grant Hill y Penny Hardaway me miraban con admiración. Estuve encantado de mostrarles el camino. Siempre he creído que los jugadores veteranos tienen la responsabilidad de velar por la siguiente generación, de dejar este deporte en un lugar mejor.

Del Dream Team original repitieron Karl Malone, Charles Barkley, David Robinson y John Stockton. El resto de la formación incluía a Shaq, Reggie Miller, Gary Payton, Mitch Richmond y Hakeem Olajuwon. El entrenador fue Lenny Wilkens.

Se esperaba que Estados Unidos volviera a arrasar. Así fue, aunque no sin algunas dificultades en el camino, normalmente, en la primera mitad de los partidos (y algunos momentos de angustia hacia el final). Los otros equipos no se sentían tan intimidados como en Barcelona.

En el partido por la medalla de oro contra Yugoslavia, nuestra ventaja cuando quedaban catorce minutos para el final era de un punto.

¡Un punto!

El equipo de Yugoslavia tenía muchos jugadores destacados, entre los cuales estaba Vlade Divac. Pero no era excusa.

Afortunadamente, con la expulsión de Vlade no tenían a nadie para detenernos en la zona, lo que nos permitió hacer un mate tras otro. Ganamos por mucho, 95-69. David Robinson fue el máximo anotador con veintiocho puntos, y Reggie Miller sumó veinte, con tres triples.

Subido al podio con mis compañeros de equipo, escuchando el himno nacional, me emocioné tanto como la primera vez. Si hubiera formado parte de diez Dream Teams, el sentimiento hubiese sido siempre el mismo. Celebrarlo sobre suelo estadounidense, viendo a todo el mundo de rojo, blanco y azul, lo hizo aún más especial.

Por desgracia, los juegos del 1996 serían recordados por otra razón.

Yo estaba en mi habitación de hotel el 27 de julio cuando escuché un ruido tremendo. Cuando miré por la ventana, vi gente corriendo por todos lados. Luego supimos que aquel estruendo era el de una bomba que había explotado en el Centennial Olympic Park. Murió una persona y más de cien resultaron heridas. A partir de aquel momento, todo cambió. Nos encerramos. En todo el tiempo que estuvimos en Barcelona no había pasado nada. Y ahora nos encontrábamos con esto.

Cuando los Juegos terminaron, sentí un gran alivio. Entre la temporada regular, los *playoffs* y los Juegos Olímpicos, había jugado ciento tres partidos desde principios de noviembre.

En la temporada 1996-97, los Bulls arrancaron con otra gran racha. Ganamos los primeros doce partidos. ¿Lograríamos ochenta victorias?

Las rachas de victorias fueron sucediendo, una tras otra: ocho seguidas entre el 11 y el 26 de diciembre; nueve seguidas entre el 28 de diciembre y el 19 de enero; ocho seguidas entre el 21 de enero y el 5 de febrero; siete seguidas entre el 11 y el 27 de febrero. Con un balance de sesenta y nueve victorias y trece derrotas, volvimos a conseguir la mejor marca de la liga.

Y las series de *playoffs* fueron cayendo, una detrás de otra.

Los Bullets en tres partidos.

Los Hawks en cinco.

Los Heat en cinco.

A principios de junio, volvíamos a estar en un lugar conocido: las Finales de la NBA. Esta vez nos enfrentaríamos a Karl Malone, John Stockton y los Utah Jazz.

El primer partido en el United Center podría haberse decantado hacia cualquier lado.

Fue el partido en el que, cuando quedaban apenas nueve segundos para el final del encuentro e íbamos empatados en el marcador, Karl Malone (que le quitó a Michael el MVP esa temporada) se situó en la línea de tiro libre y le dije que el cartero no repartía los domingos.

El comentario, totalmente espontáneo, consiguió el tono perfecto. Lo desconcentró sin poner en peligro nuestra amistad, que había significado mucho para mí desde Barcelona. Cenaba a menudo en su preciosa casa de Salt Lake City, donde pasábamos muy buenos ratos hablando por los codos. Éramos dos chavales pobres del sur que habían llegado a ser alguien.

Eso no quería decir que sintiera lástima por Karl cuando falló ambos tiros libres. Desde luego que no. Él tampoco habría sentido lástima por mí. Ante todo, éramos dos deportistas persiguiendo el mayor premio de nuestro deporte.

En la siguiente posesión, la pelota estaba en manos de Michael y los segundos se desvanecían. Los Jazz decidieron hacer una marca personal y descuidaron las ayudas. Michael se lo hizo pagar, metió un tiro en suspensión desde los seis metros por encima de Byron Russell mientras sonaba la bocina.

Michael Jordan repartía «todos» los días.

El segundo partido fue otra historia.

Estuvimos al mando desde el salto inicial. Resultado final: 97-85. En el segundo cuarto, los Jazz solo anotaron once puntos. Michael tuvo uno de esos partidos que casi convertía en rutina: treinta y ocho puntos, trece rebotes, nueve asistencias.

No obstante, la serie estaba lejos de haber terminado. En dos ocasiones aquella temporada, los Jazz habían ganado quince partidos consecutivos y ahora regresaban a casa, al Delta Center, donde tenían un balance de treinta y ocho victorias y tres derrotas.

Efectivamente, la serie no había terminado.

En el tercer partido, Karl, recuperado de una mala noche (seis de veinte en tiros de campo), demostró por qué era el MVP. Anotó treinta y siete puntos, capturó diez rebotes y consiguió cuatro robos. Stockton, como de costumbre, fue muy sólido con diecisiete puntos y doce asistencias. Los Jazz fueron mejores en los rebotes (47 a 35) y nos superaron (48 a 26) en la zona. Ganaron por 104-93.

En el cuarto partido, que jugamos el domingo 8 de junio, Utah tuvo más problemas. Perdían de cinco cuando quedaban poco menos de tres minutos, tras un mate de Michael que terminó con un parcial de doce a cuatro.

Pero Stockton rescató a su equipo. Primero con un triple lejano; luego, después de que anotáramos, le robó el balón a Michael y anotó un dos más uno. Stockton convirtió otros dos tiros libres en la siguiente posesión y, luego, le dio un pase increíble, que cruzó toda la cancha, a Karl, que encestó cuando quedaban cuarenta y cuatro segundos y medio.

A dieciocho segundos para el final, y con los Jazz ganando por un punto, Karl se fue a la línea de tiros libres. Metió ambos lanzamientos.

Al parecer, estaba en un error. El cartero «sí» repartía los domingos. Por lo menos en Salt Lake City.

Utah terminó ganando por 78-73, y empató la serie.

En nuestras cuatro participaciones anteriores en las Finales, no habíamos ido por detrás en ninguna serie, excepto cuando empezamos perdiendo el primer partido contra los Lakers en 1991. Si perdíamos el tercer partido consecutivo en Utah, estaríamos de repente al borde de la eliminación.

De todos los partidos que los Bulls jugaron en los noventa,

el quinto partido de la final de 1997 está entre los más memorables. Todo el mundo lo recuerda como el partido de la gripe. O, si nos creemos a Michael y a su preparador, Tim Grover, el partido de la intoxicación alimentaria.

Estos son los hechos tal y como los conocemos.

Michael pide una pizza sobre las diez y media de la noche anterior. Hacia las dos y media de la mañana, empieza a vomitar y no puede volver a dormirse. Llama a Grover, que va a su habitación. Michael se queda en la cama hasta que llega la hora de salir hacia el pabellón.

Avancemos unas horas: en el Delta Center, Michael, que sigue encontrándose mal, decide que va a intentarlo.

Al principio, el partido no pintaba bien. Ellos metían sus lanzamientos (once de diecinueve) y nosotros fallábamos los nuestros (cinco de quince). Y lo que era aún peor, perdíamos el balón una y otra vez. Utah se puso dieciséis puntos por delante en el segundo cuarto, pero Michael tuvo una racha que nos dejó a cuatro en el descanso. A partir de ahí, el partido fue un vaivén.

Con cuarenta y seis segundos y medio para el final, Michael se plantó en la línea de tiros libres. Los Jazz iban por delante: 85-84. Metió el primer tiro… y luego ocurrió una sucesión de hechos de lo más afortunada.

Tras fallar el segundo, consiguió hacerse con el balón perdido y dio algunos botes antes de pasármelo. Yo se lo pasé a Toni, que a su vez lo lanzó hacia Michael cerca de la parte alta de la zona. Michael me dio un pase cerca de la línea de tiro libre, donde me marcaba Jeff Hornacek. Russell se acercó, dejando a Michael libre detrás: mala idea. Le devolví el pase. El partido estaba empatado. La serie también. Michael Jordan tenía el balón. El tiempo se agotaba. La situación no podía ser mejor.

O sí.

¡Bingo!

Sumamos tres puntos y ganamos el partido, 88-90. En cuarenta y cuatro minutos, Michael terminó con treinta y ocho puntos, siete rebotes, cinco asistencias y tres recuperaciones.

Gran parte de la prensa lo valoró como la mejor actuación de su carrera, teniendo en cuenta lo que estaba en juego y su condición física.

No es que no esté de acuerdo. Sin embargo, no me gustó que se convirtiera a Michael en una especie de superhombre. Somos deportistas profesionales a quienes pagan una increíble cantidad de dinero, y lo que se espera de nosotros es que estemos como mínimo al cien por cien.

La culpa no fue solo de la prensa. También fue cosa de Michael. No estoy sugiriendo que no fuera verdad, era evidente que se encontraba mal. Solo digo que interpretó su papel aquella noche, igual que lo hacía en cada uno de sus melodramas. La gente le dio mucha importancia a que Michael se desplomara en mis brazos hacia el final del partido, como si eso demostrara lo inseparables que éramos.

Siento estropear el guion. Aquel abrazo fue solo un instante en el tiempo. Nada más.

Convertir a Michael en protagonista de la historia restaba importancia, por billonésima vez, a lo que habíamos conseguido como equipo. No fue Michael quien dejó a Karl Malone con diecinueve puntos o a John Stockton con cinco asistencias.

En cualquier caso, los Jazz no estaban acabados. Ya habían remontado antes en la serie. Podían volverlo a hacer.

El sexto partido se decidió en el último momento.

Cuando quedaban poco menos de dos minutos para el final, Russell metió un triple, el quinto de la noche, que empató el partido a ochenta y seis. El marcador seguía igual cuando quedaban veintiocho segundos y pedimos tiempo muerto.

Y ya estábamos otra vez: todo el mundo esperaba que Michael hiciera el último lanzamiento.

Todo el mundo excepto Michael, que intuyó que los Jazz le harían un marcaje doble. Le dijo a Steve Kerr que estuviera preparado.

Los Jazz, efectivamente, le hicieron un marcaje doble, con

Stockton acercándose para ayudar. Michael condujo el balón hacia canasta y se lo pasó a Steve, que lanzó desde los cinco metros.

Zas.

Me emocioné por Steve y por ver de nuevo a un «actor secundario» aparecer en el momento decisivo. Éramos un «equipo». Eso es lo que nos hacía grandes y no puedo dejar de recalcarlo.

Cuando quedaban cinco segundos, los Jazz tuvieron una última oportunidad. Russell se dispuso a lanzar el balón dentro de tiempo. Mientras todo el mundo se disputaba la posición, yo me quedé cerca de la línea de tiro libre. Mi máxima prioridad era evitar que el balón llegara a manos de Karl, pues era su opción más peligrosa.

Cinco…, cuatro…

El pase iba hacia Shandon Anderson, su hábil escolta de primer año. Pude ver toda la jugada antes de que sucediera. Anticipación. Justo lo que nos había enseñado el entrenador Ireland en Hamburg: conseguí tocar el balón y desviarlo hacia Toni, que entró para machacar el aro. Esto es el baloncesto.

Otro campeonato para los Chicago Bulls. Otro campeonato en el que nada había sido fácil.

Aquella temporada, el comportamiento de Dennis había sido peor que en la anterior. Supongo que era lo que cabía esperar. Todo el mundo termina mostrándose tal y como es (y no hablo de no teñirse el pelo), independientemente de lo fuerte que sea la presión de grupo.

Él decía que se aburría, por lo que animaba las cosas como solo él sabía hacerlo.

En diciembre, durante una entrevista de televisión tras una derrota contra los Raptors en Toronto, empleó palabras malsonantes al hablar de los árbitros. Los Bulls lo suspendieron con dos partidos.

Pero aquello no fue nada comparado con lo sucedido en Mineápolis la noche del miércoles 15 de enero.

Después de no haber podido asegurar un rebote en el tercer cuarto contra los Timberwolves, Dennis le dio una patada en la entrepierna a un cámara; trasladaron al hombre al hospital y más tarde le dieron de alta. Esta vez fue la liga la que lo suspendió con once partidos.

Ya había suficiente incertidumbre en aquellos días como para encima tener que lidiar con su espectáculo.

Me refiero al futuro de todo el equipo, que estaba más en el aire que nunca.

En la NBA siempre pasa lo mismo. Los jugadores se mueven de un lado para otro con tanta frecuencia que es casi imposible perderse. Pero nuestro caso era distinto. No se trataba solo de la posibilidad de que intercambiaran a uno o dos jugadores con otro equipo. A medida que pasaban los meses, la sensación era que gran parte de nuestro núcleo principal y nuestro primer entrenador podrían tomar caminos distintos al terminar la temporada.

Dependía de si había otra convocatoria en Grant Park o no.

Cada día había nuevas especulaciones: ¿seguiría Michael? ¿Y Phil? ¿Y Dennis? ¿Y yo?

En cualquier caso, no dediqué mucho tiempo a pensar en ello. Tenía una boda a la que asistir.

La mía.

16

El último baile

$\mathcal{H}$arp me llamó una noche de agosto de 1996, varios días después de haber regresado de los Juegos Olímpicos.

—Oye, ¿recuerdas a la chica que te presenté?

Desde luego que sí.

—Estará en este club al que vamos unos cuantos dentro de unos minutos. Deberías pasarte.

Salí inmediatamente.

La chica era amiga de la pareja de Harp. Habíamos hablado por teléfono una o dos veces ese verano. Parecía bastante agradable. Por culpa de mi apretada agenda tras la victoria contra los Jazz, no habíamos encontrado el momento de vernos en persona.

Me fui a Atlanta y me olvidé de ella.

Hasta que Harp llamó.

Al llegar al club, me quedé en el coche. Alguien (imagino que Harp) le dijo dónde estaba aparcado. Hablamos un rato y luego cogimos el coche hasta otro bar para poder hablar un poco más. Le podía contar cualquier cosa que me pasaba por la cabeza. No solía sucederme cuando apenas conocía a la otra persona.

Se llamaba Larsa Younan. Larsa era mitad siria, mitad libanesa. Cien por cien deslumbrante.

Pasamos mucho tiempo juntos aquel otoño, mientras me

preparaba para la temporada 1997-1998. Y todavía pasamos más tiempo cuando llegó otro de esos terribles inviernos en Chicago.

Vivir en un clima frío tiene sus ventajas. Al quedarnos en casa durante horas y horas, se aprende mucho sobre el otro ser humano. ¿Cuáles son sus virtudes? ¿Cuáles son sus defectos? ¿Qué puedo soportar? ¿Qué no puedo soportar? ¿Puedo formar una familia con esta persona? Y, si tienes suerte, como yo, te acabas enamorando.

El 20 de julio de 1997, Larsa y yo nos casamos en el First United Methodist Temple de Chicago.

En la década posterior, daríamos la bienvenida a este mundo a cuatro niños maravillosos: Scotty Jr. en el año 2000, Preston en 2002, Justin en 2005 y Sophia en 2008. Ambos compartimos momentos maravillosos y, como la mayoría de las parejas, momentos que no lo fueron tanto. En todo momento, siempre pusimos a nuestros hijos por delante. No podría sentirme más afortunado.

Mientras tanto, en cuanto a los Bulls, era imposible seguir el desarrollo de sus últimas tramas sin perder la cabeza. ¿Era una franquicia de baloncesto profesional o un culebrón de media tarde?

A decir verdad, ambas cosas.

A finales de junio, tras derrotar a los Jazz, los Bulls estudiaron una vez más el traspaso, cómo no, de un servidor. La oferta que había sobre la mesa era que yo y Luc Longley fuéramos a los Celtic a cambio de la tercera y la sexta elección en el *draft*, además de una elección en primera ronda en 1999.

El razonamiento de Jerry Krause fue algo así: Pippen será agente libre al terminar la siguiente temporada; como no estamos dispuestos a pagarle lo que nos pedirá (y que probablemente le ofrecerán en el mercado abierto), es mejor que pongamos fin a nuestra relación mientras todavía podamos conseguir algo a cambio que nos ayude a reestructurar el equipo de cara al futuro. Otras franquicias tardaron demasiado en deshacerse de sus viejas estrellas y su reestructuración tardó una eternidad.

El trato estaba prácticamente cerrado.

Hasta que el otro Jerry se opuso.

Jerry Reinsdorf creía que los Bulls tenían más opciones de ganar otro título conmigo que sin mí, y no tenía la certeza de que Michael, que todavía debía firmar un nuevo contrato, se quedara una temporada más si yo no estaba. Si mantenerme implicaba posponer la reestructuración y probablemente alargarla, que así fuera.

Yo no era la única persona a quien Jerry Krause quería fuera de su vida. La otra era Phil Jackson. Jerry llevaba años deseando deshacerse del entrenador.

Jerry trajo a Phil a los Bulls en 1987 cuando no era nadie. Bueno, era jugador de la NBA. Pero en la NBA había muchos jugadores, y eso no garantizaba un futuro dedicado al baloncesto. Jerry creía que Phil le debía mucho. Especialmente, después de despedir a Doug al cabo de dos años para darle el trabajo a él. Y no cualquier trabajo, cuidado, sino el de entrenador del mejor jugador del mundo y de un equipo que acababa de disputar la final de la Conferencia Este.

Los primeros cuatro o cinco años, Jerry y Phil se llevaron espectacularmente bien: Phil, a diferencia de Doug, escuchaba a Tex y creía en el triángulo ofensivo. Y Phil, a diferencia de Doug, ganaba campeonatos.

La relación cambió en 1995, cuando Michael volvió después de su parón.

Phil se vio obligado a escoger: ¿qué bando debo elegir, el de Michael o el de Jerry? No podía estar de ambos lados. Michael despreciaba a Jerry, y viceversa. Phil eligió a Michael.

El entrenador hizo todo lo posible por mantener a Jerry alejado del equipo, incluso pidiéndole en algunas ocasiones que abandonara el vestuario para poder hablar con nosotros en privado. Phil veía el vestuario como un lugar sagrado que estaba reservado a los integrantes del «círculo»: los jugadores, los técnicos y los entrenadores físicos. Jerry reaccionó como un amante despechado, suspirando por el día en que Phil ya no estuviera cerca.

Incluso cuando los Bulls consiguieron el título de la NBA en 1996 y en 1997, Jerry no estaba plenamente satisfecho. Ganar significaba no poder deshacerse de Phil. Reinsdorf no le dejaría. Jerry Krause tendría que esperar el momento oportuno. Y el momento, finalmente, llegó en otoño de 1997.

Ambos Jerrys llegaron a un acuerdo: Phil podría entrenar una temporada más, pero ahí terminaría todo. Fue entonces cuando Jerry Krause le dijo que, aunque consiguiera ochenta y dos victorias, todo estaba decidido.

Jerry solía afirmar constantemente que ahí afuera había un entrenador mejor que Phil. Pero no existía ningún entrenador mejor que Phil, y menos Tim Floyd, el entrenador de Iowa State a quien Jerry estaba preparando para el puesto. Quería encontrar a un técnico al que pudiera controlar, alguien que le fuera leal. Tan sencillo como eso.

Pero ¿qué tenían que ver todas estas idas y venidas conmigo?

Mucho. Igual que tenían un gran efecto sobre Michael, que había dejado claro en numerosas ocasiones que no jugaría para ningún otro entrenador que no fuera Phil. Las noticias me confirmaron lo que sospechaba desde hacía mucho tiempo. Y desde luego no era el único que pensaba así: la temporada 1997-98 sería, tal como escribió Phil en la portada de una guía que entregó a los jugadores en el campus de pretemporada, «el último baile».

Una vez que Phil hubo firmado, Michael firmó por un año más, igual que Dennis. Los Bulls, un equipo de veteranos, parecían una banda de viejos roqueros preparándose para una gira de despedida.

A excepción de un miembro hastiado que quería unirse a otra banda.

¿Adivináis quién?

Lo sé, yo soy el tío que afirmaba que en realidad nunca quiso marcharse, que amaba Chicago, los barrios, los clubs, los restaurantes, etc. Todo eso era verdad, lo juro.

Sin embargo, el otoño de 1997 fue otro de esos momentos en los que básicamente me había hartado de las mentiras y las faltas de respeto; estaba convencido de que mi única opción para ser feliz (y para tener el sueldo que me merecía como uno de los jugadores de élite del baloncesto) estaba en otro sitio. En cualquier otro sitio.

Todo empezó con el acuerdo que estuvo a punto de cerrarse con los Celtics.

Los Bulls acababan de ganar otro título, un campeonato que, igual que los cuatro anteriores, si se me permite, el equipo nunca hubiera ganado sin mí. La única diferencia fue que, en lugar de poder saborear el momento, enseguida descubrí que mi futuro estaba en una franquicia que había ganado solo quince partidos el año anterior. Fue una experiencia increíblemente humillante. Exactamente igual que el acuerdo que estuvo a punto de cerrarse con los Sonics en 1994.

Luego, en septiembre, recibí una carta de Jerry Krause en la que, si lo entendí bien, me amenazaba con multarme si participaba en mi próximo partido benéfico anual, el Scottie Pippen Ameritech All-Star Classic. ¡Un partido benéfico! Qué poca vergüenza.

Finalmente, no jugué, aunque no porque tuviera miedo de Jerry ni de sus abogados, sino porque mi pie izquierdo, que me había lesionado en las Finales de Conferencia contra los Heat, seguía dándome muchos problemas. A principios de octubre me operaron. El pronóstico inicial estimaba que estaría de baja entre dos y tres meses.

A los Bulls no les gustó. Si me hubiera operado en julio, habría estado al comienzo de la pretemporada. En cambio, la previsión era que no regresara hasta diciembre como muy pronto.

Algunas personas de la franquicia y de los medios de comunicación pensaron que había retrasado la operación a propósito para vengarme de Jerry Krause.

Fue una mentira más de tantas que se difundieron sobre mí a lo largo de los años. Me tomé mi tiempo porque no quería arriesgarme a otra operación y arruinar todo el verano cojeando con muletas, mientras existía la posibilidad de que, si descansaba lo suficiente, pudiera estar bien para cuando llegara el campus de pretemporada.

Pensé mucho durante aquellas primeras semanas después de la operación.

En lo afortunado que era por formar parte de una dinastía que había ganado cinco títulos en siete años y en lo triste que era que nuestra historia tocara a su fin. También pensé en cómo y cuándo podría expresar mi agradecimiento a la gente de Chicago, que me había apoyado en los momentos difíciles.

La ocasión se presentó en el United Center la noche del 1 de noviembre.

La noche de la entrega de los anillos.

Dirigiéndome a la multitud en ropa de calle, se me hizo un nudo en la garganta:

—Gracias por todos los momentos maravillosos que los aficionados de esta ciudad nos han dado a mí y a mis compañeros de equipo durante diez largas temporadas. Aquí he tenido una carrera maravillosa y, por si nunca tengo la oportunidad de volver a decirlo, gracias.

Sentía cada palabra.

Aquella noche los Bulls derrotaron a los Sixers por 94-74. Harp marcó el camino con diecisiete puntos y ocho asistencias. Jason Caffey anotó catorce (siete de ocho lanzamientos) y consiguió seis rebotes, mientras que Dennis, que empezó en el banquillo, sumó trece. Después de eso, tumbamos a los Spurs en dos prórrogas por 87-83 y a los Magic por 94-81.

Tal vez el equipo se las podía arreglar perfectamente sin mí.

O tal vez no.

El 20 de noviembre perdimos contra los Suns en Phoenix por 85-89 y nuestro balance quedó en seis victorias y cinco derrotas. En las dos temporadas anteriores, después de jugar once partidos, habíamos logrado un registro de diez a uno en la primera, y de once a cero en la segunda. En ambas temporadas, no llegamos a sufrir nuestra quinta derrota hasta enero o febrero.

Al día siguiente, necesitamos dos prórrogas y cuarenta y nueve puntos de Michael para superar a los Clippers.

Damas y caballeros, estos no eran nuestros Chicago Bulls.

Yo estaba sentado en el vestuario antes del partido contra los Clippers cuando el periodista Kent McDill, del *Daily Herald*, un periódico de las afueras de Chicago, entró para charlar. Kent era uno de los pocos periodistas que habían sido justos conmigo. Quería saber si tenía una idea aproximada de cuándo volvería a pisar la cancha. Casi habían pasado dos meses desde la operación.

Es curioso que lo preguntes, Kent. Ciertamente tengo algunas hipótesis al respecto. ¿Has sacado la libreta? Perfecto.

Lo que es seguro es que no fue la respuesta que esperaba.

—Ya no quiero volver a jugar para los Chicago Bulls. Quiero ir a un sitio donde me paguen.

No fue una declaración que me sacara de la manga en un momento de malestar. Estaba tranquilo y sabía lo que decía.

Y la audiencia a la que quería llegar.

Una pista: sus iniciales eran J. K.

El problema fue que Kent no citó mis palabras en el periódico al día siguiente, algo que, como poco, era inusual. Los periodistas siempre se apresuraban a publicar cualquier cosa que generara controversia, fuera verdad o mentira.

Cuando me topé con Kent un par de días después en Sacramento, le pregunté qué había pasado. Al parecer, no creyó que lo dijera en serio.

Volví a decirle lo mismo, y esta vez sí me creyó.

La noticia salió al día siguiente. Tuvo una gran repercusión en Chicago y en la NBA. Cuando otros periodistas me preguntaron si era cierto, no me eché atrás.

El preacuerdo con los Celtics. La carta amenazante de Jerry. La certeza de que yo no encajaba en sus planes a largo plazo.

Dije basta.

Como esperaba, recibí algunas críticas de los aficionados que estaban hartos de mis quejas. Phil y Michael tampoco se mostraban entusiasmados. Ambos pensaban que mi decisión de retrasar la cirugía había perjudicado al grupo y que ahora estaba causando más problemas.

Podían creer lo que quisieran. Dije lo que tenía que decir y me sentía bien por ello.

Pero no quedó ahí.

Tras el partido contra los Sonics, bebí un poco más de la cuenta. Cuando estábamos en el autobús, perdí los nervios e increpé a Jerry Krause, que acompañaba al equipo.

—¿Cuándo dejarás de ponerte medallas por haberme seleccionado en el *draft* y por mi carrera? —le grité.

Me convertí en tal incordio durante aquel viaje que Phil me sugirió que regresara a Chicago y me tratara el pie, en lugar de ir con el equipo a la siguiente parada, Indianápolis. No se lo discutí. Me sentía tan frustrado que, si seguía estando cerca de Jerry por mucho más tiempo, era probable que acabara diciendo algo mucho peor.

Mientras tanto, el equipo había empezado a coger un buen ritmo.

A mediados de diciembre, los Bulls empezaron una racha de ocho victorias consecutivas que los dejó con un balance de veinte victorias y nueve derrotas, el mejor de la Conferencia Este. En seis de las ocho victorias, impedimos que nuestros rivales anotaran más de noventa y dos.

Gran parte del mérito fue de Dennis.

Sin mí, asumió la oportunidad de ser el número dos de Michael. En dos partidos seguidos contra los Hawks y contra los

Mavericks, consiguió un total de cincuenta y seis rebotes; en el mes de diciembre, logró quince rebotes en al menos ocho ocasiones distintas (como mínimo en cinco partidos de un total de veinte).

Mientras tanto, al llegar el Año Nuevo, una cosa estaba cada vez más clara: no me iría a ninguna parte.

Lo creáis o no, no me importaba. Había tenido tiempo para calmarme desde el episodio del autobús en Seattle. Echaba de menos jugar con el equipo. Añoraba la magia que generábamos cuando íbamos todos a una. El hecho de pedir un traspaso nunca había tenido nada que ver con ellos.

La única pega era que mi recuperación no estaba yendo tan bien como esperaba; la fecha prevista para mi regreso era más o menos por Navidad. Ya habían pasado tres meses desde la operación. A principios de enero, Phil declaró a la prensa que todavía me quedaban dos semanas para poder participar siquiera en un entrenamiento completo.

La temporada avanzaba sin mí.

Aun así, no perdí la esperanza. Seguí trabajando duro con Al Vermeil mientras el resto del equipo entrenaba.

Finalmente, el trabajo dio sus frutos.

El 10 de enero regresé a las pistas tras perderme treinta y cinco partidos. Cuando salí a la pista para calentar antes de nuestro partido en el United Center contra los Warriors, los aficionados me ovacionaron, y volvieron a hacerlo cuando me presentaron como uno de los titulares. Sabía que echaba de menos salir ahí fuera, pero no sabía cuánto.

Anoté mis dos primeras canastas y terminé, en treinta y un minutos, con doce puntos, cuatro rebotes y el mayor número de asistencias del equipo. Ganamos 87-82. No lancé especialmente bien (cuatro de once en tiros de campo), tal y como cabía esperar tras un parón tan largo.

Tres noches después, contra Seattle, volví a fallar: tres de quince. Ningún problema. Daba pases al resto en sus espacios favoritos y obligaba a los equipos a abandonar su marcaje doble sobre Michael. Sin mí, los Bulls consiguieron una media de 22,5 asistencias por partido. Contra los Sonics, a quienes derrotamos por 101-91, el equipo dio veintiséis asistencias.

A mitad de temporada, nuestro balance era de veintinueve victorias y doce derrotas. El único contratiempo fue la fractura de clavícula de Steve Kerr, contra los Sixers. La previsión era que estaría de baja durante ocho semanas.

Realmente, no había razones para sentirse molestos. A menos que te llames Dennis Rodman y dejes de ser el número dos.

Dos semanas después de mi debut en la temporada, Dennis faltó a una de las sesiones matutinas de práctica de tiro. Su razón para no asistir: no le «apetecía».

En consecuencia, a Phil no le apeteció tenerle cerca cuando nos enfrentamos a New Jersey. Lo mandó para casa.

Dennis se saltó otra sesión de tiro varias semanas después. Esta vez la excusa fue que no había encontrado las llaves de su furgoneta. No me lo invento, ojalá fuera así.

Aquel invierno, Dennis se cogió sus infames vacaciones a Las Vegas. Solo Dennis Rodman era capaz de pedir unas vacaciones en mitad de la temporada, y solo Phil Jackson era capaz de dárselas. Pero, bueno, lo que necesitaba Dennis era pasar un tiempo alejado del baloncesto.

Y nosotros necesitábamos a Dennis.

El 19 de febrero vencía otra fecha límite para traspasos y yo seguía siendo miembro de los Chicago Bulls. Fue un alivio para todo el mundo, incluso para mí. Estábamos bien encaminados para ganar otro campeonato.

Con mi regreso, los Bulls consiguieron treinta y ocho victorias y solo acumularon nueve derrotas. Terminamos con un total de sesenta y dos victorias y entramos en los *playoffs*, una vez más, como primeros clasificados de la Conferencia Este.

Las primeras dos series fueron más o menos según lo previsto. Los Nets cayeron en tres partidos y los Hornets en cinco.

Cuantos menos partidos disputes en las primeras rondas, mejor. Nuestras piernas llevaban muchos minutos encima.

A continuación, en las Finales de Conferencia, nos esperaban los Indiana Pacers, que habían ganado cincuenta y ocho partidos esa temporada.

Aquella sí fue una eliminatoria difícil.

El quinteto inicial era de lo más extraordinario: Reggie Miller (escolta), Chris Mullin (alero), Mark Jackson (base), Rick Smits (pívot) y Dale Davis (ala-pívot). Miller, un tirador increíble, y Mullin, mi compañero de equipo en el Dream Team, acabarían seguro en Springfield.

El banquillo, con Jalen Rose, Antonio Davis, Travis Best y Derrick McKey, también resultaba excepcional. Cuando los Pacers jugaron contra nosotros en marzo, sus suplentes superaron a los nuestros en puntos. No hace falta decir que íbamos a necesitar mucha más producción por parte de Steve Kerr, Bill Wellington, Randy Brown y Scott Burrell, un *swingman* que fichamos de los Warriors.

Nuestra máxima prioridad era contener a Jackson, que repartió treinta y cinco asistencias en los cuatro partidos que había jugado contra nosotros durante la temporada regular.

Pero ¿cómo íbamos a hacerlo?

Pues conmigo marcándole.

La idea la tuvimos Harp, Michael y yo durante una sesión en el Breakfast Club. Lo comentamos con Phil y se subió al carro. Phil siempre estaba abierto a las sugerencias de los jugadores, cosa que agradecíamos enormemente. No todos los entrenadores son así. Phil sabía que, si la idea había sido nuestra, nos comprometeríamos al máximo con ella.

Mark Jackson era la cabeza de la serpiente, no Reggie Miller.

Era Jackson quien le pasaba el balón a Reggie cuando escapaba de los bloqueos. O encontraba en la zona a Smits, una bestia de 2,23. O hacía pases bombeados perfectamente sincronizados a Antonio Davis y Dale Davis (no eran familia). Jackson controlaba toda la pista, como Magic Johnson. Aunque era veinte centímetros más bajo. Pensaba defenderle como defendí a Magic en las Finales de 1991. Le apretaría cerca de la mitad de la pista y lo haría sudar antes de que pudiera incorporar a sus compañeros al ritmo del ataque.

La estrategia no pudo salir mejor.

En el primer partido, que ganamos por 85-79, terminó con más pérdidas de balón (siete) que asistencias (seis).

Mi tamaño (le sacaba a Jackson casi dieciocho centímetros y dieciocho kilos) era demasiado para él. Los Pacers sumaron veinticinco pérdidas de balón. Eso fue lo que marcó la diferencia durante el partido. Michael consiguió cinco recuperaciones y yo cuatro.

El segundo partido siguió la misma tónica: otras siete pérdidas por parte de Jackson y diecinueve del equipo en total. Michael sumó cuarenta y un puntos en un triunfo por 104-98. Esta vez yo conseguí cinco recuperaciones, y él cuatro. También coloqué tres tapones.

Para Larry Bird, el entrenador novato de Indiana, había llegado el momento de recurrir a otro tipo de artimañas.

¿Por qué no iba a hacerlo? Nada más le funcionaba.

Larry se quejó de que los árbitros me estaban permitiendo demasiado contacto; y añadió que aquello no pasaría si estuviera marcando a Michael.

La artimaña funcionó. Me pitaron dos faltas en el primer cuarto del tercer partido en Indianápolis y no pude ser ni de lejos tan agresivo. Jackson acabó con solo dos pérdidas y compartiendo su función de base con su suplente, Travis Best. Reggie estuvo increíble con cuatro triples y los Pacers nos derrotaron por 107-105.

Ningún problema. Tal y como explicó Michael a la prensa después del partido, la derrota no era más que un «bache en el camino».

En ese caso, y siguiendo con la misma metáfora, el cuarto partido fue como un pequeño roce con el coche del cual yo tuve la culpa.

Cuando quedaban 4,7 segundos para el final, me situé en la línea para lanzar dos tiros libres. Si convertía ambos, tendríamos una ventaja de tres puntos.

Fallé los dos.

Los Pacers ganaron el partido gracias a un triple de Reggie cuando quedaban 0,7 segundos. Estaba furioso. Y no solo por haber fallado aquellos dos tiros libres. Aquella noche solo encesté dos de siete desde la línea del 4,60. Estaba impaciente por redimirme, cosa que logré hacer afortunadamente, en el quinto partido (veinte puntos, ocho rebotes y siete asistencias), en el que acabamos con los Pacers en Chicago por 106-87 y nos pusimos por delante en la eliminatoria por tres victorias a dos.

Un par de noches más tarde, de nuevo en Indiana para el sexto partido, terminé furioso otra vez. No conmigo, sino con Hue Hollins.

Seguro que os acordáis de Hue, así como de la indignante falta que me pitó en los últimos segundos del quinto partido contra los Knicks en 1994.

Lo volvió a hacer.

Esta vez, a falta de un minuto y medio y con los Bulls ganando por uno, me señaló una defensa ilegal. Nadie pita algo así en ese momento del partido, especialmente en un partido de *playoffs*. ¿Qué tenía ese tío contra mí? Reggie metió el tiro libre, los Pacers acabaron ganando por 92-89 y empataron la serie. Una vez más, su banquillo desempeñó un papel decisivo en comparación con los nuestros. En los seis partidos, la diferencia de puntos en el banquillo había sido de 197-100.

Apenas nos quedaban fuerzas para aguantar un «último baile». ¿Ahí terminaría todo? ¿En la final de la Conferencia?

Parecía perfectamente posible.

Sobre todo al comienzo del séptimo partido, después de que los Pacers, con ocho tiros de campo, consiguieran una ventaja de trece puntos. De nuestros primeros diecinueve tiros, solo metimos cinco. Indiana iba ocho puntos por delante al terminar el cuarto.

Sube al escenario, a su derecha, Steve Kerr.

Steve consiguió ocho puntos en el segundo cuarto y los superamos por 29-18; al descanso ganábamos por tres. No exagero si digo que aquellos puntos fueron vitales. Los Pacers habían tenido el partido bajo control.

También fue vital la charla que M. J. nos dio en el descanso. Jamás mencionó la posibilidad de que pudiéramos perder. Así que el resto tampoco lo llegamos a pensar.

Sube al escenario, a su izquierda, Toni Kukoc, a quien nunca se le reconoció lo suficiente su contribución a nuestro éxito, igual que sucedía con Harp y Horace.

Tal vez el hecho de no ser estadounidense lo perjudicaba. O tal vez la culpa fue de Michael, de Dennis y mía. En el escenario no había sitio para nadie más. Fuera cual fuera la razón, Toni (elegido miembro del Salón de la Fama) dio la talla en uno de los partidos más importantes que jugamos jamás. En el tercer cuarto, cuando el equipo amplió la ventaja a cuatro, anotó catorce de nuestros veintiún puntos.

Aun así, cuando quedaban unos seis minutos y medio, los Pacers volvían a estar por delante, 77-74. Luego, una penetración de Michael que acabó en una pérdida dio lugar al salto entre dos jugadores más importante del partido. Y de la temporada. Michael, de 1,98, tenía que enfrentarse a Smits, de 2,23.

Smits ganó el salto, pero la pelota terminó en mis manos. Después de que Michael fallara un tiro en suspensión a media distancia, alguien golpeó la pelota y pude volver a recuperarla.

Una nueva posesión de veinticuatro segundos. Una vida extra.

Vi a Steve al otro lado de la pista, totalmente desmarcado detrás de la línea de tres.

Zas. Chicago, 77-Indiana, 77.

Partido nuevo.

Aproximadamente, al cabo de un minuto, atrapé otro rebote después de que Luc fallara un tiro en suspensión. Anoté enseguida con un lanzamiento exterior y nos pusimos por delante, 81-79. No volvimos a ir por detrás. Resultado final: 88-83.

Viendo en perspectiva el séptimo partido, los dioses del baloncesto estuvieron claramente de nuestro lado. Si el salto entre Michael y Smits hubiera salido al revés y los Pacers hubieran conseguido una ventaja de cinco puntos a tan poco del final, en un partido en el que ambos equipos teníamos dificultades para anotar, quién sabe cómo habría terminado.

Pasamos de la sartén a la olla. Nuestro siguiente rival eran los Utah Jazz.

Los Utah Jazz, con el mismo balance de sesenta y dos victorias y veinte derrotas que los Bulls, habrían podido descansar tras arrasar a los Lakers de Shaq y Kobe (que todavía no habían alcanzado su esplendor) en cuatro partidos. Como nos habían derrotado en ambos encuentros durante la temporada regular, la serie empezaría en Salt Lake City. Los Jazz serían el primer equipo al que nos enfrentábamos en las Finales por segunda vez, lo cual claramente los beneficiaba. Ya sabían qué podían esperar.

Al menos, tenían muchos minutos en sus piernas, como nosotros.

Stockton tenía treinta y seis años; Karl Malone, treinta y cuatro; y Jeff Hornacek, su escolta titular, treinta y cinco. Una de las claves sería, evidentemente, mantener a raya a Karl. Venía de otra temporada espectacular, con una media de veintisiete puntos y 10,3 rebotes por partido. La tarea recayó sobre Luc y Dennis. Brian Williams, que había defendido bien a Karl en las Finales de 1997, había fichado por los Pistons.

Los Jazz contaban con un potente banquillo parecido al de los Pacers: junto a Russell y Anderson estaban el ala-pívot Antoine Carr, el base Howard Eisley y los pívots Adam Keefe y Greg Ostertag. Nuestro banquillo tenía que jugar mejor que en la eliminatoria contra Indiana.

En el primer partido tuvimos opciones claras.

Cuando quedaban unos dos minutos y medio para el final, anoté un triple que empató el marcador a setenta y cinco. Después de que Dennis taponara un tiro en suspensión de Karl, intenté otro lanzamiento de tres. Esta vez, no entró.

Karl anotó en la siguiente posesión y en la sucesiva, cosa que concedió a los Jazz cuatro puntos de ventaja. En los últimos instantes, Luc metió un tiro en suspensión que nos llevó a la prórroga, pero, a partir de ahí, Stockton tomó el control. Le dio un pase a Karl para que anotara una bandeja y siguió con una jugada de tres puntos. Stockton anotó siete de sus veinticuatro puntos en el tiempo añadido. Utah ganó por 88-85.

Sin lugar a duda, fue una oportunidad perdida. Pero no importaba. Lo que habíamos venido a buscar a Salt Lake City todavía estaba a nuestro alcance.

Y pronto fue una realidad.

En el segundo partido, Michael anotó treinta y siete puntos, la mayoría de ellos en las postrimerías del partido. Ganamos por 88-93. Nuestra defensa contuvo a los Jazz y solo pudieron anotar quince puntos en el último cuarto. Los Jazz sufrieron diecinueve pérdidas de balón, cinco de las cuales fueron de Karl, que metió solo cinco de dieciséis tiros de campo.

Entonces, inesperadamente, llegó un tercer partido en Chicago que todavía cuesta creer.

El resultado final fue 96-54. Sí, resultado final.

Los cincuenta y cuatro puntos (veintitrés en la segunda mitad) fueron el menor número de puntos conseguido en un partido desde que entró en vigor el reloj de posesión en los cincuenta. Los Jazz tuvieron un porcentaje de acierto en tiros de campo del treinta por ciento, perdieron veintiséis balones y les superamos claramente en rebotes: cincuenta contra treinta y ocho. Nadie de su equipo, excepto Karl (con veintidós), anotó más de ocho puntos.

Como el partido no había tenido historia, al día siguiente, Dennis se encargó de incluir un poco de drama.

¿Quién si no?

Para empezar, no se presentó a la reunión de equipo ni al encuentro obligatorio con los medios. Los Bulls le impusieron una multa de diez mil dólares. La NBA lo penalizó con la misma cantidad por haberse escaqueado de los medios de comunicación. Luego tuvo la desfachatez de volar hasta Detroit para participar en un programa de lucha libre de la televisión por cable con Hulk Hogan... ¡en medio de las Finales de la NBA!

Dennis se presentó en el entrenamiento al día siguiente. En el cuarto partido, que ganamos por 86-82, consiguió catorce rebotes y seis puntos. Dos de ellos fueron dos tiros libres decisivos que nos proporcionaron una ventaja de cuatro puntos cuando quedaban 43,8 segundos.

Así era Dennis Rodman.

Un día se comportaba como si tuvieran que encerrarlo, pero, al día siguiente, perseguía cada balón como si el futuro de la humanidad dependiera de ello. ¿Quiénes éramos nosotros para cuestionar las, digamos, excentricidades de aquel hombre? Tal vez Dennis necesitaba esas vías de escape para dar lo mejor de sí en una pista de baloncesto.

Lo que era seguro es que yo estaba en mi mejor momento.

En el cuarto partido, anoté veintiocho puntos (cinco de diez en triples), capturé nueve rebotes y repartí cinco asistencias. En defensa, utilicé mi tamaño y mi rapidez para ponerle las cosas difíciles a Stockton, y ayudé a defender los *pick and roll* de Karl. Me estaba postulando, por primera vez, para ser el MVP de las Finales de la NBA. No se me ocurría una forma mejor de terminar mis once años con los Bulls.

Por desgracia, no ocurrió así.

A pesar de los treinta puntos de Toni, perdimos el quinto partido por 81-83. Karl estuvo magnífico con treinta y nueve puntos y nueve rebotes. Metió un tiro en suspensión por encima de Dennis que concedió a los Jazz una ventaja de cuatro puntos cuando quedaban 53,3 segundos.

Yo no estuve ni mucho menos magnífico. Metí dos lanzamientos de dieciséis (cero de siete en triples). M.J. no estuvo mucho mejor: nueve de veintiséis en tiros de campo. Como equipo tuvimos un treinta y nueve por ciento de acierto. Los Jazz alcanzaron un cincuenta y uno.

Como en 1993, cuando fuimos incapaces de asegurar el título en casa contra los Suns, teníamos que hacer un largo viaje en avión con el que no contábamos. Esta vez a Salt Lake City.

Era el último lugar del mundo en el que queríamos estar. Creo que el antiguo Chicago Stadium era el pabellón más ruidoso en el que había jugado..., pero es que comparado con el Delta Center era nada. Me sentía como si estuviera en la primera fila de un concierto de *rock*.

Si los últimos 1,8 segundos contra los Knicks estaban considerados (por los demás, no por mí) como el peor momento de mi carrera, la noche del domingo 14 de junio de 1998 debe ser recordada como todo lo contrario.

El día no empezó de forma muy prometedora.

Había sufrido ese problema tantas veces que había perdido la cuenta: mi espalda. Primero noté un poco de dolor tras el tercer partido. Fue el precio de haber recibido unas cuantas cargas de más, incluidas dos de Karl. La espalda me molestó en el cuarto y el quinto partido, pero aun así fui capaz de jugar: el problema era que el dolor iba empeorando. En el vuelo hacia Utah no veía el momento de aterrizar.

Recibí una inyección de cortisona, que fue de gran ayuda, pero solo hasta cierto punto. Cuando llegué al pabellón el domingo por la tarde, seguía casi agonizando.

El codo de Laimbeer en 1989. La migraña en 1990. ¿Otra vez los dioses del baloncesto se estaban divirtiendo a mi costa?

Si era el caso, no estaba dispuesto a dejar que se salieran con la suya.

Esta vez no.

Cuando hice un mate en la primera posesión del partido, sentí como si alguien me hubiera apuñalado por la espalda. Al llegar al suelo, el golpe me pellizcó el nervio. Cada vez que corría sufría un espasmo. Intenté aguantar. No pude. Cuando íbamos ganando 17-8, me marché al vestuario para recibir estimulación eléctrica y hacer estiramientos. Me quedé allí lo que quedaba de la primera parte.

Mientras estaba fuera, los Jazz aprovecharon para atacar. Ganaban por tres puntos al final del cuarto y por cuatro en el descanso. Karl estaba en racha. Igual que Michael, gracias a Dios, que anotó veintitrés de nuestros cuarenta y cinco puntos. Él nos mantuvo dentro del partido.

Me sentía fatal, y no solo por mi espalda. Estaba dejando al equipo en la estacada. Hacía mucho tiempo que no me sentía así. Le dije a Chip Schaefer, nuestro entrenador físico:

—Haz lo que tengas que hacer. Haz que pueda salir ahí afuera lo más rápido posible.

Regresé a tiempo para empezar el tercer cuarto.

No obstante, cuando quedaban unos tres minutos para el final del cuarto, me marché de nuevo al vestuario para recibir más cuidados. Nos mantuvimos cerca, a cinco puntos antes de entrar en el último cuarto.

A poco de empezar el último cuarto, volví a entrar. No era el de siempre. Ni de lejos. Jamás olvidaré una jugada anterior en el partido en la que normalmente hubiera hecho un mate contundente. Pero ahora casi no podía ni despegarme del suelo. No quería hacerlo. Cada vez que lo hacía, se me comprimía un disco que me tocaba un nervio.

Me decía a mí mismo: «¿No se dan cuenta de que estoy arrastrándome por la pista? ¿Qué partido están viendo? ¿Por qué se molestan en ponerme un hombre encima?».

No podía entrar en la zona. Era incapaz de lanzar desde el perímetro. No podía hacer nada excepto decirles a los chicos cómo defender a Karl. Si se hubiera tratado de cualquier otro partido (qué demonios, incluso cualquier otro partido de los *playoffs*), estaría en ropa de calle.

Aun así, cuando quedaban poco más de cinco minutos para el final, no sé cómo me las arreglé para hacer un tiro en suspensión con giro desde la zona que redujo la ventaja de Utah a un punto: 77-76.

Fue una canasta importante. Todas las canastas en la recta final de un partido lo son.

Aunque ninguna pareció serlo tanto como el triple que metió Stockton cuando quedaban cuarenta y dos segundos: 86-83 para los Jazz.

El Delta Center estalló. Tiempo muerto para los Bulls.

El objetivo era conseguir una canasta rápida para no tener que cometer una falta.

Encestamos al cabo de menos de cinco segundos. Yo diría que fue bastante rápido. Michael recogió el balón a media pista, penetró superando a Byron Russell y anotó una bandeja fácil.

El siguiente objetivo era recuperar el balón antes de que ellos consiguieran canasta.

Eso también fue rápido: Michael se lo arrebató a Karl, que había recibido el pase de Stockton en la línea de fondo. Michael, que había visto cómo los Jazz hacían esta misma jugada en un momento anterior del partido, se imaginó que Karl no se esperaría que abandonara a su hombre y estuviera allí.

Ahora, necesitábamos una canasta. Cualquier entrenador pediría tiempo muerto en una situación así.

Cualquier entrenador menos Phil Jackson.

Phil no quería que los Jazz tuvieran la oportunidad de organizar su defensa. Los segundos pasaban. Yo sabía cuál era mi papel sin que nadie tuviera que decírmelo: quitarme absolutamente de en medio. John Paxson metió el lanzamiento ganador en las finales de 1993. Steve Kerr, en las finales de 1997. Esta vez le tocaba a Michael.

La última final. *El último baile*. El último lanzamiento. ¿Quién, si no, iba a hacerlo?

Si sois aficionados a este deporte, sabréis perfectamente lo que ocurrió. Si no, estaré encantado de contároslo.

Russell cubría a Michael muy de cerca detrás de la línea de triple. Los Jazz decidieron no hacerle un marcaje doble.

El público estaba en pie. El tiempo se había detenido.

Michael avanzó hacia la parte alta de la zona y paró en seco. Russell se resbaló. Michael se elevó. Lanzó desde una distancia de cinco metros y medio. El balón entró limpio, solo se escuchó el ruido de la red. Los Bulls se pusieron por delante, 87-86. Los Jazz pidieron tiempo muerto cuando quedaban 5,2 segundos. En el Delta Center jamás ha habido tanto silencio. Uno casi podía escuchar cómo se caía un sueño.

El balón llegó a Stockton, que falló un lejano tiro en suspensión. Sonó la bocina. Todo había terminado. El partido. La serie. La dinastía.

Cuando empezó la celebración, todavía estaba aturdido. Eran demasiados sentimientos que procesar.

Euforia por ganar otro título. Extenuación por haber sometido mi cuerpo a un infierno. Tristeza por el fin de algo que tal vez nadie volvería a ver.

Gracias a Dios, ganamos el sexto partido. No podría haber jugado un séptimo.

Sin darnos cuenta, volvía a estar junto a los chicos sobre el escenario en Grant Park, con los aficionados más entusiasmados que nunca.

—¡Un año más! —gritaban.

17

Ve hacia el oeste, viejo

*P*hil se había retirado a su casa en Flathead Lake, Montana, a descansar y a relajarse: lo necesitaba desesperadamente.

A su manera, tal vez más distante, le importaba ganar (y odiaba perder) tanto como a Doug Collins, o incluso más, cosa que le supuso un gran desgaste año tras año. Aun así, todo el mundo sabía que no tardaría demasiado en volver a entrenar en la liga. Llevaba el baloncesto en la sangre. Solo tenía cincuenta y dos años.

Michael se había retirado por segunda vez. Tal vez algún día habría una tercera retirada, cómo saberlo. Mientras tanto, jugaría al golf y rodaría anuncios. Y sería Michael Jordan, que era un trabajo a tiempo completo.

Y en cuanto a mí, ¿cuál sería mi destino?

Buena pregunta.

Con toda probabilidad, algún lugar del oeste donde me esperara un clima más cálido. Cualquier lugar era más cálido que Chicago.

Además, también prefería el tipo de baloncesto que jugaban en la Conferencia Oeste, más fluido y menos físico. Especialmente, porque, a mis treinta y tantos, los golpes y los moratones no se curaban tan rápido. Ya me había cansado de que me zarandearan los Oakleys y los Mournings de este mundo. Tenía que haber una forma más fácil de ganarse la vida.

Los Lakers eran mi primera opción.

Con Shaq, de veintiséis años, y Kobe, de veinte, eran el equipo del futuro (y tal vez conmigo ejerciendo de líder veterano podían serlo del presente). Ningún jugador de los Lakers, excepto Robert Horry, había ganado ningún anillo. Los Ángeles parecía el destino perfecto para mí.

Phoenix era otra posibilidad.

De no ser porque los Suns, a pesar de su grandísimo talento, no tenían perspectivas de ganar un título. Tras el éxito del que había disfrutado en Chicago (incluso en el año sin Michael), no me planteaba conformarme con menos.

Finalmente, me uní a los Houston Rockets. Ellos sí tenían perspectivas.

O al menos eso creía yo.

No subí a bordo hasta enero de 1999, por culpa del cierre patronal, que amenazaba con anular toda la temporada. Una vez que jugadores y propietarios alcanzaron finalmente un acuerdo, se decidió que cada equipo jugaría solo cincuenta partidos. Ya me iba bien. Me habían vuelto a operar de la espalda en julio. Al parecer, había jugado los últimos tres partidos contra los Jazz con dos discos inflamados.

El contrato fue de cinco años y sesenta y siete millones de dólares. Por fin había llegado el sueldo que había esperado durante toda mi carrera.

Tuve que dar las gracias por ello a alguien insospechado: Jerry Krause.

Al aceptar la fórmula de firma y traspaso, los Bulls hicieron posible que, bajo las reglas de la liga, el valor del acuerdo fuera de veinte millones de dólares más como mínimo. Puede que Jerry no fuera tan mal tipo, a fin de cuentas.

Lo llamé poco después de que todo hubiera terminado. La conversación fue bien.

A pesar de todo, no olvidaba que él había apostado por mí. ¿Y si hubiera sido un fracaso? Quién sabe si los Bulls hubieran llegado a ser... los Bulls. De no ser por Jerry, probablemente, hubiera terminado en una franquicia en proceso de reconstrucción.

Una que no tuviera a Michael Jordan.

O tal vez hubiera salido bien de todos modos y yo hubiera llegado a ser uno de los cincuenta mejores jugadores de la historia, como me nombró la NBA en 1996, antes de la temporada de su quincuagésimo aniversario. Tal vez habría logrado conquistar también algunos anillos.

O quizá no.

Estaba deseando entrenar con mis nuevos compañeros en Houston. Entre ellos estaba el futuro miembro del Salón de la Fama Hakeem Olajuwon, que acababa de cumplir treinta y seis años. Los Bulls nunca habían tenido a un gigante de su calibre.

¿Y qué si Hakeem ya no era el que había sido en su mejor momento? Yo tampoco lo era.

Por otro lado, hubo un jugador que, lamentablemente, no estaba en el entrenamiento, sino jugando al golf en el torneo Bob Hope de Palm Springs, California, donde los *amateurs* (entre los que había famosos) compiten con los profesionales del PGA Tour. Me refiero a mi compañero de equipo en los Juegos Olímpicos Charles Barkley.

Recuerdo haber leído algún artículo en el que Michael decía que Charles no tenía el compromiso suficiente como para ganar un campeonato.

Yo no lo compartía. En los entrenamientos, él trabajaba tan duro como cualquier otro miembro del Dream Team, y en los partidos lo daba todo sobre la pista. Por otro lado, su decisión de jugar al golf (con Michael, precisamente) después de que terminara el cierre no era una buena señal. Necesitábamos estar sobre la cancha, todos juntos, lo antes posible, para ver cómo encajábamos como equipo y qué teníamos que trabajar.

La nueva y condensada temporada 1998-99 estaba a punto de empezar. En ella cada partido sería mucho más importante.

Finalmente, apareció, y era el mismo Charles de siempre.

Con treinta y cinco años, seguía siendo uno de los mejores jugadores de la liga.

Hakeem, Charles y yo: un *Big Three* antes de que los *Big Three* fueran tendencia en la NBA. ¿Qué podía salir mal?

Un montón de cosas.

Hacía un mes que había empezado la temporada y, a pesar de estar jugando más de cuarenta minutos por partido (con los Bulls jamás tuve una media superior a 38,6), mi media de anotación era muy baja. Había una razón.

Dos razones, para ser exactos: Charles y Hakeem. Yo no hacía más que pasarles el balón en el poste bajo. Ese era todo mi trabajo.

Aquello implicaba que tuviera que estar tiempo quieto y ver cómo se jugaban un uno contra uno. Yo estaba acostumbrado al triángulo ofensivo, a que el balón se moviera de un jugador a otro en cada posesión hasta que encontrábamos la mejor opción de tiro. Me sentía como si hubiera vuelto a finales de los ochenta, cuando veía como Michael lanzaba un millón de veces noche tras noche. El juego ya no era tan divertido. Para empezar, me preguntaba por qué me habían querido los Rockets, pues cualquiera era capaz de meter el balón al poste bajo.

No obstante, en aquel momento empezamos a ganar. Y mucho. Logramos nueve victorias consecutivas en las últimas dos semanas de marzo, cinco de las cuales a domicilio. Conseguir el primer puesto de clasificación en el ultracompetitivo oeste era una posibilidad real.

Desgraciadamente, bajamos el nivel en la recta final. Aun así, el equipo terminó con un más que respetable balance de treinta y una victorias y diecinueve derrotas, tercero en la División Medio Oeste por detrás de los Spurs y los Jazz.

Nuestro rival en la primera ronda de los *playoffs*, al mejor de cinco, serían los Lakers.

Todavía no eran los Lakers que pronto se convertirían en el siguiente equipo dominador de la NBA. Empezaron la temporada con Del Harris como entrenador, pero lo despidieron tras doce partidos (llevaban seis victorias y seis derrotas) y lo sustituyeron por Kurt Rambis. No obstante, con Shaq y Kobe y un elenco que contaba con los aleros Glen Rice y Rick Fox, el ala-pívot Robert Horry y el base Derek Fisher, terminaron la temporada con un balance de victorias y derrotas igual al nuestro. Nótese que he dicho elenco y no reparto.

En cualquier caso, en el primer partido en Los Ángeles, nosotros teníamos la pelota y un punto de ventaja cuando quedaban menos de treinta segundos para el final.

Una canasta más y lo tendríamos encarrilado.

Entonces perdí el equilibrio en la zona, Fisher se lanzó para atrapar el balón y pidió tiempo muerto (sabiamente) a 7,6 segundos para el final. Horry sacó hacia Kobe, que recibió una falta de Sam Mack, uno de nuestros escoltas: el de los Lakers anotó los dos tiros libres correspondientes.

Se pusieron por delante, 101-100. Tiempo muerto para los Rockets a 5,3 segundos para el final.

Tras recibir el saque, el talentoso *rookie* Cuttino Mobley penetró hacia canasta. Shaq taponó su intento: final del partido.

Así perdimos la maravillosa oportunidad de robar una victoria fuera de casa. No volvimos a tener otra.

Los Lakers se llevaron el segundo partido por 110-98 y ganaron la serie en cuatro encuentros. No recordaba la última vez que me había sentido tan decepcionado. Tal vez con el partido de la migraña en 1990. O con el fiasco de Hue Hollins en 1994. De verdad que creía que aquel equipo tenía opciones de llegar a las Finales.

Esa temporada, mi media fue de catorce puntos y medio, la más baja desde 1988-89. No todo era culpa del ataque planeado por nuestro entrenador, Rudy Tomjanovich. También la tenía el hombre a quien veía en el espejo. Aquel hombre no era el mismo. Ya fuera por el daño residual de los dos discos inflamados, por el paso del tiempo (cumpliría treinta y cuatro años en septiembre) o por ambas cosas, no podía ir a por todas en cada posesión como hacía en Chicago. Tenía que elegir dónde actuaba y confiar en mi inteligencia baloncestística.

Mi actuación fue muy parecida tanto en la temporada regular como en los *playoffs*. A excepción del tercer partido, en el que anoté treinta y siete puntos (mi cifra más alta de los *playoffs*), estuve patético. Anoté treinta y seis puntos en los otros tres partidos…, en los otros tres partidos juntos. En el segundo, perpetré un cero de siete en tiros de campo. En el cuarto partido, fueron seis de veintitrés. En toda la serie mi porcentaje de acierto fue del treinta y tres por ciento.

Había defraudado a mis compañeros de equipo, a la franquicia y a la ciudad de Houston.

Desgraciadamente, no era el único.

Michael tenía razón. Charles no tenía el compromiso suficiente como para ganar un campeonato. Ni de lejos.

Antes de que arrancara la temporada, el entrenador personal de Michael, Tim Grover, vino a la ciudad para entrenarnos a Charles y a mí. Charles no duró ni una semana. Michael podía permitirse jugar al golf y llevar un estilo de vida caótico. Charles no. Algo debía resentirse, y ese algo fue el baloncesto. Se parecía mucho a Shaq. Por muy bueno que llegó a ser, podía haber sido mucho mejor aún.

En cualquier caso, aquel verano hice correr la voz de que quería marcharme de Houston (a ser posible, para unirme a los Lakers, que acababan de contratar a un entrenador al que conocía un poco, Phil Jackson).

Creedme, no había olvidado la decisión de Phil de que Toni Kukoc hiciera aquel último lanzamiento. Jamás lo olvidaría. Pero por lo menos sabía que Phil no toleraba que los jugadores se presentaran sin estar en forma o que no trabajaran lo suficiente. Y él, igual que Tex, uno de los entrenadores asistentes en los Lakers, se aseguraría de que todo el mundo se involucrara en el ataque. Ya nadie se quedaría ahí de pie mirando cómo los demás se jugaban un uno contra uno. El baloncesto volvería a ser divertido.

Charles, al conocer mis intenciones, abrió su gran bocaza; dijo que les debía una disculpa a los Rockets y a él.

Vale, Chuck, con que estas tenemos.

—No pienso disculparme con Charles Barkley ni que me apunten con un revólver —le dije a la prensa—. Que no espere jamás una disculpa mía. En todo caso, él me debe una disculpa por venir a jugar con su lamentable culo gordo.

Jamás hubiera dicho nada contra Barkley si él no hubiera hablado sobre mí. ¿Qué derecho tenía? Cuando lo hizo, me salió toda la frustración que había contenido durante meses. Ya no me quedaban muchos años de carrera. Acababa de desperdiciar uno.

Ahora Charles y yo tenemos una buena relación. Aquello sucedió hace mucho tiempo. Simplemente, teníamos visiones distintas sobre el baloncesto y solamente había una forma de resolverlas.

Sí, pronto volví a cambiar de equipo.

No fui a Los Ángeles. Jerry Buss, su propietario, no estaba dispuesto a hacerse cargo del último año de mi contrato. No le culpaba. Ya le estaba pagando una fortuna a Shaq. Siempre me preguntaré cómo habría sido jugar con Shaquille O'Neal y Kobe Bryant. Tal vez hubiera estado en los Lakers hasta los cuarenta.

En lugar de ello, me fui a Portland a cambio de seis jugadores: Kelvin Cato, Stacey Augmon, Walt Williams, Ed Gray, Brian Shaw y Carlos Rogers.

Eso sí fue un aterrizaje suave. Los Blazers, que venían de haber perdido contra los Spurs en la final de la Conferencia Oeste de 1999, estaban forrados.

Además de a mí, habían incorporado recientemente al escolta de Atlanta Steve Smith y al alero de Seattle Detlef Schrempf a una lista que ya incluía a Rasheed Wallace, Damon Stoudamire, Arvydas Sabonis, Greg Anthony, Brian Grant, Bonzi Wells y un prometedor pívot que había salido directamente del instituto, Jermaine O'Neal. Estaba impaciente por empezar a trabajar.

Yo en Portland. Phil en Los Ángeles. ¿No sería genial encontrarnos en las Finales de la Conferencia Oeste?

«Para el carro, Pip. Tenías grandes expectativas con los Rockets y mira cómo salieron las cosas.»

Portland no es una gran ciudad como Los Ángeles, pero no me importaba. Lo que importa cuando eres jugador de baloncesto profesional es dónde pasas el tiempo y con quién.

Tus compañeros de equipo.

El barrio.

La franquicia.

Tres de tres.

Estaba acostumbrado a las rachas de victorias con los Bulls, y así fue ese año. Cuatro partidos consecutivos. Diez de once. Trece de quince. A principios de diciembre ya liderábamos nuestra división, un partido y medio por delante de los Lakers y los Kings. Llegó entonces un tramo de temporada en el que bajamos algo el pistón, pero nos recuperamos y ganamos seis partidos consecutivos en dos ocasiones.

El equipo era tan formidable como pensaba. O más.

Hubo un partido destacable en el calendario de aquellos primeros meses. ¿Cómo no? Volvía a casa. Así es como me sentía respecto a Chicago. Mi hogar. No importaba lo mucho que me habían faltado al respeto. No importaba cuántas veces había pedido a los Bulls que me traspasaran.

Habían cambiado muchas cosas desde mi última aparición en el United Center en el quinto partido de las Finales de 1998. Para mí, que jugaba con mi tercer equipo en tres años, y para los Bulls, entrenados por Tim Floyd, que llevaban dos victorias y veinticinco derrotas (terminarían la temporada con diecisiete victorias y sesenta y cinco derrotas). Por si alguien se lo pregunta, no sentí lástima por Jerry Reinsdorf ni por Jerry Krause. Tenían exactamente lo que se merecían.

La franquicia era otra cuestión completamente distinta. No

se merecía eso. Cuando hablo de la franquicia, me refiero a las personas que venden las entradas, los responsables de seguridad, los empleados de mantenimiento, los chicos de relaciones públicas, etc. Todas las personas con las que me crucé me dijeron lo mismo:

—No es como antes.

Antes del salto inicial, los Bulls pasaron en una gran pantalla un vídeo de mis mejores momentos. La ovación que recibí no podía haber sido más generosa. Por un momento, los seguidores tuvieron algo que celebrar.

En cuanto al partido, estuvo tan desequilibrado como se esperaba.

Los Bulls perdieron el balón en treinta y una ocasiones, y sufrieron su undécima derrota consecutiva: 63-88. Damon Stoudamire se puso en cabeza con dieciséis puntos y cinco recuperaciones. Yo sumé once puntos y seis asistencias.

Me sentí mal por mis antiguos compañeros de equipo que se habían quedado, como Randy Brown, Dickey Simpkins y Toni Kukoc, que no jugó por unos espasmos en la espalda (por suerte para él, al cabo de un mes sería traspasado a Filadelfia). También por Will Perdue y B. J. Armstrong (en su última temporada), que volvían a encontrarse como cuando empezaron sus carreras a finales de los ochenta. No podía ni imaginar por lo que estaban pasando.

A finales de febrero, nos enfrentamos a los Lakers en Portland. Aquel no fue un típico partido de temporada regular. Ambos equipos contábamos con cuarenta y cinco victorias y once derrotas, el mejor balance de la liga. Ambos habíamos ganado once partidos consecutivos. Uno de los dos tenía que caer.

Al final fuimos nosotros.

Los Lakers se impusieron por 87-90, con Shaq a la cabeza con veintitrés puntos y diez rebotes. Kobe anotó veintidós puntos.

La noche no fue un completo desastre. Nuestro equipo demostró mucha resiliencia al remontar una diferencia de once puntos en el último cuarto, y tuvo la oportunidad de empatar el partido hacia el final. Salí del Rose Garden con la cabeza bien alta.

«Espera hasta mayo. Podemos derrotar a este equipo. Sin lugar a duda.»

Siempre que pudiéramos derrotar a los demás equipos de nuestro calendario.

Desde el 1 de marzo hasta el final de la temporada regular, nuestro balance fue un deslucido catorce a once. Con los *playoffs* al caer, había motivos para estar preocupado. No teníamos un líder, alguien que estuviera encima de los jugadores cuando no hacían su trabajo. Alguien, me atrevo a decir, como Michael Jordan, que se pasara de la raya en más de una ocasión. Es mejor pasarse que quedarse corto.

¿Por qué no podía serlo yo?

Me he hecho a mí mismo esa pregunta muchas veces a lo largo de los últimos veinte años. Ojalá tuviera una buena respuesta.

Al ser nuevo en el equipo, me preocupaba encajar con jugadores que ya llevaban allí algún tiempo, como Damon o Rasheed. Debería haberme preocupado por hacer lo que fuera necesario para ganar un campeonato.

Nuestro primer rival en una eliminatoria al mejor de cinco fueron los Minnesota Timberwolves, liderados por la joven estrella Kevin Garnett. Cayeron en cuatro partidos.

El siguiente fue Utah Jazz, liderado por dos estrellas no precisamente jóvenes: Stockton tenía treinta y ocho años y Karl Marlon estaba a punto de cumplir treinta y siete. Aun así, los Jazz se mostraron tan osados como siempre y se mantuvieron vivos con una victoria por 88-85 en el cuarto partido, después de haber perdido los tres primeros por dieciocho puntos o más. La serie terminó en el quinto encuentro.

Al observar a aquellos dos futuros nombres del Salón de la Fama, y a Hornacek, que estaba a punto de retirarse, me acordé de los duelos memorables que disputamos con los Bulls en 1997 y 1998.

Estaba a punto de participar en otro.

Había pedido a los Lakers y ahí estaban. El ganador se metería en las Finales.

Con tanto en liza, Phil empezó con sus habituales juegos psicológicos. Un año en los bosques de Montana no lo había calmado en lo más mínimo.

En esa ocasión, el objetivo era alguien a quien conocía bien.

—Personalmente, pienso que si Scottie no sabe liderar a ese equipo —declaró Phil a la prensa—, no van a poder con nosotros.

Ahora me tocaba a mí ser la serpiente y él buscaba una forma de cortarme la cabeza.

Sin embargo, esta vez el maestro zen había encontrado a su igual; lo conocía tan bien como él a mí. Desde luego, lo suficiente como para no morder el anzuelo.

Además, yo sabía qué era el triángulo ofensivo. Lo conocía mejor que los propios jugadores de los Lakers. Cada vez que veía cómo estaban colocados, les gritaba a mis compañeros lo que vendría a continuación. A Phil, aquello debió molestarle infinitamente.

Sin embargo, nadie fue capaz de parar a Shaq.

Aunque gritara hasta que se acabara el mundo, eso no implicaba ninguna diferencia. En el primer partido, que los Lakers ganaron 109-94, Shaq terminó con cuarenta y un puntos, once rebotes, siete asistencias y cinco tapones. Yo jugué bien (diecinueve puntos, once rebotes y cinco asistencias), pero nunca tuvimos opciones reales.

La mayor decepción fue Rasheed Wallace, al que expulsaron en el tercer cuarto tras recibir la segunda técnica. Rasheed era, de lejos, nuestro mejor jugador. Su único defecto (aunque no menor) era que no podía controlar su ira. Hacía que Dennis Rodman pareciera una hermanita de la caridad. Durante la temporada regular, le pitaron treinta y ocho técnicas, la cifra más alta de la liga.

Me aseguró que no sería un problema en los *playoffs...*, pero se equivocaba.

Yo no era consciente de que su problema con los árbitros venía de lejos; cuando uno ya tiene mala reputación, le persigue el resto de su carrera y ya puede ir olvidándose de tener el beneficio de la duda cuando llegan acciones poco claras.

Rasheed era el Kevin Durant de su época, capaz de anotar en cualquier momento, con la izquierda o con la derecha. Fue uno de los primeros jugadores grandes que salía al triple. Podía meterlas a la misma distancia que Steph Curry. Y, fuera como fuera, si queríamos ganar la serie, necesitaríamos la mejor versión de Rasheed.

En el segundo partido la tuvimos: veintinueve puntos (tres de tres en triples), doce rebotes y dos recuperaciones. Nos impusimos 77-106 y nos llevamos una victoria en Los Ángeles.

Fuimos a Portland con el ánimo por las nubes, y regresamos de Portland con el ánimo por los suelos.

Los Lakers se llevaron las dos victorias y se pusieron tres a uno en la eliminatoria.

En el tercer partido, que ganaron por 91-93, Ron Harper (que había fichado por los Lakers como agente libre) metió un tiro en suspensión desde unos seis metros de distancia, desde la esquina: ese lanzamiento los puso por delante cuando quedaban 29,9 segundos. Kobe le arrebató el balón a Rasheed en la siguiente posesión y le colocó un tapón a Sabonis al final del encuentro.

En el cuarto partido, los Lakers no necesitaron tirar de épica en los instantes finales: 91-103. Nos barrieron en el tercer cuarto con un parcial de treinta y cuatro a diecinueve. Shaq metió nueve de nueve desde la línea de tiros libres. ¿Qué probabilidades había de que los metiera todos?

Todo el mundo se hizo a la idea de que los Blazers estaban acabados, pero nosotros no estábamos por la labor.

En el arranque del quinto partido, conseguimos una ventaja clara y la mantuvimos hasta el final: 88-96. Anoté veintidós puntos, doce de los cuales en el primer cuarto. La victoria no servía para nada si no éramos capaces de repetirla, cosa que hicimos ganando el sexto partido en Portland por 93-103. Bonzi Wells estuvo increíble: veinte puntos saliendo del banquillo.

Esto nos llevó al Staples Center de Los Ángeles, California, el 4 de junio del año 2000. De todos los partidos de mi carrera, este es el que no me deja dormir por las noches. No el partido de la migraña. No el partido de los 1,8 segundos. No el partido de Hue Hollins.

Este fue el partido.

¿Y si hubiera hecho esto? ¿Y si nuestro entrenador, Mike Dunleavy, hubiera hecho lo otro? ¿Y si...?

Me vuelvo loco pensando en todos esos «y si».

Explicaré lo que sucedió de la mejor manera que sé. Si llega un momento en que ya no aguanto más, espero que lo comprendáis.

En el descanso, el marcador iba 39-42 a nuestro favor. Ambos ataques siguieron con dificultades al comienzo del tercer cuarto. Un tiro en suspensión de Glen Rice desde casi seis metros puso a los Lakers un punto por delante cuando apenas quedaban seis minutos para el final del cuarto.

Entonces sucedió: nos convertimos en los Bulls de 1995-96. En los siguientes cinco minutos, aproximadamente, superamos a los Lakers con un parcial de 4-21.

Steve Smith anotó cuatro tiros de campo, dos de los cuales fueron triples. Rasheed también encestó algunas canastas, y yo mismo logré un triple cuando quedaban veinte segundos que nos puso a dieciséis puntos de ventaja. Hasta aquel momento del tercer cuarto, los Lakers no habían anotado más que dieciséis puntos. Kobe había logrado cuatro, mientras que Shaq había hecho dos lanzamientos, ambos fallados.

Los aficionados estaban en *shock*.

Durante la última posesión de su equipo, Kobe le dio un pase a Brian Shaw, que anotó un triple contra tablero cuando faltaban un par de segundos.

¿Contra tablero? ¿En serio? No avisó de que iba a tablero.

Temí que la potra de Shaw volviera a meter a los Lakers y a sus seguidores en el partido.

No lo hizo. Smith anotó una canasta al comienzo del último cuarto que amplió la ventaja a quince; la distancia se mantuvo allí hasta el minuto diez.

Nada podía pararnos.

Nada excepto la incapacidad de meter una canasta y el hecho de que en los Portland Trail Blazers nadie —yo incluido (seis veces campeón de la NBA) o Dunleavy (un entrenador veterano)— tomó las riendas cuando todo empezó a desmoronarse.

¿Dónde estaba Phil Jackson cuando lo necesitabas? Entrenando al otro equipo, ahí es donde estaba.

Shaq comenzó la remontada de los Lakers con una canasta fácil en la zona. En la siguiente posesión, Brian Shaw —aquel hombre de nuevo— metió otro triple; esta vez sin la ayuda del tablero.

De repente, de forma alarmante, los Lakers estaban a solo diez puntos de distancia. Pedimos tiempo muerto. La afición se volcó en el partido. Durante los siguientes seis minutos y medio, fallamos once tiros seguidos (trece en total), lo que permitió a los de Los Ángeles empatar el partido a setenta y cinco. Seis de los trece fallos fueron de Rasheed.

Errar lanzamientos no era nuestro único problema. También estaba nuestra actitud. Era terrible.

Durante un tiempo muerto anterior, Dunleavy había diseñado una jugada para pasarle el balón hacia dentro a Rasheed, pues los Lakers no podían defenderlo en el poste bajo: era casi tan dominante como Shaq. Sin embargo, cuando deshicimos el corrillo y volvimos a la pista, Rasheed explicó que tenía otra jugada *in mente*.

—Smitty [Steve Smith], a la mierda lo que acaba de decir ese cabrón [Dunleavy] —dijo Rasheed—. Te paso el puto balón y tú metes el triple.

Yo estaba fuera de mí. Llevaba mucho tiempo en el mundo del baloncesto y creía que lo había oído todo.

«Pero creíste mal, Pip.»

Jamás había escuchado a un jugador desafiar a un entrenador de forma tan flagrante y en un partido tan importante. Debería haberle dicho algo a Rasheed antes de que el árbitro pitara y se reanudara el juego. No sé por qué no lo hice.

Y no es que fuera algo puntual. Para nada. Aquellos jugadores faltaban al respeto a Dunleavy constantemente y, lo que era peor, él les dejaba salirse con la suya. Levantaba los brazos en señal de frustración cuando los chicos hacían una jugada diferente a la que él había ordenado, pero nunca había consecuencias. Hacía tiempo que había perdido el control del equipo.

Aun así, a pesar de fallar un lanzamiento tras otro y de desafiar a nuestro entrenador, todavía teníamos opciones de llegar a las Finales. Resultaba realmente asombroso.

Cuando quedaban poco menos de tres minutos para el final, Rasheed anotó en la zona por encima de Robert Horry y acabó con la sequía: 75-77. Luego, después de que Shaq metiera dos tiros libres (al parecer, siempre los metía en los momentos más importantes) y una canasta, Rasheed volvió a buscarse una buena posición para tirar; Shaq taponó su tiro, pero le pitaron falta.

El marcador estaba empatado a setenta y nueve.

En la siguiente posesión, Kobe recibió una falta de Rasheed. Metió ambos tiros libres. Cuando recuperamos la pelota, Shaq le hizo una falta a Rasheed. Falló ambos tiros libres. El segundo no fue por poco. Después de que Kobe anotara un tiro en suspensión, su ventaja era de cuatro puntos.

Cuando quedaba aproximadamente un minuto, lancé un triple, mi tercer lanzamiento en aquel cuarto. No entró: cero de tres.

Y hasta aquí. Ya no puedo seguir relatando más jugadas. Os dije que podía pasar.

Lakers 89, Blazers 84.

Lo peor de todo es que, en aquel partido, nos jugábamos más que el título de la Conferencia Oeste. Absolutamente nos lo jugábamos todo. Los Indiana Pacers, que habían derrotado a los Knicks en la final de la Conferencia Este, parecían tener poco que hacer frente al ganador de la Conferencia Oeste (los Lakers les ganaron en seis partidos). Para colmo, era mi segunda (y última) oportunidad de ganar un campeonato sin Michael.

En la primera se interpuso Hue Hollins.

No se puede decir que los Lakers ganaran el séptimo partido, sin más; sería más apropiado decir que nosotros lo perdimos.

Con demasiada frecuencia aquella temporada, los chicos discutían entre sí y con el entrenador Dunleavy, en lugar de recordar que el verdadero enemigo era el otro equipo.

Aquello no nos perjudicó ante ningún otro equipo, pues disponíamos de muchísimo talento.

Pero con los Lakers fue otra historia: en aquel último cuarto, todo empezó a desmoronarse. Cuando necesitábamos mantenernos unidos. Cuando necesitábamos un líder.

Estuve tres temporadas más en Portland. Tres temporadas para olvidar. Siempre estaba recuperándome de una lesión u otra.

Los Blazers no pasaron de la primera ronda de los *playoffs* ni una sola vez. En 2001 y en 2002, los Lakers nos arrasaron en ambas eliminatorias al mejor de cinco, como paso previo a ganar dos títulos más. El margen de victoria solo fue inferior a siete puntos en uno de los seis partidos. A Dunleavy lo despidieron en mayo de 2001. Lo lamenté por él, como lo había lamentado por Doug. Aunque probablemente lo mejor hubiera sido echarlo mucho antes.

Su sustituto fue Mo Cheeks, que había sido entrenador asistente en Filadelfia. La luna de miel de Mo duró aproximadamente cinco minutos. A los chicos no les entusiasmaban ni sus rotaciones ni su forma de utilizar la plantilla.

Los jugadores de aquella generación eran distintos a los de la mía. A Tex le habría dado un infarto si hubiera tenido que entrenar a ese grupo.

Sin embargo, hubo una noche que me trajo muchos recuerdos.

Fue el 10 de diciembre de 2002, cuando nos enfrentamos a los Wizards en la capital del país. Ninguno de los dos equipos se jugaba gran cosa. Tenía que ser un partido rutinario más en un calendario de ochenta y dos partidos.

Pero no fue así.

En la plantilla de Washington había un jugador que llevaba el número 23. Sí, aquel 23.

Qué extraño fue que Michael y yo estuviéramos en lados opuestos después de todos aquellos años, y ambos habiendo dejado atrás nuestro mejor momento. Era su segunda temporada con los Wizards. No nos habíamos cruzado en su primera temporada porque estuvo lesionado las dos veces que nuestros equipos se enfrentaron.

Muchos pensaban que Michael estaba manchando su legado al volver a los treinta y ocho años. Pero yo no lo veía así. Él quería jugar al deporte que amaba y no había nada de malo en ello. Hoy en día, si él sintiera que puede competir, os aseguro que estaría en una pista de baloncesto.

Ninguno de los dos consiguió grandes cifras aquella noche. Yo terminé con catorce puntos y siete rebotes. Él, con catorce puntos y cinco rebotes. Mi equipo ganó por 79-98.

Michael se retiró para siempre al terminar la temporada 2002-2003.

A mí me quedaba un baile más.

18

Mi último baile

El 1 de julio de 2003 me convertí oficialmente en agente libre por segunda vez.

Una de las primeras llamadas que recibí fue la de un antiguo compañero de equipo, John Paxson, director general de los Bulls. Jerry Krause había dimitido en abril después de dieciocho años en la franquicia.

Pax no malgastó ni un segundo:

—Scottie, nos gustaría que vinieras a jugar con nosotros este año. Te necesitamos, Bill [Cartwright, el entrenador] te necesita.

Puedo afirmar con seguridad que, durante mis cinco años en Houston y en Portland, jamás me había pasado por la cabeza terminar mi carrera en Chicago. Además de que el equipo era joven y no demasiado bueno (los Bulls terminaron la temporada 2002-03 con treinta victorias y cincuenta y dos derrotas), no me había marchado de la ciudad de la mejor manera posible, por decirlo suavemente.

Por otro lado, mi final estaba cerca y quería terminar en lo más alto. ¿Qué deportista no querría?

Había un posible destino, los Miami Heat de Pat Riley, donde no estaban dispuestos a ofrecerme más que el mínimo salarial para veteranos: un millón y medio de dólares por temporada. Después de la falta de respeto que había sufrido año tras año en Chicago, me había dicho a mí mismo que jamás volvería a aceptar estar mal pagado.

Eso dejaba tal vez a los Memphis Grizzlies como la opción más atractiva. Y no solo por el salario, que sería el mismo que me ofrecían los Bulls. Michael Heisley, el propietario, habló de la posibilidad de adquirir una participación en el equipo una vez que terminaran mis días como jugador.

He aquí una vez en la que sí quise ser como Mike. (Michael Jordan se convirtió en propietario minoritario de los Wizards tras su segunda retirada y hoy es dueño de los Charlotte Hornets.)

Pero un lugar al que seguro que no volvería era el noroeste del Pacífico.

Los Blazers habían despedido recientemente a casi un tercio de sus empleados de la oficina principal y del pabellón, y claramente no iban a pagarme lo suficiente. Me dio lástima por los aficionados de Portland, quizá los más intensos de la NBA, y siempre me sentiré mal por no haberles llevado a conquistar un título.

Estuvimos muy cerca. De no haber sido por aquel último cuarto contra los Lakers en el año 2000.

Al final, elegí a los Bulls por la familiaridad que suponía: la ciudad, el pabellón, el entrenador, todo. Estaba deseando ayudar a Bill, a quien respetaba enormemente; arrimaría el hombro en todo lo que estuviera en mi mano. No le repartieron las mejores cartas cuando asumió el cargo en diciembre de 2001.

Ya era hora, por cierto, de que terminara la fe de Jerry Krause en Tim Floyd: su balance en sus poco más de tres temporadas con los Bulls fue de cuarenta y nueve victorias y ciento noventa derrotas.

Larsa era de Chicago, así que tener a la familia cerca cuando ella y yo habíamos formado la nuestra propia en el año 2000 fue otro factor importante en la decisión.

Firmé un contrato de dos años por 10,3 millones de dólares,

bajo lo que se conoce en la liga como una excepción de nivel medio. Nunca fui bueno en matemáticas, pero sabía que el nivel medio superaba al mínimo.

El papel que los Bulls tenían *in mente* para mí era perfecto para un viejo carcamal como yo.

Jugaría tal vez veinte o veinticinco minutos por partido para ayudar a los jóvenes, como a los pívots Eddy Curry y Tyson Chandler, al escolta Jamal Crawford o al base Kirk Hinrich. Me impresionaba su talento y la pasión que demostraban por el deporte. Aunque, como Eddy y Tyson eran tan inmaduros (ambos pasaron del instituto a la NBA antes de que la regla *one-and-done* se hiciera efectiva en 2005), tenían mucho que aprender.

Por culpa de mi enemiga habitual, mi espalda, me perdí los primeros cinco partidos de pretemporada. Finalmente, el 18 de octubre en el United Center, vestí el uniforme de los Bulls por primera vez desde aquel sexto partido de las finales de 1998 en Salt Lake City. Anoté cuatro puntos, conseguí tres rebotes y repartí tres asistencias.

Llegué a la conclusión de que al equipo le esperaba una larga temporada. Tal vez más larga de lo que pensaba después de lo sucedido en la noche inaugural.

Perdimos en casa contra los Wizards, que, admitámoslo, no eran precisamente los Lakers de Shaq y Kobe. ¿He dicho que perdimos? Más bien nos masacraron. El marcador final fue 74-99. El equipo tuvo un porcentaje de acierto en tiros de campo del treinta y dos por ciento, y terminamos con más pérdidas de balón (dieciocho) que asistencias (dieciséis). También fallamos doce tiros libres de treinta y un intentos. Aparte de eso…

Dos noches después, nos visitaron los Hawks. Jugamos mucho mejor y nuestros pívots demostraron por qué tenían un futuro prometedor. Tyson capturó veintidós rebotes (nueve en ataque) y colocó cuatro tapones. Eddy anotó veintidós puntos, dos de ellos gracias a un estruendoso mate que nos puso cuatro puntos por delante a falta de un minuto para el final.

Del futuro volvimos al pasado. Durante el descanso, los Bulls destaparon una bandera en la que se leía: DIRECTOR GENERAL, JERRY KRAUSE, 6 TÍTULOS NBA.

Al terminar la ceremonia en honor de Jerry, le di la mano y le deseé lo mejor. Hice lo mismo con su mujer, Thelma.

Ahora me doy cuenta de que muchas de las veces en las que Michael y yo habíamos sido críticos con Jerry Krause, probablemente deberíamos haberle echado la culpa a Jerry Reinsdorf, que era quien tomaba las decisiones empresariales importantes, no Krause. Fue Reinsdorf quien se negó a negociar mi contrato año tras año, no Krause.

El propietario de los Chicago Bulls era Reinsdorf, no Krause.

Estuve treinta y un minutos sobre la pista contra Washington y veintisiete contra Atlanta. Con o sin dolor de espalda, aguantaba bastante para un hombre de mi edad.

O tal vez no.

La rodilla izquierda, que me había operado en marzo, volvió a fallarme. La noche siguiente, en Milwaukee, jugué solo trece minutos y medio, y no demasiado bien: cero de seis en tiros de campo. Los Bucks nos destrozaron: 98-68. Después de hacerme una resonancia magnética, me perdí los siguientes cuatro partidos.

El 10 de noviembre caímos ante los Nuggets por 97-105. Era nuestra cuarta derrota de cinco en el United Center. Suerte que jugábamos en casa. Pero lo peor es que algunos de los chicos se quejaron por no haber sido titulares.

Me sentía como si estuviera otra vez en Portland.

Aquel día habíamos mantenido una reunión de equipo en la que yo había hablado más que nadie. Esa era la razón por la que me habían traído, para que les enseñara a los chavales cómo comportarse como profesionales. Apoyé a Bill al cien por cien y no porque fuera mi amigo, sino porque era mi entrenador. Tenía derecho a poner a quien considerara oportuno. Después, todo el mundo pareció estar de acuerdo.

Dos días después, derrotamos a los Celtics en Boston por 89-82. Terminé el partido con doce puntos, cinco rebotes y dos recuperaciones: nuestro balance fue de cuatro victorias y cinco derrotas.

Tal vez aquella temporada no se haría tan larga, después de todo. Tal vez podríamos sorprender a algunos.

Ni por asomo.

Después de dos derrotas más en casa contra Minnesota y Seattle, el equipo salió a la carretera. El cambio de escenario no fue para bien.

El 23 de noviembre perdimos nuestro quinto partido consecutivo por 110-99 contra los Kings en Sacramento.

El 24 de noviembre echaron a Bill. Nuestro balance: cuatro victorias y diez derrotas.

Al escuchar la noticia, de repente me di cuenta: «Aquí estamos otra vez. Incluso sin Jerry Krause, esta franquicia es tan disfuncional como siempre. No tendría que haber vuelto. Tendría que haber aceptado la oferta de Memphis, jugar un par de años y convertirme en uno de los propietarios. ¿En qué estaba pensando?».

Pax se deshizo de Bill demasiado rápido; el entrenador no era la razón por la que perdíamos: él no había elegido a los jugadores.

Yo tenía parte de la culpa. Le había fallado a Bill. Como mentor y como jugador.

En aquellas últimas cinco derrotas, sumé un total de treinta y cinco puntos y diecisiete rebotes. Si hubiéramos ganado dos o tres de esos partidos, tal vez hubiera conservado su empleo.

En cualquier caso, después de su despido, yo iba fuera. Empecé a buscar los carteles de salida. Si los Bulls hubieran traído un buen entrenador para sustituirle, podría haberme ilusionado de nuevo.

No fue el caso. Trajeron a Scott Skiles.

Skiles, que había entrenado a los Suns durante varias temporadas, no me gustó desde un principio. Se comportaba como si fuera un gran triunfador con una gran ética de trabajo solo porque había jugado con Shaq en Orlando.

Venga ya. Todo lo que hacía era pasarle la pelota a Shaq. Cualquiera podría haberlo hecho.

Skiles no soportaba que Eddy no estuviera en forma. A mí tampoco me entusiasmaba. Pero su respuesta fue hacernos correr a todos hasta la extenuación. Yo era de la vieja escuela: no puedes castigar a todo el equipo porque un tío no esté en forma.

Mientras tanto, mi rodilla no mejoraba. Me drenaban líquido continuamente, pero el problema no paraba de reproducirse.

No había ningún misterio. Mi cuerpo tenía que colapsar en algún momento, y ese momento finalmente llegó. Desde otoño de 1987 había jugado más de cuarenta y nueve mil minutos (contando los *playoffs*) y me había sometido a nueve operaciones. Tuve suerte de que no colapsara antes.

A por la décima.

Tras una operación para limpiar el cartílago, estuve aproximadamente un mes de baja y regresé a mediados de enero para jugar contra los Pistons. En los siguientes ocho partidos, solo conseguí dobles figuras en una ocasión. El equipo perdió todos y cada uno de aquellos ocho partidos.

El 31 de enero nos enfrentamos a los Blazers en Portland. Los aficionados estuvieron conmigo aquella noche y me dedicaron una cerrada ovación durante las presentaciones. Me emocioné muchísimo.

Los dioses del baloncesto también estuvieron conmigo:

«Pip, sabemos que el final de tu carrera está muy cerca y hemos decidido darte una última oportunidad para brillar. Aprovéchala al máximo».

Y eso hice: diecisiete puntos, siete rebotes y cuatro asistencias en treinta y cinco minutos. No había anotado diecisiete puntos en un partido en toda la temporada ni había jugado más de treinta minutos desde el 21 de noviembre. Perdimos en la prórroga por 102-95.

Dos noches después, cuando quedaban nueve minutos y

cincuenta y tres segundos en el primer cuarto contra los Sonics, atrapé un pase de Kirk Hinrich y metí un tiro en suspensión desde más de seis metros.

Una canasta que no tuvo nada de especial.

Nada y todo.

Aquella fue la última canasta que metí en la NBA. Fue irónico que fuera en Seattle, la franquicia que técnicamente me había seleccionado en el *draft* y que estuvo a punto de ficharme en un intercambio en 1994.

Enseguida pasé a la lista de lesionados y no volví a jugar. Terminé la temporada con una media de 5,9 puntos, 3 rebotes y 2,2 asistencias.

Solo quedaba por saber cuándo anunciaría mi retirada. Esperaría hasta otoño, cuando hubiera empezado el campus de pretemporada. Nadie se retira fuera de temporada. Uno nunca sabe qué puede hacerle cambiar de opinión.

Cierto día recibí una llamada de alguien del departamento económico de los Bulls. El equipo todavía me debía un poco más de cinco millones de dólares por mi segundo año de contrato. Me preguntaba cuándo abordaríamos el tema.

—Nos gustaría distribuir la cantidad en varios años —dijo—. ¿Te parece bien?

Desde luego que no.

Me salí con la mía, lo que generó más rencor entre la franquicia y yo. Como si no hubiera habido suficiente rencor para toda una vida.

La rueda de prensa del 5 de octubre en el Berto Center no tuvo nada que ver con la rueda de prensa de aquel inolvidable día de octubre de 1993 en la que estaban Tom Brokaw, David Stern y todos los cámaras y periodistas de Estados Unidos, cuando los aficionados se quedaron atónitos al enterarse de que Michael Jordan dejaría el baloncesto en el mejor momento de su carrera.

Yo no llevaba el número 23 y hacía meses que la gente esperaba mi jubilación.

—Voy a echar de menos el compañerismo entre los jugadores y competir todos los días —declaré a la prensa—. Eso va a ser lo más difícil de llevar.

Di las gracias a los aficionados, a Jerry Reinsdorf y a John Paxson.

—Es un día duro para mí —añadí—, pero también soy consciente de que el baloncesto me ha dado mucho durante mucho tiempo.

Antes de darme cuenta, terminaron las fotografías y las preguntas.

Al salir del Berto Center con Larsa y con mis dos chicos, me sentí igual que al terminar el instituto y la universidad.

¿Y ahora qué?

Una posibilidad era entrenar. Al trabajar con jugadores jóvenes en Chicago, me había dado cuenta de que todavía tenía mucho por ofrecer al deporte que amaba.

El deporte que me había cambiado la vida. El deporte que me lo había dado todo.

Sabía cómo planear jugadas y organizar la defensa. Sabía poner a las personas correctas en las posiciones adecuadas. Sabía cómo motivar a un grupo de individuos para que actuaran como uno solo.

Otra posibilidad era trabajar para los Bulls desde algún cargo.

A pesar de cómo habían terminado las cosas con la dirección, seguía siendo miembro del equipo de los seis anillos, algo que nadie podía arrebatarme. Me enamoré de la ciudad en el verano de 1986, cuando fui a visitar a mi hermana y jugué al baloncesto en Lake Shore Drive con el padre de Dwyane Wade.

Nunca me desenamoré.

En cualquier caso, después de todos los sacrificios que había hecho para llegar a la NBA y para permanecer allí, no tenía ninguna prisa para dar el siguiente paso. Tenía una familia que criar. Con la llegada de otro hijo, Justin, en 2005, ya éramos cinco.

Un nuevo equipo al que aportar.

El 9 de diciembre de 2005, los Bulls retiraron mi camiseta durante el descanso de un partido contra los Lakers.

La afición estuvo increíble. La ovación que recibí cuando Johnny, *Red*, Kerr, el veterano comentarista de televisión, me presentó es algo que siempre llevaré conmigo. Yo había sido duro con ellos, y ellos conmigo, pero la mayoría de las veces estuvieron a mi lado. En los buenos y en los malos momentos.

Tener a excompañeros como Oak, Dennis, Horace, Toni y demás sobre el escenario significó más de lo que podría describir. Valoré también las palabras amables de Phil y de Michael. Costaba creer que hubieran pasado siete años desde «el último baile».

En marzo de 2011, el grupo se reunió en el United Center para celebrar el vigésimo aniversario de nuestro primer título.

Michael no quería venir. Tuve que convencerlo, cosa que no resultó fácil. Esa fue una de las razones por las que los Bulls me pusieron en nómina como «embajador» en 2010: para conseguir que Michael volviera al rebaño y que los seguidores y los medios pensaran que éramos una gran familia feliz.

Mi papel fue el mismo que años atrás en la cancha: unirnos a todos.

—Hazlo esta única vez —le dije a M. J.—. Te prometo que no volveré a pedírtelo.

Él seguía enfadado con la franquicia por no habernos dado la oportunidad de ganar otro campeonato. En serio, ¿quién, aparte de los Bulls, desmantelaría un equipo después de haberlo ganado todo?

Y no solo una vez, cuidado. ¡Tres años seguidos! ¡Seis de ocho!

Por otro lado, siempre he sentido que nuestro reinado terminó en el momento oportuno. Todo debe terminar en algún momento, en el baloncesto y en la vida. Hay que celebrar el cambio, nos lleve donde nos lleve.

Empiezo a sonar como el Maestro Zen.

¿Podríamos haber ganado otro título? Sin duda. Aquella temporada corta de cincuenta partidos hubiera sido perfecta para nuestras viejas piernas. No tengo nada contra los Spurs, que, con David Robinson, Tim Duncan, Avery Johnson y Sean Elliott derrotaron a los Knicks en las Finales de 1999. Pero nosotros éramos mejores.

Y lo mismo puedo decir respecto a los dos equipos dominadores que llegaron más tarde: Los Angeles Lakers de principios de los 2000 y los Golden State Warriors de los últimos años. Compararía nuestra plantilla con la de los Warriors sin dudarlo, especialmente la de nuestros últimos tres títulos.

Repasemos los emparejamientos:

¿Dennis Rodman o Draymond Green como ala-pívot? Dennis.

¿Luc Longley o Andrew Bogut / JaVale McGee como pívot? Luc.

¿Michael Jordan o Klay Thompson como escolta? Michael.

¿Yo o Kevin Durant como alero? Cualquiera de los dos.

El único emparejamiento que claramente se decantaría a favor de los Golden State sería el de Stephen Curry contra Ron Harper como base.

Una cosa más: los Warriors no tenían a nadie en el banquillo con tanto talento como Toni Kukoc.

Mi predicción: los Bulls ganarían en seis partidos. (La serie no llegaría a siete. Al fin y al cabo, nosotros jamás llegamos al séptimo partido en las Finales.)

Ya que estamos comparando grandes equipos, estoy contento de haber jugado en mi era y no en esta. En aquel entonces, el juego se arbitraba de forma equitativa para el jugador ofensivo y el defensivo. Ahora el jugador ofensivo cuenta con una clara ventaja.

Hoy en día, los equipos llegan algunas veces al descanso con setenta puntos. Nosotros acabábamos muchos partidos con resultados finales de ochenta y tantos puntos.

En cualquier caso, cuando el equipo se volvió a juntar en 2011, la cosa no fue bien. Michael no era el único que estaba molesto. A ninguno de nosotros nos había gustado la forma en que todo había acabado.

Seguimos sin ser una gran familia feliz, y la culpa es de los Bulls. Han hecho muy poco para homenajear a los equipos que ganaron los otros cinco campeonatos, ni siquiera para el de la temporada 1995-96, que sumó setenta y dos victorias. Se comportan como si esos nunca hubieran existido.

Creedme, si hubiéramos sido los Lakers o los Celtics y hubiéramos ganado seis títulos en ocho años, nos tratarían como si fuéramos de la realeza. Son franquicias de primera clase. Los Bulls no lo son. No es casualidad que no hayan llegado a ninguna final desde 1998.

Incluso los Cubs han ganado un título desde entonces.

En la primavera de 2010, el fin de semana de la Final Four de Indianápolis fui elegido para ser miembro del Salón de la Fama del Baloncesto.

Algunos sueños son demasiado grandes como para llegar a imaginarlos.

Entonces, ¿cómo sucedió? ¿Cómo pude llegar a unirme a este club increíblemente exclusivo de gente como Wilt, Kareem, Magic, Michael y Larry?

La suerte desempeñó un gran papel. Siempre llegaron a mi vida las personas apropiadas y doy gracias a Dios por haber sabido (casi siempre) aprender de ellas. Michael Ireland, Donald Wayne, Don Dyer, Arch Jones, Phil Jackson, etc.

El trabajo duro también tuvo su protagonismo. Traté cada tropiezo como una oportunidad, empezando por aquellas malditas gradas.

El trabajo duro no lo empecé yo. Desde luego que no. El trabajo duro lo empezó Ethel Pippen.

Yo veía cómo mamá se esforzaba todos los días por mi hermano, por mi padre, por todos nosotros. El inmenso amor que albergaba el corazón de aquella mujer no tenía límites. Nos dejó en febrero de 2016, a la edad de noventa y dos años. Las palabras son insuficientes para decir cuánto la echo de menos.

Tenía que elegir a un presentador oficial para la ceremonia del Salón de la Fama, una persona que estuviera conmigo sobre el escenario mientras yo pronunciaba mi discurso. Y esa persona tenía que ser un miembro del Salón.

Pensé en pedírselo al Dr. J., ya que era el jugador a quien yo idolatraba de pequeño. Pero apenas lo conocía.

En su lugar, se lo pedí a alguien a quien conocía muy bien, alguien cuya grandeza había observado de cerca, día tras día, año tras año. Realmente, no había ninguna otra opción.

¿Y qué si Michael y yo no éramos los mejores amigos del mundo?

Estaremos unidos el uno al otro para siempre: el mejor dúo de la historia de la NBA. Michael me ayudó a hacer realidad mis sueños, igual que yo le ayudé a hacer realidad los suyos. Dijo que sí enseguida, por lo que le estuve enormemente agradecido.

La ceremonia tuvo lugar en Springfield, Massachusetts, el 13 de agosto de 2010. Menuda noche. Además de recibir el honor por mis logros individuales, también se homenajeó al Dream Team de 1992. Ver al grupo reunido de nuevo me trajo muchos maravillosos recuerdos.

En mi discurso, di las gracias a mis padres, a mi hermano Billy, a Ronnie Martin, a los Bulls, a mis antiguos entrenadores y compañeros de equipo y, por supuesto, a Larsa.

—He jugado a este deporte que tanto amo y le he dado todo lo que tenía —le dije al público—. También he intentado vivir mi vida de tal forma que la gente que quiero y me importa esté orgullosa de mí… He podido vivir mi sueño de jugar al baloncesto rodeado de la gente que quiero y recibiendo el aliento de los mejores aficionados del mundo. Ha sido un viaje estupendo.

Después de mi retirada, me planteé cada cierto tiempo la idea de entrenar. Echaba muchísimo de menos el baloncesto.

En 2008, para demostrar mi interés, le pedí trabajo a Michael. Me enorgullecía de pedirle lo menos posible. Hacía poco que había contratado a Larry Brown como primer entrenador de su equipo en Charlotte, entonces conocidos como los Bobcats.

—Habla con Larry —dijo Michael.

No me ofendió lo más mínimo. Brown era uno de los entrenadores mejor considerados del baloncesto, ganador de títulos en la universidad (Kansas) y en el baloncesto profesional (Pistons). Tenía derecho a elegir a sus ayudantes y a que el propietario no interfiriera. Independientemente de quién fuera el propietario.

Brown no pareció interesado.

—Tengo la plantilla que necesito —me dijo.

Jamás volví a pedirle trabajo a Michael ni a Brown.

En varias ocasiones saqué el tema con gente de los Bulls. Me dijeron que Tom Thibodeau, el entrenador del equipo entre 2010 y 2015, no me quería. Jamás supe por qué.

Cuando los Bulls prescindieron de Thibodeau y contrataron a Fred Hoiberg, que había sido el entrenador en Iowa State, no tardé en darme cuenta de que jamás me ofrecerían ningún papel importante dentro de la franquicia, y trasladé a mi familia a Florida.

Una persona que sí me dio la oportunidad de entrenar poco después de retirarme fue Phil Jackson, que había vuelto a tomar las riendas de los Lakers tras un año apartado del baloncesto.

—Ven al campus de pretemporada en Hawái —dijo Phil—, y hablaremos después.

Esto fue en otoño de 2005. Trabajé distintos aspectos del triángulo ofensivo con los jugadores. Disfruté muchísimo de aquella experiencia. Trabajar con Kobe fue especialmente emocionante. Durante años y desde la distancia había observado su evolución, como jugador y como hombre. Al verlo de cerca, tanto dentro como fuera de la pista, quedé aún más impresionado. Su muerte a finales de enero de 2020 fue un golpe duro para mí.

La audición, si eso es lo que era, no podía haber ido mejor. Sin embargo, cuando terminó, Phil jamás volvió a mencionar ningún puesto de entrenador. Sospecho que Brian Shaw, uno de sus ayudantes, me veía como una amenaza y que eso echó para atrás a Phil.

En cierta ocasión recibí una oferta de mi *alma mater*, Central Arkansas. La rechacé. No sentí que fuera justo desarraigar a mi familia.

Mirando atrás, no haber sido entrenador resultó lo mejor.

Ya había vivido una vida en la que el baloncesto era lo primero, y lo segundo quedaba muy por detrás. Había vivido esa vida «toda» mi vida.

En su lugar, pude liderar a otro grupo de jóvenes: mis niños. No podría sentirme más orgulloso de ellos. Son Antron, Taylor, Sierra, Scotty Jr., Preston, Justin y Sophia.

Pienso en Antron todos los días. Nos dejó hace unos meses por complicaciones relacionadas con el asma. Solo tenía treinta y tres años.

Antron era uno de mis mejores amigos. El valor que demostró al enfrentarse a sus problemas de salud me recordaba mucho a mi hermano Ronnie. Jamás se vio como una víctima. Siempre me preguntaré qué cosas maravillosas podría haber logrado.

Hablando de cosas maravillosas, estoy ilusionado por el futuro de Scotty Jr., de veintiún años, el mayor de los cuatro hijos que tuve con Larsa. Es un enorme jugador de baloncesto.

La temporada pasada consiguió una media de 20,8 puntos

y 4,9 asistencias como base en Vanderbilt, con sus 1,91 m. En un partido contra Cincinnati, anotó treinta y seis puntos y recuperó cuatro balones. Está en su primer año y tiene opciones de jugar en la NBA.

Scotty Jr. es un tipo de jugador diferente al que yo era; además, el baloncesto ha cambiado muchísimo desde que yo tenía su edad.

Aun así, al observar su trayectoria, pienso en la mía.

En cómo conseguimos superar finalmente a Isiah, Laimbeer y al resto de los Bad Boys.

En la increíble felicidad que sentí tras derrotar a los Lakers y ganar nuestro primer título.

En la medalla de oro que colgaba de mi cuello en Barcelona mientras sonaba el himno de Estados Unidos.

En los entrenadores que tanto me enseñaron sobre el baloncesto (y sobre la vida).

Pienso, sobre todo, en el chico flaco de Hamburg, Arkansas, que tenía un sueño y nada a su favor para conseguirlo. Pienso en Pine Street y en la cancha de tierra de la abuela. Y recuerdo el día en que, en el instituto, estuve a punto de dejar de correr por las gradas.

Mientras jadeaba en esos escalones, escuché una voz interior que me hablaba con más fuerza que nunca. Esa voz decía lo mismo que decían mis compañeros de equipo, un mensaje que llevaría conmigo desde ese día en adelante, de un desafío al siguiente.

«Vamos, Pip. Tú puedes.»

Agradecimientos

*D*urante mucho tiempo, amigos y familiares me decían que tenía que escribir la historia de mi vida. Que mi viaje podría ser una fuente de inspiración, especialmente para los jóvenes. Una prueba de que, si trabajas duro y nunca dejas de creer en ti mismo, tus sueños pueden hacerse realidad.

La idea de escarbar en mi pasado era tentadora, por supuesto. Pero siempre me resistía. Estaba demasiado ocupado viviendo mi vida como para tomarme un tiempo y hablar de ello.

Hace unos años, cerca de cumplir los cincuenta, dejé de resistirme. Me di cuenta de que debía contar mi historia antes de dar con más excusas para no hacerlo y de que fuera demasiado tarde.

Poco tiempo después, al principio de la pandemia, vi en televisión el primer episodio de *El último baile,* y me convencí de que había tomado la decisión correcta. Si yo no contaba mi historia, nadie lo iba a hacer por mí.

O, en todo caso, contarían otra.

Pronto aprendí que escribir un libro no es muy distinto a jugar en un equipo de baloncesto. Mucha gente, no solo los que se llevan la atención, desempeña un papel que no se ve, y si no hacen bien su trabajo, el producto final no tiene ninguna posibilidad de triunfar.

Por suerte, desde el primer día, el equipo de Atria Books demostró su talento y dedicación. No puedo haber sido más afortunado.

Empecé a trabajar con el editor, Amar Deol. No solo tenía

una visión del proyecto fantástica, sino que también mostraba una energía ilimitada. Siempre que aparecía un problema estaba ahí con una palabra de aliento.

También estoy muy agradecido a muchas otras personas de Atria: la editora Libby McGuire; la editora asociada Dana Trocker; la directora editorial Lindsay Sagnette; la asistente editorial Jade Hui; la especialista en *marketing* Maudee Genao; el director de publicidad David Brown; la editora jefa Paige Lytle; la editora Jessie McNiel; la directora de producción Vanessa Silverio; el editor de producción Al Madocs, y los diseñadores Dana Sloan y Renato Stanisic.

Por supuesto, nada de esto habría sido posible sin el coautor de este libro, Michael Arkush.

Michael me presionó cuando más lo necesitaba y me ayudó a visitar lugares que prefería rehuir. Siempre le estaré agradecido por su dedicación y el oficio que demostró para asegurarse de que mi historia fuera precisa y auténtica. También me gustaría agradecer la ayuda de su mujer, Pauletta Walsh, y de su agente, Jay Mandel. Michael también tiene la suerte de estar rodeado por un equipo fantástico.

Durante mi carrera como jugador, desde la secundaria hasta la NBA, tuve a mi lado a increíbles compañeros de equipo. Todavía estoy muy unido a muchos de ellos. Es una larga lista y no puedo nombrarlos a todos, pero quería mencionar a unos cuantos.

Del instituto de Hamburg: David Dennis, Darrell Griggs, Lee Nimmer, LeTroy Ware y Steven White.

De la Universidad de Central Arkansas: Jamie Beavers, Robbie Davis y Mickey Parish.

De los Chicago Bulls: B. J. Armstrong, Randy Brown, Corie Blount, Jud Buechler, Scott Burrell, Jason Caffey, Bill Cartwright, Dave Corzine, Ron Harper, Craig Hodges, Michael Jordan, Steve Kerr, Stacey King, Joe Kleine, Toni Kukoc, Cliff Levingston, Luc Longley, Pete Myers, Charles Oakley, John Paxson, Will Perdue, Dennis Rodman, Brad Sellers, Rory Sparrow, Sedale Threatt, Darrell Walker, Bill Wennington y Scott Williams.

De los Houston Rockets: Charles Barkley y Hakeem Ola-juwon. (También me gustaría tener un recuerdo para el difunto Moses Malone, que fue una estrella en Houston a finales de los setenta y principios de los ochenta.)

De los Portland Trail Blazers: Greg Anthony, Stacey Augmon, Brian Grant, Shawn Kemp, Jermaine O'Neal, Arvydas Sabonis, Detlef Schrempf, Steve Smith, Rasheed Wallace y Bonzi Wells.

No tengo palabras para expresar mi agradecimiento a los entrenadores con los que he trabajado. Entre ellos están Johnny Bach, Ronnie Blake, Maurice Cheeks, Jim Cleamons, Doug Collins, Mike Dunleavy, Don Dyer, Angel Evans, Michael Ireland, Phil Jackson, Arch Jones, Rudy Tomjanovich y Donald Wayne.

Me gustaría mencionar especialmente al gran Tex Winter, que en paz descanse. Aunque Tex era mi mayor crítico, al final del día, también era mi mayor fan, y me ayudó a entender este deporte de la manera correcta.

Muchas otras personas han contribuido a la elaboración de este libro: Ryan Blake, Muggsy Bogues, P. J. Carlesimo, Franklin Davis, Don Paul Dyer, Steve East, Frankie Frisco, Arch Jones Jr., Artie Jones, Billy McKinney, Chip Schaefer y Phyllis Speidell.

Quiero agradecer a algunos periodistas su apoyo a lo largo de los años. Entre ellos están: el difunto Lacy Banks, Melissa Isaacson, K. C. Johnson, Kent McDill, Rachel Nichols, Bill Smith y Michael Wilbon.

Muchos otros me han apoyado a lo largo de los años, y quiero que sepan lo mucho que se lo agradezco. Entre ellos están Julie Brown, Jeff Chown, Matt Delzell, Peter Grant, Tim Grover, Jeff Katz, Tim Hallam, Kamal Hotchandani, Lynn y Debron Merritt, Michael Okun, Joe O'Neil, Jerry Reinsdorf, Michael y Nancy Reinsdorf, J. R. y Loren Ridinger, Wes Sutton, William Wesley, y Jeff y Deb Wineman. No puedo olvidarme de Antwan, *Snake*, Peters, descansa en paz, hermano.

También quiero dar las gracias a algunas personas de mi equipo.

Mi agente, Sloane Cavitt Logue en WME: ha sido un auténtico placer contar con él estos últimos años. No podría estar más agradecido por su energía, su pasión y su optimismo.

Lo mismo puedo decir de mi gran amigo Adam Fluck. Nadie ha creído más en mí. Es un confidente excepcional y estoy deseando emprender muchos más proyectos juntos en los próximos años.

Le debo un agradecimiento especial a mi mejor amigo, Ronnie Martin. Ronnie y yo nos hicimos amigos en el instituto, y desde entonces siempre hemos estado muy unidos. Su apoyo y sus sabios consejos me han ayudado a superar muchos momentos difíciles. Ronnie es más que un amigo. Es de la familia.

La familia, por supuesto, lo es todo para mí. Cuando eres el más joven de doce hermanos, tienes demasiados parientes como para nombrarlos a todos. Pero no puedo dejar fuera a ninguno de mis hermanos: Barbara Kendricks, Billy Pippen, Faye Tucker, Ray Robinson, Ronnie Pippen, Sharon Pippen, Jimmy Pippen (que en paz descanse), Donald Pippen, Dorothy Pippen (que en paz descanse), Carl Pippen, Kim Pippen.

Por último, siempre les estaré agradecido a mis padres, Preston y Ethel, por haberme criado y haberme ofrecido las herramientas que necesitaba para alcanzar el éxito. Ellos fueron los que me ayudaron a entender qué significa ser responsable y trabajar duro. También me enseñaron la importancia de ser compasivo y amable. Sin su amor y su apoyo, no hubiera llegado donde he llegado.

Este libro utiliza el tipo Aldus, que toma su nombre
del vanguardista impresor del Renacimiento
italiano, Aldus Manutius. Hermann Zapf
diseñó el tipo Aldus para la imprenta
Stempel en 1954, como una réplica
más ligera y elegante del
popular tipo
Palatino

Sin defensa

se acabó de imprimir

un día de primavera de 2022,

en los talleres gráficos de Liberdúplex, s. l. u.

Crta. BV-2249, km 7,4. Pol. Ind. Torrentfondo

Sant Llorenç d'Hortons (Barcelona)